경성
고민상담소

독자 상담으로 본 근대의 성과 사랑

경성
고민상담소

독자 상담으로 본 근대의 성과 사랑

전봉관

민음사

어찌하리까?

인간은 겉모습만 봐서는 알 수 없다. 번듯한 직장에 다니고 적당한 나이에 결혼해서 자식 낳아 기른다고 행복하고 충만한 삶을 사는 것은 아니다. 남들 눈에는 아무 걱정 없이 멀쩡해 보여도 말 못 할 고민에 속이 시커멓게 타들어 가는 사람이 있게 마련이다. 아니, 적어도 내가 속 깊은 대화를 나눠 본 사람 가운데 치명적인 내면의 상처나, 돌파구가 보이지 않는 고민거리 하나 없이 살아가는 사람은 아무도 없었다.

나만 해도 그렇다. 객관적으로 나는 좋은 대학 나와서 젊은 나이에 박사 학위를 취득했고, 과분한 대학에서 교수직을 얻었다. 내게는 아름답고 능력 있는 아내가 있고, 예쁘고 사랑스러운 딸을 키우는 재미도 쏠쏠하다. 적어도 겉모습만 보자면 나는 분에 넘치게 순탄한 인생을 살고 있는 것이다. 따라서 내 삶은 시기와 부러움의 대상이 될지언정 동정이나 연민의 대상이 될 만한 인생은 아니다. 그러나 나와 속 깊은 대화를 나눠 본 이들은 알 것이다. 알고 보면 나 역시 다른 모든 사람들처럼 불쌍한 인생을 살고 있고, 공적 영역에서 보이는 모습은 내 삶의 아주 작은 부분에 지나지 않는다는 것을.

공적 생활과 사생활이 어우러져 인생이 된다. 따라서 사생활이 배제된 인간 이해는 한없이 공허하다. 그것은 마치 이력서에 기재된 내용이 그 사람 인생의 모든 것이라고 설명하는 것과 다를 바 없다. 하지만 사생활은 공개되지 않기 때문에 '사(私)'생활이다. 그 누구도 타인의 내밀한 고민을 털어놓으라고 강요할 수는 없다. 사생활은 대체로 개인의 의식에 보관되었다가 사라진다. 인생이 빙산이라면 공적 생활은 수면 위에 드러난 아주 작은 부분에 지나지 않는다. 빙산의 대부분이 수면 아래에 감춰져 있듯, 인생의 절반 이상을 차지하는 사생활은 개인의 기억 속에 견고히 봉인돼 있다.

여기에 인문학의 딜레마가 있다. 인간에 대한 이해를 지향하는 학문인 인문학은 인간의 공적 생활과 사생활을 함께 다루어야 한다. 하지만 공적 생활과 달리 주변에 공개되지 않는 사생활은 연구 방법에 한계가 있다. 말하자면 인문학은 사생활을 배제하거나 무시해 온 것이 아니라 그것에 접근할 경로를 찾지 못했다.

한국 근대 문화 연구자로서 나는 근대 한국인들이 실제로 무엇을 고민했는지 알고 싶었다. 하지만 개인의 내밀한 고민을 기록한 자료를 찾기란 그리 녹록지 않았다. 소설, 수필, 전기 등에도 그 시대 사람들의 고민이 어느 정도 포함되어 있지만, 지식인의 시선이라는 체를 거친 고민에는 절박함이나 생동감이 없었다. 내게 필요한 자료는 며칠 밤을 뜬눈으로 지새우며 고심한 사람의 절절하고 애끓는 하소연이었다. 그런 자료가 실제로 존재할 것이라고는 기대하지 않았다. 그러다 어느 순간 《조선일보》 독자문답란 「어찌하리까」가 눈에 들어왔다.

가정 문제, 남녀 문제, 어찌하리까? 수문수답(隨問隨答). 여러분이 당하시고 계신 어려운 문제를 무엇이든지 물어 주십시오. 가정 문제, 남녀 문제

기타 여러 가지 어려운 문제가 많을 것입니다. 혼자 애태우지 마시고 해결하기에 노력하셔야 할 것입니다. 무엇이든지 물어 주십시오. 힘자라는 대로 대답해 드리겠습니다.[1]

대체로 사적인 고민은 기록되지도, 공론의 장에 등장하지도 않는다. 남몰래 애태우다가 도저히 견딜 수 없으면, 가족이나 가까운 친구에게 털어놓는다. 그들도 해결해 줄 수 없으면, 물에 빠진 사람이 지푸라기라도 잡는 심정으로 전문가나 멘토에게 도움을 구한다. 하지만 소시민이 자신의 고민을 해결해 줄 만한 전문가나 멘토를 만나기가 쉬운 일은 아니다. 1930년대 신문사들은 이렇듯 절박한 상황에 처한 독자의 고민을 지면을 통해 상담해 주는 독자문답란을 운영해 왔다. 상업적인 기획이었지만 그 덕분에 사적인 고민이 기록돼 공론의 장에 등장하고, 후대에까지 전해질 수 있었다.

이 책은 《조선일보》 독자문답란 「어찌하리까」와 《조선중앙일보》 독자문답란 「명암의 십자로」에 소개된 사연과 답변을 바탕으로 1930년대 한국인이 사적인 영역에서 실제로 무엇을 고민했는지 살펴보려 했다. 어쩌면 사연과 답변만 쭉 소개하는 편이 나았을 텐데, 주제넘게 고민의 사회·문화사적 의미를 규명하려다, 독자들이 흥미진진한 자료를 날것 그대로 즐길 수 있는 기회를 빼앗은 것은 아닌지 두렵기도 하다.

「어찌하리까」는 《조선일보》 1931년 9월 18일자에서 시작해 1940년 3월 27일까지 연재되었다. 매일 연재되는 코너였지만, 연재 중단과 재개를 거듭했기 때문에 현재 320여 건의 자료를 확인할 수 있다. 독자가 자신의 고민을 편지에 적어 신문사에 보내면 기자나 사회 저명인사, 해당 분야의 전문가 등이 상담해 주는 형식이었다. 게재 원칙에 "풍기를 문란할 사실은 일체로 접수치 않음"[2]이라는 규정이 있었지만, 읽다 보면 이런 것이 "풍기를 문란할 사실"이 아니면 무엇이 "풍기를 문란할 사실"인지 의구심이 들 정도로 선정적인 사연도 적지 않다.

"하루에도 수십 통씩 독자 제씨의 투고가 들어오는 바"[3]라고 밝히고 있는 것처럼 「어찌하리까」는 상당한 인기를 누렸던 것 같다. 1934년 7월 15일부터 《조선중앙일보》에 연재를 시작한 「명암의 십자로」도 코너 명만 제외하면 형식과 지면 구성에서 「어찌하리까」와 별반 다르지 않았다. 심지어 답변자의 가치관과 태도마저 비슷했다. 「명암의 십자로」 역시 상당한 인기를 얻어 《조선중앙일보》가 폐간될 때까지 연재되었고, 현재 200여 건의 자료를 확인할 수 있다.

근대 한국인의 고민이라는 주제에 관심을 가진 데에는 그 시대의 고민과 해결책을 통해, 나 자신의 고민, 우리 시대의 고민을 해결할 수 있는 조그마한 실마리라도 얻을 수 있지 않을까 하는 기대도 있었다. 하지만 그 시대도, 나도, 우리 시대도 사람들의 고민을 해결해 줄 뾰족한 방법이 없기는 마찬가지였다.

인생을 뒤흔들 만큼 본질적인 고민이라면 누가 나서서 해결해 줄 수 없는 경우가 일반적이다. 짝사랑하는 상대의 사랑을 얻지 못하는 것, 직업을 구하지 못하는 것, 불치병을 치유할 수 없는 것, 입학시험에 합격하지 못한 것 등의 고민을 그 누가 해결해 줄 수 있겠는가. 누군가에게 고민을 털어놓는 것은 해결을 바라서가 아니라 함께 아파해 주길 기대해서다. 고민 상담의 기본은 이 책에 소개된 답변자들처럼 실현 가능성이 전혀 없는 어설픈 해결책을 제시하는 것이 아니라 상대편의 처지에 진심으로 공감하는 것이다.

전공자가 아니라면 이 책에 소개된 근대 한국인들의 고민을 보고 적지 않은 충격에 빠질지도 모르겠다. 근대 한국인들은 물질적인 면에서뿐만 아니라 윤리적인 측면에서도 지금보다 훨씬 형편없는 시대에 살고 있었다. 이 책의 궁극적인 의도는 근대 한국의 가정 윤리와 성 윤리의 비루함을 고발하는 것이 아니라 과거가 현재보다 훨씬 윤리적이었을 것이라는 한국인들의 근거 없는 믿음을 해체하는 것이다. 그런 의미에서 이 책은 80여 년 전 과거를 설명하고 비판하기 위한 책이라기보다는 그 시대를 통해 현재를 이해하고 옹호하기 위한 것이다. 우리는 물질적인 면에서뿐만 아니라 윤리적인 면에서도 과거에 비해 훨씬 개선된 세상에 살고 있고, 미래 세대는 지금보다 더 나은 세상에 살게 될 것이다.

2014년 5월

전봉관

차례

일러두기

1. 「어찌하리까」는 《조선일보》, 「명암의 십자로」는 《조선중앙일보》에 연재된 독자문답 코너명
   이다. 인용할 때에는 신문명은 생략하고 코너명만 적었다.
2. 인용한 사연과 답변은 원문을 최대한 살리되 독자들이 이해하기 쉽도록 맞춤법과 띄어쓰기
   규정에 맞게 부분적으로 수정했다.

1장

조혼이라는 감옥

1 꼬마 신랑 꼬마 신부

남편과 시가에서 버림받은 방랑녀

이대로 떠다닐까요, 개가를 할까요 (재령 답답생)

저는 31세 된 여자입니다. 15세 때 부모의 주선으로 다섯 살 어린 남자와 결혼하였습니다. 남편 되는 사람은 부모가 없어 지금까지 외조모님 슬하에서 살아왔습니다. 4년 전 남편은 다른 여자를 사랑하여 딸까지 낳았고, 시외조모는 제게 열 살과 여섯 살 되는 두 아들이 있음에도 불구하고 저를 학대하는 까닭에 저는 하는 수 없이 아들을 뺏기고 집에서 쫓겨나 남의 집에서 일하면서 오직 남편이 회개하기를 기다리고 있습니다.

남편은 다롄에 가 있다고 합니다. 시외조모는 아들이 없는 분으로 저의 남편을 양자로 들였습니다. 시외조모는 저보고 다른 곳으로 개가하라고 합니다. 남편과 남편의 양모인 시외조모에게 구박을 받고 있는 저는 어찌하리까? 남편은 회개할 가망이 없어 보입니다. 차라리 개가를 할까요?

이 모양으로 일생을 지낼까요? 쫓겨서 남의 집에서 살아 볼까요? 이 일을 어찌하리까?

📋 남자에게 의존하지 마시오

도덕은 당신을 책망하지 않소 (H 기자)

당신이 남편과 시외조모에게 당신의 의무를 다하였는데 당신을 의지할 곳 없이 내던져 두고 다른 곳으로 개가까지 하라고 한다면 그것은 너무나 심하다고 아니할 수 없습니다. 하지만 당신이 당한 일은 결코 당신에게만 일어난 것이 아니라 현대 조선 여자가 흔히 받는 학대라고 아니할 수 없으니 개탄할 일입니다. 그렇듯 무책임한 남편과 고약한 시부모는 하루바삐 바른길로 회개시킬 필요가 있습니다.

그러나 이런 이상론을 말해야 무엇합니까? 당신이 당분간 지금 상태로 참고 기다려서 다시 행복한 생활을 할 수 있다면 그대로 참는 것이 현명한 방책이 되겠지만 그런 가망이 없다면 적당한 곳에 개가해도 무방할 줄 압니다. 그런데 결혼한다고 반드시 행복이 오리라고 보장할 수 없으니 두 아들의 앞길을 위하야 노력하시는 것도 당신에게는 장래의 위로가 될 줄 믿습니다. 이는 남자에 의존하지 않고 산다는 점에서는 고상한 생활일는지 모릅니다. 여하간 당신의 결심에 달려 있습니다. 당신의 경우에는 개가하는 것이 반드시 도덕에 배치된다고는 할 수 없습니다.

—「어찌하리까」 1933. 10. 10.

재령 답답생은 결혼 16년 차 주부이지만, 사연을 보낼 당시 나이는 고작 서른한 살이었다. 그녀의 남편은 한술 더 떠 그녀보다 다섯 살 적은 스물여섯이었다. 남편은 열 살에 혼인해 큰아들은 열여섯, 둘째 아들은 스물에 본 셈이었다.

평균 초혼 연령이 남성 31.9세, 여성 29.1세에 달하는 오늘날 한국 사회의 시각에서 보면 재령 답답생 부부는 경이로울 정도로 어린 나이에 혼인한 부부다.[1] 그러나 조혼(早婚)이 성행한 1920~1930년대 한국 가정에서 이렇듯 조숙한 부부를 찾기는 그리 어렵지 않았다.

1928년《조선농민》주최 「조혼에 관한 좌담회」에서 공개된 통계자료에 의하면 10세부터 16세까지 조선 내 기혼 인구는 42만 4936명이었으며, 5세에서 9세까지가 970명, 그 밖에도 3세가 6명, 2세가 2명 있었다고 한다.[2] 이처럼 재령 답답생의 시대에는 17세 미만 유배우자 수가 전체 인구의 2퍼센트를 넘어섰고, 이차성징이 시작되지도 않은 영유아의 혼인도 드물지 않았다. 따라서 재령 답답생 부부는 적어도 혼인 연령이 어리다는 이유만으로 문제 가정이 될 수는 없었다.

재령 답답생의 고민은 부모가 없는 남편을 양자처럼 키우는 시외조모의 학대와 이혼 요구, 남편의 외도와 가출, 그리고 시집에서 쫓겨난 이후의 생계 문제 등 대략 세 가지로 정리된다. 불행의 근본 원인은 재령 답답생이 부모의 강요로 너무 어린 나이에 자신보다 더 어린 남편과 혼인했다는 것이다. 조혼한 남편은 철없던 시절 자식을 낳고 본부인과 그럭저럭 지내다가도 성년이 되고 이성에 눈뜬 후에는 진정한 사랑을 찾아 처자식을 내버리기 일쑤였다. 남성중심주의와 그것의 왜곡된 파생물인 고부 갈등으로 시부모는 아들에게 잘못이 있어도 피해자인 며느리만 꾸짖었다. 게다가 어린 나이에 혼인해 16년 동안 시집살이만 한 재령 답답생에게 경제적으로 자립할 능력이 있을 리 없었다. 재령 답답생처럼 살다 보면 누구든 하루하루 버티는 것 외에는 아무것도 할 수 없는, 한없이 무기력한 존재로 전락할 수밖에 없었다.

재령 답답생이 기대하는 가장 행복한 결말은 아마 남편이 회개하고 가정으로 다시 돌아오는 것이었으리라. 하지만 미흡하나마 남녀평등이 법적·제도적으로 구현되고, 누구도 그 원칙에 이의를 제기하지 않는 오늘날 한국 사회의 관점에서 재령 답답생의 기대가 바람직한 해결책일 수는 없다. 그만한 악행을 저지른 남편이 회개하고 돌아온다고 행복한 생활을 기약하며 받아 준다는 것 자체가 이불성설이다. 오늘날 한국 사회에서라면 아내를 학대한 것으로도 모자라 다른 여성과 외도하여 딸까지 낳은 남편은 간통죄로 처벌할 수 있을 것이고, 혼인의 신의성실 의무를 위반한 데 대한 위자료와 자녀의 양육비는 물론, 혼인 후 형성된 재산에 대해 재산 분할까지 받을 수 있을 것이다.

그러나 재령 답답생이 살던 시대에는 아내의 외도는 간통죄로 처벌 가능했지만, 남편의 외도는 간통죄의 처벌 대상이 아니었다. 물론 위자료를 청구할 수는 있었지만, 재령 답답생의 남편이 위자료를 지급할 만한 경제적 여유가 있다고 생각되지는 않는다. 시집에서 눈칫밥이라도 얻어먹을 수 있다면 그렇게라도 살아 볼 만하건만, 남성중심주의에 젖은 시외조모는 가련한 며느리를 위로하고 달래기는커녕 당당하게 손자와의 이혼을 요구하며 그녀를 학대한다. 16년 동안의 불우한 결혼 생활에 대해 재령 답답생이 받을 수 있는 보상은 사실상 아무것도 없었다.

다양한 가능성이 열려 있는 듯하지만, 실제로 재령 답답생이 선택할 수 있는 대안은 주어진 상황을 참아 내는 것 외에는 없었다. 정신적·물질적 피해에 대해 정당한 보상을 받고 이혼하는 방안은 법적·제도적으로 원천 봉쇄된 상황이었다. 자신을 학대하고 외도를 일삼은 남편이 회개하고 가정으로 다시 돌아오는 것이 차선책이었지만, 남편과 시외조모가 그렇게 나올 가능성은 희박했다. 결국 재령 답답생에게 남은 대안은 지금처럼 남의 집 일을 하면서 지내거나, 이혼하고 개가를 하거나 둘 중의 하나일 수밖에 없었다. 어느 쪽을 선택한대도 여성으로서, 인간으로서 고통스러운 삶이 예정돼 있기는 마찬가지였다.

재령 답답생이 처한 상황은 어느 날 갑자기 한 개인에게 찾아온 우발적인 사고가 아니었다. 조혼이 만연하고, 남성중심주의가 견고하게 뿌리내린 사회의 구조적 모순에서 잉태된 일종의 사회문제였다. 그러한 구조적 모순은 한 개인의 신념과 노력만으로 극복될 수 있는 문제가 아니었다. 답변을 맡은 기자가 "무책임한 남편과 고약한 시부모는 하루바삐 바른길로 회개시킬 필요가 있다."라고 주장했다가 "그러나 이런 이상론을 말해야 무엇합니까?" 하며 서둘러 말머리를 돌린 것도 남편과 시외조모를 회개시킬 뾰족한 방법이 없었기 때문이었으리라.

또 기자는 얼핏 개가를 권유하는 듯 보이지만, "남자에 의존하지 않고 산다는 점에서 고상한 생활일지 모른다."라는 완곡한 표현으로, 실제로는 아무리 힘들더라도 혼자 지내는 게 낫다고 조언한다. 바람직한 해결책은 아니지만, 그 시대의 상황을 고려하면 그것이 가장 현명한 대안이었다.

개가가 현명한 대안이 될 수 없었던 것은 시집에서 쫓겨난 구여성이 전보다 나은 남편을 얻을 가능성이 희박했기 때문이었다. 당시 재령 답답생과 같은 처지의 여성은 본처가 아니라 첩으로 개가하는 것이 일반적이었다. 최고의 혼처래야 가난한 홀아비 정도였다. 가난한 홀아비와 재혼한다고 생계가 보장되는 것도 아니었고, 그가 현재의 남편처럼 그녀를 학대하지 않는다는 보장도 없었다. 여유 있는 집안의 첩으로 들어가면 생계야 그럭저럭 해결되겠지만, 시부모 눈치에다 본처와 정실 자녀들의 눈치까지 보아야 했고, 그녀의 존재 자체가 한 가정의 평화를 깨뜨리는 일이었다. 게다가 새로 맞은 남편이라고 개가한 첩을 살뜰히 사랑해 주기만 하는 것도 아니었다.

더욱이 개가한 여성은 혹독한 사회적 편견에 직면해야 했다. 여성의 재혼이 허가된 것은 1894년 갑오개혁 때부터지만, 그것으로 개가한 여성에 대한 사회적 편견마저 완전히 없어진 것은 아니었다. 개가한 여성은 부정한 여성으로 손가락질당하기 일쑤였고, 그러한 꼬리표는 자식 대까지 따라다녔다. 여성의 개가는 자식의 결혼에까지 부정적인 영향을 미쳤다. 기자가 재령 답답생에게 개기히기 전에 두 아들의 앞길도 생각해 보라고 조언한 것도 그 때문이었다.

결국 재령 답답생에게 남은 대안은 남자에게 의지하지 않고 독립된 생활을 하는 것뿐이었다. 이는 물론 현실적인 대안임에 틀림없지만, 그것이 기자의 조언처럼 고상한 생활이 될 수는 없었다. 15세에 혼인해서 16년 동안 시집살이를 한 여성에게 재산이나 전문적인 지식이 있을 리 없으므로 재령 답답생은 그야말로 맨몸으로 험한 세상을 개척해 나가야 했다. 더욱이 그녀가 헤쳐 가야 할 세상은 남성중심주의가 견고하게 뿌리내린 사회였다. 남편이라는 바람막이가 있어도 버티기 팍팍한 사회에서 재산도 지식도 없는 여성이 홀몸으로 살아간다는 것은 맨발로 가시밭길을 걷는 것만큼이나 고단하고 험난한 일이었다.

물론 1920~1930년대 한국 사회의 상황을 고려하면, 꼭 조혼한 여성이 아니라도 누구든 아무 잘못 없이 남편에게 버림받을 수 있었다. 그리고 버림받은 여성은 대체로 재령 답답생과 비슷한 처지로 내몰렸다. 문제는 조혼한 구여성의 경우 남편으로부터 버림받을 가능성이 훨씬 컸다는 것이다.

앞서 언급한 「조혼에 관한 좌담회」에는 "현재 조선에 통계 숫자로 나타난 것은 15세로부터 40세까지 이혼한 수가 11만 6815명이니 이 원인의 대부분은 조혼으로 그리된 것"이라는 자료가 나온다.[3] 실제로 1930년대 신문 독자문답란에는 전에 게재된 사연과 비슷한 유형의 사연은 다시 싣지 않는다는 편집 방침이 있었음에도 불구하고 조혼한 구여성 아내와 이혼하지 못해 조바심치는 남편들의 사연이 10여 차례 게재되었다. 그중 몇 가지 사연을 살펴보면 다음과 같다.

이혼 문제를 조혼의 폐단이 낳은 문명병이라 진단한 시골 출신 서울 유학생 시골뜨기생은 9년 전 부모의 명령으로 구습에 따라 마음에도 없는 문맹 여성과 혼인한다. 중등교육을 받은 지식인인 그는 아내가 측은한 마음이 들어 방학 때 아내에게 한글을 가르쳐 보기도 했다. 그러나 방학이 끝날 때까지 두 달이나 가르쳐도 아내는 쇠귀에 경 읽는 격으로 가갸조차 읽지 못한다. 그는 한편으로는 아내가 불쌍하지만 무식해서 도저히 같이 살 수 없다며 이혼할 방법을 알려 달라고 호소한다.

답변을 맡은 H 기자는 시골뜨기생에게 웬만하면 아내를 잘 가르쳐서 같이 살라고 조언하면서 답변의 말미에다 "이와 대동소이한 질문이 하루에도 수십 장이 들어오기 때문에 일일이 대답하기 어렵습니다. 해서 일 독자 및 기타 여러 사람들의 문의에 응하지 못함을 미안하게 생각합니다."라고 덧붙였다.[4] 기자가 조혼한 아내와 이혼하겠다는 사연을 보내지 말아 달라고 부탁할 만큼 조혼한 남학생에게 구여성 아내와의 불화는 흔해 빠진 고민이었다.

이뿐만이 아니다. 열다섯 살에 양가 부모의 합의로 한 살 연상의 여성과 혼인한 개성 순천은 나이가 차고 이성에 눈뜨게 됨에 따라 아내가 한시도 보기 싫고 집에 있는 것이 너무나 고통스러워 화류계에 발을 들여놓기 시작했다. 수개월 전부터는 이웃 처녀와 열정에 넘치는 사랑을 나누고 있다.[5] 역시 열다섯 살에 얼굴 한 번 못 본 여성과 혼인한 황해 DK생은 결혼 후 2년 동안은 철이 없어 간간이 관계도 맺고 아이까지 생겼지만, 그 후로는 아내와 말도 통하지 않고 아내를 보기만 해도 기분이 불쾌해진다고 하소연한다.[6] 전문학교 3학년에 재학 중인 시내 LZ생은 철없는 시절 부모의 명령에 따라 혼인한 아내가 보기 싫어 이제는 원수나 다름없다고 토로한다.[7] 열다섯 살에 고향 처녀와 혼인한

목포 일 남아는 스무 살이 되어서야 부부 관계를 맺기 시작하고, 부모의 성화에 아들과 딸을 낳았지만, 해가 갈수록 아내가 보기 싫어져 스물다섯 살에 집을 떠나 5년 동안이나 고향으로 돌아가지 못하는 처지라 한탄한다. 그는 아내와 이혼하지 못하면 차라리 독신으로 지내겠다는 결연한 의지마저 보인다.[8]

아내와 말도 섞기 싫고, 아내를 쳐다보기만 해도 불쾌해지고, 아내와 사는 고통을 잊기 위해 화류계를 전전하고, 아내와 사느니 영원히 고향을 등지고 객지에서 독신으로 지내는 편이 낫다고 할 만큼 조혼은 수많은 남성들을 불행에 빠뜨렸다. 이혼 위기에 몰려 생존권마저 위태로운 구여성에 비하면 배부른 고민으로 비칠 수도 있지만, 그들 역시 조혼의 피해자이기는 마찬가지였다.

조혼은 기아, 전란, 질병 등으로 평균수명이 극히 짧았던 전통사회에서 가문을 보존하기 위한 현실적 필요에서 생겨난 한국의 오랜 혼인 풍속이었다. 평균수명이 20~30세에 불과한 시절 형성된 풍속인 만큼 결혼 연령이 이르다는 판단은 상대적이라는 견해도 있다.[9] 그러나 평균수명을 끌어내린 주요 원인이 높은 영유아 사망률 때문이었음을 고려하면 남성 17세 미만, 여성 15세 미만의 조혼 연령은 상대적 판단으로도 이른 것이 사실이었다. 근대 이후 조혼은 국력을 위축시키고, 인종을 타락시키는 야만적 인습으로 간주되었고, 1894년에 단행된 갑오개혁에서 조혼 금지에 관한 조칙이 반포될 만큼 조혼의 폐습을 철폐하려는 노력이 정부와 민간 차원에서 다각도로 전개되었다.[10] 그러나 1930년대에 이르기까지 조혼은 좀처럼 근절되지 않았다.

조혼 건수 통계가 시작된 1920년 전체 혼인 건수는 14만 1122건이었고, 17세 미만의 남성 조혼자는 6.3퍼센트인 8800여 명, 15세 미만의 여성 조혼자는 6.5퍼센트인 9100여 명에 달했다. 전체 혼인 건수에서 조혼 건수 비중은 남성의 경우 5.3~7.8퍼센트였고, 여성의 경우 4.6~6.9퍼센트에 달했다. 조혼의 폐해가 사회문제가 된 1930년대에는 남성의 경우 6.6~14.4퍼센트, 여성의 경우 5.4~9.9퍼센트로 오히려 소폭 증대했다.[11] 조혼은 법적으로 혼인신고가 되지 않았기 때문에 통계의 오류가 클 수밖에 없었음을 감안하면, 1920~1930년대 전체 가정의 10퍼센트 내외가 조혼 가정이었다고 보는 것도 크게 무리는 아니다.[12]

조혼이 야기한 외도, 축첩, 이혼, 가출, 살인, 자살 등의 숱한 사회적 병폐들을 고려하면, 부모라고 조혼이 자녀를 불행에 빠뜨릴 야만적인 폐습임을 몰랐을 리 없었다. 부모들은 자녀들이 불행해질 것을 뻔히 알면서도 어린 자녀를 혼인시키지 못해 조바심을 쳤던 셈이다. 유교가 지배 이념이었던 전근대 한국 사회에서 가문의 대를 잇는 것은 단순한 풍속을 넘은 일종의 종교적 가치였다. 조혼은 자손을 얻는 일에는 열성적이지만 그렇게 얻은 소중한 자손의 행복에는 무관심했던 전근대 한국 사회의 역설을 보여 주는 대표적인 인습이었다.

2 학자까지 대 주며 뒷바라지했건만

📇 **소박하는 남편을 어찌하리까** (시내 RW생)

저는 23세의 여자입니다. 그리고 불행의 소유자이외다. 세상의 모든 눈물을 가슴에 한 아름 안고 고해의 길을 방황하고 있습니다. 그러면 저의 눈물의 동기를 말씀하겠습니다. 지나간 과거를 회고하건대 7년 전 그 옛날 16세 때에 저는 엄격한 부모의 슬하에서 13세의 남편을 맞이했습니다. 결혼한 다음 행복할 줄 알았던 부부 생활, 꽃다울 줄 알았던 한 송이 아름다운 꽃은 바야흐로 시들어 갑니다. 결혼 시에는 연령 미만으로 혼인신고를 못 했습니다. 그래서 그 후에 남편에게 혼인신고서를 제출하자고 하니까, 그는 대답도 하지 않고 오히려 성을 냅니다.

그는 지금 모 중학교 5학년입니다. 저는 오늘까지 그를 위함이라면 무엇이나 주저하지 않고 다 해왔습니다. 그의 가정에서 모든 학대와 미움을 받아 가면서도, 오직 저는 남편 하나만 바라고 살아왔습니다. 남편을 위하여서는 저의 모든 힘과 정성을 다 바쳤습니다. 그러나 그는 웬일인지 저를 배척합니다. 그리고 단연히 이혼을 하려고 합니다.

저는 이혼을 당한다면 아무 데도 갈 수 없는 신세랍니다. 사랑이 없는 가정이지만 저는 그대로 머물러 있으려고 생각합니다만 그는 반드시 이혼을 한다니, 저는 거기에 어떻게 하면 좋으리까?

🗒 당면 문제를 선처하시오 (일 기자)

그러나 어찌합니까. 나이 어린 남편과 다만 부모의 마음대로 성립된 결혼. 그 남편이 자라나서는 아내를 여지없이 박차 버리는 가정 비극. 이것도 과거의 조선이 우리에게 남겨 준 크나큰 죄 가운데 하나이니, 실로 우리 사회에는 이 불운에 우는 청춘 남녀가 상상 이상으로 많은 것이며 또한 사회적 폐해도 의외에 큰 것입니다.

죄는 시대에 있습니다.

그러나 어찌합니까. 요컨대 당면한 문제를 선처하는 데 있는 것이니까, 시대의 그릇된 정신에 희생된 당신으로서 이때까지 남편에 대하여 지극한 정성을 다하였다는 것은 매우 아름다운 일이며 또 좋은 방법이기도 합니다. 그러나 다시 한 번 용기를 내 남편의 마음을 돌리도록 힘써 보십시오. 흔히 조혼한 남자는 자기의 아내에 대해 "내 아내는 내 뜻으로 결혼한 사람이 아니다", "어쩐지 특별한 이유 없이 싫다."라는 등의 생각을 가지는 때가 많습니다. 그러나 이미 결혼은 사실상 성립되어 있는 것이 매 이것으로 이혼할 조건은 못 되는 것입니다.

설령 당사자의 의사로 성립된 결혼이 아니라고 하더라도 요컨대 좋은 아내를 구하려는 것이 목적일 것이매 아내 되는 사람이 아무 결점이 없다면 이것으로 이혼 운운하는 것은 지극히 어리석은 일일 것이며 또 이유 없이 싫다는 것은 기분 문제이니까 사물을 잘 생각하면 역시 이것으로 이혼한다는 것도 만만 부당한 까닭입니다.

이 모든 점을 참작하여 남편이 당신에게 대한 불평이 어디 있는가를 알아 가지고 당신이 고칠 점은 고치고 또 충고할 점은 충고하여 잘 깨닫도록 하되, 아직 남편의 나이도 어리고 하니 전보다 한층 더 성의를 다하여 가면서 좋은 기회가 돌아오기를 기다려 보시는 것이 좋을 줄 압니다.

—「어찌하리까」 1934. 7. 11.

시내 RW생은 16세, 그녀의 남편은 13세에 혼인했다. 남편보다 아내가 연상이고, 남편은 교육받은 지식인인 반면 아내는 교육받지 못한 구여성이라는 조혼 부부의 전형적인 형태였다.

조혼은 자식을 학교에 보낼 여유가 있는 중산층 이상의 가정에서 더 두드러졌다. 중앙고보 교사 박남규는 1922년 《동아일보》 기고문에서 "지금 고등보통학교 학생을 생각해 보건대 대략 전체의 5분의 3은 기혼자이며, 기혼자의 2분의 1은 생산한 자라, 즉 전체의 10분의 6은 기혼한 자이며 10분의 3은 생산한 자"[13]라고 지적했다. 박남규의 지적은 객관적인 통계자료에서 도출된 정보가 아니라 경험에 의지한 막연한 추측인 까닭에 액면 그대로 받아들이기는 어렵다. 하지만 시내 RW생이 혼인한 1920년대 중등 과정 남학교에서 혼인한 학생이 혼인하지 않은 학생만큼 흔했다는 사실 정도는 확인할 수 있다.

1장 조혼이라는 감옥

교육받은 남학생이라면, 자신의 부부 생활이 불행한 것은 조혼 때문이지 아내의 잘못이 아님을 몰랐을 리 없었다. 또한 남녀평등과 여성의 인권 존중이 한국 사회가 나아가야 할 방향이라는 것을 모르지 않았을 것이다. 제3자의 시각에서 결혼 생활의 고통은 시집살이의 멍에마저 짊어진 구여성 아내가 컸지, 학업을 핑계로 언제든 가정을 떠날 수 있었던 남편이 클 리 없었다.

그러나 일 기자의 조언에서 드러난 것처럼 조혼한 남학생들은 자의로 맺어진 결혼이 아니고, 몇 년을 살아도 사랑이 싹트지 않는다는 등의 이유로 아내를 무시하고 그녀를 가족으로 인정하지 않았다. 그리고 그들이 스스로 선택한, 진정한 사랑이 나타나면 아내에게 이혼을 요구하기 일쑤였다. 근대 윤리에서 자유연애와 여성의 인권은 똑같이 추구해야 할 이상이었지만, 연애에 눈먼 남학생에게 아내의 인권까지 돌볼 여유는 없었던 것이다.

사연에 나타난 대로라면, 시내 RW생의 남편은 혼인신고를 거부하고 이혼을 요구할지언정 아내를 학대하지는 않은 듯하다. 그러나 비슷한 시기 「명암의 십자로」에 게재된 임천 일 여성의 사연처럼, 중등교육까지 받은 남편이 구여성 아내에게 매질과 욕설까지 하면서 이혼을 요구하는 경우도 드물지 않았다.[14] 조혼을 강요받은 남학생들은 그 자신이 조혼의 피해자였지만, 조혼한 아내에게는 가장 직접적이고 혹독한 가해자였던 셈이다.

오늘날의 시각에서는 16세에 혼인한 시내 RW생도 상당히 어린 나이에 결혼한 것으로 보이지만, 당대의 관습적·법적 혼인제도 아래에서는 조혼이 아니었다. 시내 RW생 부부가 연령 미만을 이유로 혼인신고를 할 수 없었던 것은 13세에 혼인한 남편 때문이었다.

조혼의 연령 기준은 시기에 따라 다소 차이가 있었다. 1894년 반포된 갑오개혁 폐정개혁안에서는 20세 이하 남자, 16세 이하 여자의 혼인을 금지했다. 1907년 조칙 제20호로 반포된 조혼 금지에 관한 건에서는 일본 민법을 좇아 기준 연령이 남자 17세 미만, 여자 15세 미만으로 낮춰졌다. 이러한 조혼 금지 규정은 국권피탈 후에도 조선민사령으로 이어졌다.[15]

조선민사령 반포 이후 조선총독부는 강력한 조혼 억제 수단으로 조혼자의 민적 등재를 거부했다. 1923년 제2차 조선민사령 개정 이후 친족 및 상속에 관한 사안은 기존의 관습을 따르되, 혼인 연령과 이혼 등의 사항에 관해서는 일본 민법을 식민지 조선에 그대로 적용하기로 했다. 따라서 17세 이하 남자, 15세 이하 여자의 혼인은 담당 공무원의 과실로 민적에 등재되었다 하더라도 무효로 처리되었다.[16] 조혼 부부의 혼인신고를 금지한 것은 조혼의 폐해를 줄이기 위한 강력한 법적·행정적 규제였다. 그러나 이러한 규제는 조혼한 여성의 지위를 더 불안정하게 하는 부작용을 낳기도 했다.

조선민사령에는 여성에게 터무니없이 불공정한 조항이 다수 포함돼 있었지만, 혼인신고를 마친 정상적인 혼인의 경우, 부득이 이혼하게 되더라도 아내가 위자료와 생활비를 청구할 수 있는 권리 정도는 보장했다. 남편의 경제적 능력에 따라 산출되는 위자료의 경우, 일시금 기준으로 300원에서 5000~6000원까지, 생활비의 경우 1년에 400~500원에서 수천 원까지 지급되는 것이 일반적이었다.[17]

그러나 연령 미만으로 혼인신고를 하지 못한 시내 RW생의 경우 원칙적으로 법적인 구제를 받기 어려웠다. 답변을 맡은 일 기자가 시내 RW생에게 법적인 대응 방법을 알려 주는 대신, 남편의 마음을 돌리기 위해 "전보다 한층 더 성의를 다하여 가면서 좋은 기회가 돌아오기를" 기다리라고 조언하는 것도 혼인신고를 하지 못한 여성이 법적으로 구제받기가 그만큼 어려웠기 때문이다.

혼인신고 유무가 조혼 여성의 운명을 극단적으로 갈라놓은 사례를 1년의 차이를 두고 「어찌하리까」에 게재된 흥남에서 서러운 처자의 사연과 일 여성의 사연에서 살펴볼 수 있다.

흥남에서 서러운 처자는 부모의 강요로 열아홉 살에 열여섯 살 남성과 혼인한 28세의 기혼 여성이다. 본인의 나이로는 조혼이 아니었지만, 남편의 나이 때문에 조혼이 된 경우다. 남편은 재산이 없지만, 시부모는 2만 원가량의 재산이 있었다. 당시 흥남 같은 중소도시에서 2만 원가량의 재산이라면 중산층을 넘어 부자 소리도 들을 수 있는 재력이었다.

흥남에서 서러운 처자의 남편은 결혼한 지 1년 후인 열일곱 살 되던 해부터 그녀와 함께 살 수 없다며 무조건 헤어질 것을 요구한다. 남편은 혼인신고를 할 수 있는 연령이 지나도 아내를 자신의 호적에 올리지 않는다. 그렇듯 결혼 생활은 파행으로 치달았지만 사연을 보낸 그해 6월 '어쩌다' 아이가 태어난다.

흥남에서 서러운 처자는 자식이 생기면 남편의 학대가 덜할 줄 기대했지만, 남편의 이혼 요구는 자식이 태어난 후 오히려 더 집요해진다. 남편은 아내를 시부모에게 맡겨둔 채 한 달에 하루도 집에서 잠을 자지 않을 정도로 바깥으로 떠돈다. 결국 그녀는 남편의 요구대로 이혼하고 친정으로 돌아갈 것을 진지하게 고민한다. 그녀가 알고 싶은 것은 남편의 호적에 이름이 올라가지 않은 상태라도 이혼하면 위자료를 청구할 수 있는지, 남편이 자식을 내어 줄 수 없다고 버티는데 양육권을 얻을 수 있는지, 결혼 생활에 불성실한 남편을 고소할 수 있는지 등이었다. 그러나 H 기자의 답변은 그녀의 기대와는 너무나 달랐다.

H 기자는 그녀의 남편이 4~5년간 냉정하게 대하고, 학대를 일삼

으며, 집에서 나갈 것을 종용하는 이상 서로 헤어지는 것은 불가피하다고 보았지만, 혼인신고를 하지 않은 이상 이혼에 따른 위자료나 부양료는 청구할 수 없다고 지적했다. 다만 결혼 예약 불이행이란 조목으로 위자료를 청구할 수는 있다고 조언했다. 그러나 아무리 서로 사랑이 없는 부부라 하더라도 한때는 일평생을 같이하고자 한 부부이므로 고소나 재판으로 문제를 해결하는 것보다는 남편이 헤어지자고 하면, "곱게 가겠다고 하고 가서는 살길이 없으니 먹을 것을 달라 하여 그것을 좋게 받아 가지고 헤어지는 것이 옳을 것"이라고 충고했다.[18]

H 기자의 조언처럼 홍남에서 서러운 처자도 위자료를 청구할 수는 있었다. 그러나 남편의 호적에 이름을 올리지 못한 그녀가 청구할 수 있는 위자료는 이혼에 따른 위자료가 아니라 결혼 예약 불이행에 따른 위자료였다. 이는 부양료까지 포함되는 이혼 위자료보다 턱없이 적을 수밖에 없었다. 민사소송이 그 정도였던 만큼 고소해서 형사처분을 받게할 방법은 더더욱 없었다. H 기자가 재판으로 해결하기보다는 남편의 요구를 고분고분 들어주고, 살려 달라고 읍소라도 해서 생활비를 얻어 쓰라고 조언한 이유도 사실혼 관계의 조혼 여성이 법적으로 문제를 해결하려 해 봐야 돌아오는 실익이 거의 없었기 때문이었으리라.

홍남에서 서러운 처자와 달리 그로부터 1년 후 「어찌하리까」에 사연을 보낸 일 여성은 14세 때 같은 고향 출신 남성과 약혼하고 16세에 결혼해서 남편의 호적에 이름을 올렸다. 약혼 후 8년 동안 남편은 방학 때 며칠씩 고향에 들를 뿐이고, 서울로 올라가면 감감무소식이다. 그래도 일 여성은 남편의 말이라면 정성을 다해 순종하고, 학비까지 보내 주며, 남편이 "퇴폐하여 가는 조선 사회를 위해 나서려는 인물"로 성장하도록 조력을 다한다. 남편이 글을 배우라고 하기에 시집살이에 바쁜 와중에도 짬을 내 공부해서 이제는 편지까지 쓸 수 있게 되었다. 그렇

1장 조혼이라는 감옥

게 8년을 남편 하나만 바라보고 살아왔는데, 그즈음 남편은 난데없이 이혼을 요구한다.

> 선생님! 사랑과 동정과 정의를 위하여 8년이란 세월을 보낼 때에 이러한 선물을 줄 줄이야 그 누가 꿈엔들 생각하였을까요? 선생님! 그가 이혼하자는 조건이 무엇일까요? 부모를 봉양치 않았나? 남편의 말을 순종치 않았나? 도적질을 했나? 행실이 부정하기라도 했나? 무엇이 조건일까요?

일 여성은 자신의 처지를 탄식하면서, 야속한 남편의 편지 한 구절을 공개한다.

> 지금까지 (그대) 덕을 많이 입었노라. 그러나 결혼 당시에 면회도 못하고, 더구나 (결혼을 거부하면) 학교를 다니지 못할까 하는 염려가 있어서 부모의 뜻대로 강제 결혼을 하였노라. 그러나 사정에 의하여 그대와 일생을 지낼 수가 없노라. 생각을 잘하여서 영원히 잊어버리고 당신도 새로운 세상을 찾아 광명한 길을 밟기를 바라노라.

이혼을 요구한 남편은 이미 어떤 신여성과 동거하며 소위 스위트홈을 꾸리고 있었다. 일 여성은 남편을 만나러 남편의 작은집을 찾아간다. 남편은 문밖에서 "거지 호령하듯" 그녀에게 독설을 내뱉는다.

> 네가 내 집에 무슨 관계가 있어 찾아오느냐? 네가 민적을 가지고 떼를 쓰면 민적이 너를 사랑하여 준다더냐? 천년을 가 봐라, 우리 둘의 사랑이 끊어지나 두고 보아라. 내가 쓴 돈을 전부 회계하여서 위자료를 청구해라. 그러면 내 뼈를 깎아서라도 물어 줄 터이니.

일 여성은 남편의 야속한 독설에 "십여 년 동안 학교에서 수양한, 의식이 충분한 그의 머리에서 울려 나온 언사"가 그 모양이라고 탄식하면서, 그가 지금 데리고 사는 애처와 셋이서 같이 동거하자고 사정했지만 남편은 거부하기만 하니 어찌해야 좋은지 물었다. 답변을 맡은 일 기자는 인정을 보면 이혼할 일이 아니지만, 남편의 마음이 떠난 이상 부득이 이혼할 수밖에 없다고 조언한다.[19]

조혼으로 이혼 위기에 몰린 것은 같지만, 일 여성의 처지는 적어도 흥남에서 서러운 처자의 처지보다는 나아 보인다. 남편의 호적에 이름을 올리지 못한 흥남에서 서러운 처자가 읍소하며 남편의 너그러운 처분만 기대해야 할 처지인 반면, 남편의 호적에 이름이 오른 일 여성은 남편의 마음을 되돌릴 힘은 없어도, 남편과 애처의 사랑을 훼방 놓을 힘은 있었다. 남편이 새로 얻은 처와 정상적인 가정을 이루기를 원한다면 일 여성의 요구를 어떻게든 들어줄 수밖에 없었다. 일 여성의 남편이 호통을 치며 허세를 부릴지언정 본처가 요구하기도 전에 위자료 이야기를 꺼낸 것도 그 때문이었다. 남편의 독설처럼 민적이 일 여성을 사랑해 줄 수는 없었지만, 지켜 줄 수는 있었던 셈이다.

이처럼 조혼은 남녀 모두를 불행하게 만드는 잔혹한 인습이었다. 그렇다면 한국 전통 사회에서 조혼 풍속이 이처럼 성행하게 된 원인은 무엇이었을까? 으레 유교의 영향 때문이라고 생각하기 쉽지만, 사실 조혼은 유교의 예법에도 어긋나는 풍속이었다. 유교의 고례(古禮)에는 "남자는 스무 살에 관을 쓰고 서른 살에 가정을 꾸리고, 여자는 열다섯 살에 비녀를 꽂고 스무 살에 시집간다."라고 되어 있다. 유교에서 성인의 기준은 남자 스무 살과 여자 열다섯 살이었고, 이상적인 결혼연령은 남자 서른 살과 여자 스무 살이었다. 성인이 되기도 전에 결혼부터 하는 조선의 조혼 풍속은 유교적 기준에서도 근절되어야 할 인습이었다.

1장 조혼이라는 감옥

조혼이 성행한 조선 시대만 하더라도, 『경국대전』「혼가조(婚家條)」의 규정에 따라 15세 이하 남성과 14세 이하 여성은 원칙적으로 혼인이 허용되지 않았다. 세종은 주희가 편찬한 『주문공가례(朱文公家禮)』에 따라 16세 이하 남성, 14세 이하의 여성의 혼인을 금지하는 조혼 금지령을 반포하기도 했다. 그 후로도 수차례 조혼 금지령이 반포되었지만 왕실과 사대부 집안부터 공공연히 조혼을 일삼았으니 백성들에게 그 영이 통할 리 없었다.[20]

윤리학자 김두헌은 조혼의 역사적 연원이 몽골 지배기 고려에서 시작된 공녀 진상과 조선 시대 왕실의 간택 때 반포된 금혼령에 있다고 주장했다. 고려 시대에 원과 명에서 처녀를 조공으로 바칠 것으로 요구하자 딸이 공녀로 선발되지 않도록 어린 딸을 서둘러 혼인시켰으며, 조선 시대에는 왕실의 간택 때 전국적으로 처녀의 금혼령을 내림에 따라 왕실의 간택이 시작되기 전 자녀의 혼사를 서둘렀다는 것이다.[21] 그럴듯한 가설이지만, 그것만으로 조혼 풍속이 근대 이후까지 이어진 이유를 모두 설명하지는 못한다.

변호사 양윤식은 1930년대 조선의 혼인 관계 법제를 설명하면서 조혼의 원인에 대해 다음과 같이 지적했다.

신분, 지위, 재산이 있는 상류계급에서는 자손의 경사를 보기 위해, 빈천한 하류계급에서는 가계를 돕기 위해 또한 자손에 대한 그릇된 인식의 발로로 한때는 조혼의 폐풍(弊風)이 성행하여 심한 예로는 남자는 10세 전후, 여자는 12~13세만 되면 결혼을 시키고 그중 여자가 남자보다 4~5세 연장인 예가 많았다. 그러나 이와 같은 조혼은 생리상 발육을 저해하고 사회 풍속상 폐해가 다대(多大)하니 이에 따라 여러 가지 희비극이 연출되는 경우가 많았다.[22]

요컨대 조혼은 가문의 보존을 중시하는 유교 사회에서 하루빨리 후손을 보기 바라는 부모의 과욕이 야기한 기형적인 풍속이라는 것이다. 비슷한 맥락에서 이정로는 1920년대까지 조혼이 근절되지 않은 이유를 세 가지 측면에서 설명했다. 첫째 늙은 부모에게 하루빨리 손자며느리를 보여 드리고 싶은 그릇된 효심. 둘째 어미 된 자가 병이 있거나 허약해 가사를 제대로 돌볼 수 없을 때, 며느리를 얻어 가사를 돌보게 할 현실적 필요성. 셋째 부유한 계층에서 일찍 며느리를 보는 것이 유행이 되어 자식을 조혼시키지 못하면 집안의 수치로 여겨지는 그릇된 풍조. 이정로는 이러한 세 가지 원인에서 비롯된 조혼이 자녀를 빨리 늙게 하고, 자녀의 양육과 교육에 치명적인 해악을 끼치며, 자녀의 의사를 무시한 혼인이 이혼과 같은 심각한 사회문제를 일으킬 것이라 경고했다.[23]

《조선농민》에서 주최한 「조혼에 관한 좌담회」에서도 조혼의 원인에 대한 다양한 의견이 개진되었다. "자녀를 물건처럼 취급하는 까닭에 소유욕의 발동으로 자기 자식을 속히 장가보내면 그 집은 장하다고 인식되는 못된 인습에서 비롯된 가장(家長)의 우월감이 낳은 악습", "시어머니가 며느리를 맞아들이는 쾌감과 그 며느리를 부려 먹자는 마음이 낳은 폐단", "나이 어린 딸을 두고 나이 많은 사위를 삼아서 일 시켜 먹자는 데릴사위제", "자식에게 아내를 얻어 주는 것이 부모의 의무로 아는 가족 문화", "궁합과 택일 같은 미신".

미신과 관련해 의학박사 박창훈은 "제가 열두 살에 장가를 갈 것인데 그해에 무슨 사고가 있어서 못 갔다가 그 후에는 길년(吉年)이 없다고 해서 3년이나 기다려서 15세에 장가를 갔다."라며 개인의 경험담까지 털어놓았다. 변호사 이창휘는 "한일합방 당시 결혼세를 받는다고 하는 유언비어가 전파된 것"도 조혼을 부추긴 하나의 원인으로 지목했다.

그릇된 가족 문화와 함께 경제적 원인도 무시할 수 없었다. 《조선일보》사회부장 류광렬은 "살림살이가 아무리 빈궁해도 아들은 몇이라도 견디지만, 딸은 태어나면서부터 남의 것이라는 관념이 강해서 이왕남의 자식이 될 것이니 한 식구라도 줄이고자 어린 것을 시집도 보내고 민며느리도 주며, 심하면 팔아먹기까지 했다."라고 지적했다. 천도교 종리사(宗理師) 이돈화는 "매매혼의 경우 여자의 값이 연령이 높을수록 비쌌는데, 아들이 성장한 후 장가를 들이면 돈이 많이 드니까 하는 수 없이 어린 여자를 사서 기른 후 며느리로 삼는 경우도 있었다."라고 소개했고, 소파 방정환은 "황해도 지방에서는 문벌, 손재주, 인물 등을 기준으로 처녀의 값이 물건 평가하듯 정해진 시세가 있었다."라고 증언했다.

거듭된 전란과 사회불안도 조혼의 원인으로 지적되었다. 류광렬은 "임진왜란같이 먼 과거는 모르겠으나 근년의 우리 집 일로 보면 내 위로 누님이 있었는데 큰누이는 14세에 시집을 보냈는데 그것은 갑오년 청일전쟁이 있을 때, 일본 사람이 빼앗아 간다고 시집을 보낸 일이 있고, 내 작은누이는 러일전쟁이 있을 때에 역시 14세에 시집을 갔는데 역시 일본 사람이 빼앗아 간다는 말이 있었고, 문 앞으로 군용철도가 놓이며 노가다꾼이 많이 들어왔었는데 그런 사람이 와서 빼앗아 간다고 얼른 시집을 보내는 것을 보았다."라고 회고했다. 이처럼 개항 이후 50여 년간 전란과 사회불안이 지속되면서 딸을 보호하기 위한 고육지책으로 조혼이 이용되기도 했다. 모든 조혼이 부모의 이기심에서 비롯된 것은 아니었던 셈이다.

비록 조혼의 폐해가 컸지만 그 필요성 역시 적지 않았던 만큼 해결책을 찾기가 쉽지는 않았다. 좌담회에서 제시된 첫 번째 처방은 "조혼의 폐해를 들어서 '조혼은 죄악이다.' 하는 관념을 보급하는 동시에 인습과 미신을 타파하자."라는 것이었다. 그러한 목표를 달성하기 위해서는 "교육의 힘을 빌리는 수밖에 없다."라는 실천 방법도 제시되었다. 그러나 다른 모든 사회문제처럼 계도와 교육만으로 조혼 문제를 해결하기는 어려웠다. 자녀들에게 조혼을 강요하는 부모들이 조혼의 폐해를 모르지 않았음을 고려하면, 그 효과는 더욱 미미할 수밖에 없었다. 이와는 다른 맥락에서 교육을 통한 조혼의 예방 효과는 인습과 미신에 의해 이루어지는 유산계급 가정 내의 조혼에만 국한된다는 문제가 있었다. 아무리 계도하고 교육한다고, 경제적 필요에 의해 어쩔 수 없이 야기된 조혼마저 억제할 수는 없었다.

무산계급 가정의 조혼을 억제하기 위한 방편으로는 공장을 지어서 그러한 가정의 딸을 취직시키는 방법, 어린 여성도 농사를 짓게 하는 방법, 농촌 가정에 가내수공업을 장려하는 방법 등이 제시되었다.[24] 그러나 조혼의 근절을 위해 어린 여성의 노동력을 활용하겠다는 발상은 청소년 노동력 착취라는 또 다른 문제를 야기한다. 공장을 건설하려면 경제개발이 선행되어야 하는데, 낙후된 조선의 경제구조를 개혁하는 것은 조혼 문제를 해결하는 것만큼이나 어려운 문제였다.

조혼은 한국 사회의 중첩된 구조적 모순이 낳은 여러 가지 병폐의 하나일 뿐 그것만 분리시켜 해결할 수 있는 독립된 현상이 아니었다. 조혼의 폐해와 원인에 대해서는 다양한 견해가 제기되었지만, 그 근절책에 대해서는 누구도 실현 가능한 대안을 제시할 수 없었다. 조혼이 실제로 근절된 것은 국민의 의식과 사회구조가 근본적으로 바뀐 해방 이후였다. 누구나 인정하는 불합리한 폐습일지라도 수백 년간 지속된 풍속을 개량하자면 수많은 희생과 노력, 그리고 충분한 시간이 필요했다.

3 모두가 불행한 선택, 조혼

문 양친 사이가 불합(不合)해 고민하는 소녀입니다 (시내 일 소녀)

저는 16세 소녀입니다. 지금 모 중학교 3학년에 재학 중인데 가세는 빈한합니다. 그런 중에도 언제나 마음에 한이 되고 어린 저의 머리를 무겁게 하는 것은 가정의 틈입니다.

저는 남부럽지 않은 아버지를 두었답니다. 아버지는 소위 붓을 가지고 이름을 날리고 있습니다. 공부도 상당히 하셨을 뿐 아니라 어떠한 점으로 봐도 그런 아버지를 둔 저는 자랑할 만합니다. 그러나 그 아버지는 저에게 아버지 노릇을 하지 않는답니다.

그 까닭은 저희 어머니는 아버지보다 나이가 많은 분으로, 즉 구식 여성이요, 조부모님들이 옛날에 조혼을 시킨 것이랍니다. 그래서 어머니가 미우니까 저까지도 싫어하여 같은 서울 하늘 아래 살면서도 잘 만나려고도 하지 않습니다. 나는 날마다 이 일을 생각하면 철천지한이 됩니다. 이런 환경에서 자라는 까닭인지 슬픈 작문을 잘 짓는다고 학교에서 늘 칭찬을 받으나 어디다 자랑할 곳도 없습니다. 별안간 아버지는 어머니를 파혼한답니다. 선생님, 어떡하면 좋겠습니까?

답 아름다운 순정으로 마음을 돌리게 하오 (일 기자)

훌륭한 아버지를 가지고 있으면서도 모실 수 없어 애달아 하는 당신의 편지를 받고 기자는 당신과 같이 울지 않을 수 없었습니다.

조혼에서 오는 폐해의 해독은 그 자손에게까지 이다지 깊이 파고들어 간다는 것은 여간 비참한 사실이 아닙니다. 그러다 보면 당신은 오로지 아버지를 무정타고 원망하겠지만 그건 아버지 본인의 죄도 아닙니다. 과거 조선에 있어서 부모의 마음대로 조혼을 시켰던 사회제도에 그 잘못이 있다고 보겠습니다.

당신은 저 불란서 소설 『홍발(紅髮)』에 나오는 주인공과 흡사합니다. 당신의 아버지가 글을 쓰는 분이라니 물론 감정이 예민할 것입니다. 그만큼 아버지의 마음도 당신 이상으로 더 아프고 쓰릴 것입니다. 당신이 남자가 아니라 여자라 하니, 기회는 좋습니다. 아버지가 서럽게 해도 자주 찾아가십시오. 그래 가지고 아버지에게 울며 매달리십시오. 그러는 가운데 당신이 그 둘의 정을 갈라놓은 그 강물의 다리가 되어 어떠한 기적이 일어날지도 모르는 것이니까 진정과 인내력을 가지고 아버지의 마음을 아름다운 정으로써 움직여 보십시오.

—「명암의 십자로」 1935. 3. 29.

열여섯 살 난 딸을 둔 아버지. 지금이라면 당연히 40대 이상의 중년 남성을 떠올리겠지만, 그는 17세 미만의 나이에 혼인한 조혼 가정의 가장이다. 젊으면 20대 후반, 나이가 아무리 많대도 30대 중반을 넘지 않는다. 부모의 강요로 혼인한 구여성 아내이고, 사랑 없이 낳은 딸이라 하더라도, 그처럼 무책임하게 내버려 둔 것은 어쩌면 그가 아직 치기를 벗어 버리기에는 너무 젊었기 때문이었을는지도 모른다.

시내 일 소녀가 가세가 빈한하다고 한 것은 아버지가 가난하기 때문이 아니라 아버지가 어머니를 미워한 나머지 가정을 돌보지 않았기 때문이다. 아버지에게 버림받은 소녀의 가슴에는 "철천지한"이 쌓여 가고, 역설적이게도 슬픈 작문을 잘 짓는다고 학교에서 늘 칭찬을 받는다. 하루빨리 후손을 보겠다는 조부모의 욕심은 자식의 가슴에 못질을 하는 것으로도 모자라 손녀의 가슴에까지 지워지지 않는 상처를 남긴 것이다.

1장 조혼이라는 감옥

일 기자의 조언에 나타난 "불란서 소설 『홍발』"이란 캐나다 소설 『빨간 머리 앤』을 잘못 언급한 것인 듯하다. 일 기자는 어린 소녀에게 조혼의 폐해가 조선 사회의 구조적인 문제임을 설명하면서 아버지의 무정을 아버지 개인의 탓으로만 돌리지 말라고 주문한다. 나아가 그는 아버지가 문필가이니만큼 울고 매달리면 마음을 돌릴지도 모른다는 헛된 희망을 보여 주고는 기적을 기다리라고 한다.

시내 일 소녀는 「명암의 십자로」에 사연을 보내면서 부모의 이혼을 막을 방법을 찾을 수 있을 것이라고 기대하지는 않았을 것이다. 그보다는 자신의 고민을 털어놓고 누구에게든 위로받고 싶었던 것이리라. 그런 맥락에서 기적을 기다리라는 허무맹랑하고 공허한 답변은 시내 일 소녀가 가장 듣고 싶었던 말이었을는지도 모른다.

「명암의 십자로」에 두 달 후 게재된 가회동 일 소녀의 사연 역시 앞의 사연과 크게 다르지 않다. 가회동 일 소녀는 여고보 졸업반에 재학 중인 18세 소녀다. 시골에서 시부모를 모시고 사는 그녀의 어머니는 일찍이 남편에게 소박맞고 딸 하나만 바라보며 살아가고 있다. 소녀의 아버지는 훌륭한 사회적 지위를 가진 분으로 10년 전 고향을 떠나 지금은 서울에서 일본 유학생을 첩으로 얻어 호화로운 생활을 하며 지낸다.

다시 말하건대, 18세 딸을 둔 조혼 가정의 아버지의 나이는 30대 중반에 불과하다. 아버지는 어머니를 미워한 나머지 애꿎은 딸까지 원수같이 대하며 학비조차 주지 않는다. 가회동 일 소녀의 학비는 시골에서 어머니가 베 짜고 농사지어 부담했다. 아버지는 딸에게 작은 의무감조차 느끼지 않는다. 그녀는 아버지에 대한 미움을 이렇게 기술한다.

언제나 시골의 어머니를 생각하면 아버지가 원수 같고 그 집에 가서 야단이라도 치고 싶습니다마는 마음이 착하신 어머니는 내가 커 가니까

행여 그런 일을 할까 봐 늘 주의를 주십니다.

어머니의 불행을 지켜보며 자란 가회동 일 소녀는 평생 결혼 같은 것은 하지 않고 혼자 살겠다는 생각까지 품게 된다. 전문학교까지 공부하고 좋은 직업을 얻어 독신으로 살 작정인데, 어머니가 허락을 하지 않으니 원수 같은 아버지나마 찾아가서 학비를 대 달라고 부탁해도 되겠느냐는 것이 가회동 일 소녀의 질문이었다.[25]

답변을 맡은 일 기자는 전문학교에 진학하겠다는 것은 좋은 생각이지만, 독신으로 살겠다는 문제는 스무 살이 넘어서 생각하라고 충고한다. 인연을 끊고 사는 아버지가 딸의 학비를 부담하겠느냐는 문제에 대해 일 기자는 학교 선생님께 사정을 말하고 선생님과 함께 아버지를 찾아가 설득하는 게 낫다고 조언한다. 아울러 아버지에게 자주 찾아가 살갑게 굴면, 잃었던 부정도 생기고, 시골 어머니에 대한 미움도 풀릴지 모른다고 귀띔한다.[26]

이처럼 조혼은 결혼 당사자들뿐 아니라 그들의 자식까지 모두 불행에 빠뜨렸다. 아내와 자식을 돌보지 않는 남편은 비난받아 마땅하지만, 그가 원해서 얻은 아내, 사랑의 결실로 낳은 자식이 아니었다. 비난을 피할 수는 없지만, 동정의 여지는 있었다. 진정으로 비난받아야 할 사람이 있다면, 자식과 그의 가정 모두를 불행에 신음하게 한 부모였다.

이차성징도 지나지 않은 어린 자식을 억지로 결혼시킨 부모는 과연 행복해졌을까? 대를 이을 손자가 태어난다는 사실 자체가 행복이라면 그들 가운데 일부는 행복했을 것이다. 그러나 자식의 불행한 결혼 생활을 곁에서 지켜보면서 며느리 일찍 보았다고, 곧 손자를 볼 것이라고 기뻐할 부모는 많지 않았으리라. 더욱이 어린 자식을 억지로 결혼시킨다고 곧바로 대를 이어 가문을 빛낼 반듯한 손자를 볼 수 있었던 것은 아니었다. 아들이 아내와 동침을 거부해 오랫동안 후손을 보지 못하는 경우도 적지 않았고, 멀쩡한 정실부인을 내버려 두고 엉뚱한 여성과 아이를 낳아 호적에 서자만 잔뜩 올리는 경우도 많았다.

「어찌하리까」 1939년 7월 22일자에 게재된 시골 일 독자의 사연도 그런 경우다. 시골 일 독자는 스물두 살 된 아들을 둔 아버지다. 그는 아들이 열여덟 살 되던 해에 아들을 인근 처녀와 결혼시켰다. 이 경우 1년 차이로 법적인 조혼은 아니었지만, 그렇다고 이른 혼인에서 오는 고통이 전혀 없는 것은 아니었다. 며느리가 무식한 구여성이기 때문인지 아들은 결혼한 지 얼마 안 돼 불만을 토로하더니, 서울로 떠나서는 4년째 고향에 들르지 않는다.

아들은 자기 아내가 죽어도 싫으니 이혼한 후 재혼하겠다고 한다. 그가 "삼강오륜을 생각하고 가문의 명예를 생각하여 이혼은 절대 못한다."라고 반대하니, 아들은 "그러면 영영 집으로 오지 않겠다."라고 선언한다. 지식 면에서 며느리가 아들보다 크게 기운 것은 그의 눈에도 보인다. 아들의 이혼을 계속 반대하면 아들과의 불화는 사라지지 않을 것임도 잘 알고 있다. 어린 아들이 혼자 힘으로 서울에서 살아가느라고 아등바등하는 모습을 그려 보면 가슴이 미어진다.

시골 일 독자는 이런 상황에서 아들의 뜻대로 이혼하고 다시 재혼시켜도 문제가 없는지, 이혼한다면 며느리가 소송을 걸지 않을지 문의했다. 아직 며느리를 호적에 올리지는 않았고, 살림살이가 빈한해 며느리가 위자료를 청구하면 난처해진다고 덧붙였다.[27]

시골 일 독자는 왜 자기 고집대로 아들을 결혼시켰을까? 사실 근대 이전 한국의 혼인 풍속은 원래가 그러했다. 연애라는 표현이 영단어 러브의 번역어로서 근대 이후에 처음 등장한 것처럼, 자유연애나 연애결혼과 같은 풍속 역시 근대 이후 형성되었다.[28] 조선 시대에도 낮은

계급에서는 남녀가 눈이 맞아 부부가 되는 경우도 있었으나 적어도 사대부 가문에서는 당사자가 결혼 상대를 선택한다는 것은 있을 수 없는 패륜이었다. 부모가 점지해 준 사람과 혼인하는 것은 옳고 그름, 선악을 판단할 수 없는 전근대 사회의 보편적인 혼인 양식이었다. 그런 맥락에서 시골 일 독자는 자신이 그랬고, 그의 부모가 그랬으며, 그의 조부모가 그랬던 방식 그대로 자식을 혼인시킨 셈이었다.

그러나 시대는 이미 변했다. 시골 일 독자에게 당연하고 익숙한 풍속은 그의 아들에게는 당장 없애야 할 시대착오적인 폐습일 따름이었다. 시골 일 독자에게 결혼은 부모가 점지해 준 처녀와 가정을 꾸려 대를 이을 아들을 보는 것이었다면, 그의 아들에게 결혼은 사랑하는 애인과 가정을 꾸려 사랑과 행복이 충만한 스위트홈을 만드는 것이었다. 시골 일 독자의 세계와 아들의 세계가 전근대와 근대로 구분되는 전혀 다른 세계이듯, 그가 생각한 결혼과 그의 자식이 생각한 결혼 역시 전혀 다른 사회제도였다.

세상은 바뀌게 마련이고, 세상이 바뀌면 응당 바뀐 세상에 적응하면서 살아야 하건만, 기성세대는 변화를 타락이라고 생각하고 변화 자체를 인정하지 않으려는 경향이 강하다. 시골 일 독자가 변화를 거부하고 아집을 부린 결과는 사랑하는 아들과의 절연이었다.

시골 일 독자가 아들과의 관계를 회복하고자 한다면, 아들의 요구가 정당한지 그른지 따져 보고 수용 여부를 결정하면 그만이다. 하지만 시골 일 독자는 자식의 행복이나 요구의 정당성을 따지기보다 자신의 체면과 자신에게 익숙한 윤리를 먼저 생각한다. 삼강오륜이라든가 가문의 명예 같은 것은 신학문을 공부한 아들에게는 아무 의미가 없다. 오히려 아들에게는 삼강오륜을 따르고 가문의 명예를 지키기 위해 자신의 사랑과 행복을 희생하는 것이야말로 비윤리적인 행동이다. 그러나 시골 일 독자에게 이혼은 비윤리적인 행동이었다.

여성 지도자라면 시골 일 독자의 질문에 어떻게 대답해야 했을까? 답변을 맡은 이숙종은 숙명여고보와 도쿄여자미술전문학교 서양화과, 도쿄제국대학 미학과에서 수학한 엘리트 신여성으로 성신여학교를 설립한 여성 지도자였다. 그녀가 시골 일 독자에게 아들의 이혼을 허락하라고 조언하면 힘없고 무고한 구여성을 저버리는 것이고, 허락하지 말라고 조언하면 타파되어야 할 인습과 구도덕을 승인하는 격이 된다. 어느 쪽도 바람직한 해결책이 될 수 없는 난제였다.

> 잘 타일러서 어느 정도까지 의지가 서고 정도(正道)에 이를 때까지 아드님의 행동을 내버려 두시고, 부모의 처사로는 며느리에 약한 것을 내 자손과 같이 두둔하고 의거해서 아드님의 마음을 누르도록 하십시오. 어디로 가느니 아니 들어오느니 하는 행동은 어느 시기가 지나면 자연으로 가라앉으리라고 생각합니다.[29]

여성 교육자 이숙종은 예상과 달리 아들의 이혼을 허락하지 말라고 한다. 구여성은 고유한 아내의 덕과 지조를 가지고 있기 때문에 남편이 단지 무식하다는 이유로 구여성을 배척하는 것은 옳지 못하며, 며느리의 교육 수준을 알고 결혼시켜 놓고 무식하다고 이혼시킨다는 것도 정당화되기 어렵다고 판단한 것이다. 여성 교육자로서 힘없고 무고한 구여성을 보호하고자 한 의도는 충분히 이해할 수 있다. 시골 일 독자는 아들이 이혼하더라도 며느리에게 위자료를 주지 않을 방법을 문의할 만큼 무심한 시아버지였다. 상황이 그러하니 남편의 호적에 이름을 올리지 못한 구여성 며느리가 이혼 후에 경제적 보상을 받을 길은 어디에도 없었다. 그러나 그저 자식을 타이르고 기다린다고 애초부터 없었던 사랑이 싹트고 가정의 평화가 찾아올 리 없었다. 이숙종의 조언보다는 이혼을 허락하되 며느리에게 진정 어린 사과와 충분한 경제적 보상을 해주라고 충고하는 편이 더 바람직한 대안이었을 것이다.

조혼의 폐해는 결혼 당사자인 남편과 본처, 그들의 부모와 자식에게만 미치는 것은 아니었다. 조혼한 남성과 연애하고 결혼하기를 원하는 신여성들도 조혼의 폐해로 고통받기는 마찬가지였다. 교육받은 남성들은 죄다 유부남이었으니, 신여성들로서는 결혼 상대는커녕 연애 상대를 구하기도 어려웠다. 이런 상황에서 새롭게 유행한 자유연애가 조혼 풍속과 결합되어 제2부인라는 또 다른 사회문제를 야기했고, 그 주된 피해자는 바로 신여성들이었다.

그녀들의 마지막 선택
살인, 방화, 자살

당연한 이야기이지만 일제강점기에도 범죄는 있었다. 작은 비율이기는
하지만 여성에 의해 자행된 여성 범죄도 존재했다. 흥미로운 것은 일제
강점기 여성 범죄는 반수 이상이 살인·방화와 같은 강력 범죄였다는
사실이다. 여성이 자행한 살인의 반 이상이 남편을 살해하는 본부(本
夫) 살해였고, 또 본부 살해범의 반 이상이 15세에서 20세 사이의 어린
여성이라는 뚜렷한 경향성도 드러났다.[30] 요컨대 일제강점기 여성 범죄
에서 가장 빈번한 형태가 20대 미만의 어린 여성에 의한 남편 살해였다.

왜 그랬을까? 원인을 파악하기에 앞서 구체적인 자료를 통해 여성
범죄의 실태부터 알아보자. 1923년 서대문형무소 수감자 가운데 기결
수는 남성이 1514명, 여성이 95명이었다. 남성이 여성에 비해 15배 이상
많았다. 남성 범죄는 절도가 가장 많았고 그 원인은 대개가 생활고였다.
반면 여성 범죄의 경우, 전체의 절반이 넘는 60명이 살인이었고, 방화와
간통이 각각 15명, 절도 3명, 강도 2명 등이었다.[31]

그로부터 8년 후인 1931년, 여성 수형자 400여 명 가운데 형사처벌
대상자는 반수 정도인 200명이었고, 그중 절반인 100여 명이 살인범이
었다. 그다음이 방화, 외설, 간음, 절도 순이었다. 특별법에 의한 범죄자
는 아편, 코카인 등 약물취급령 위반이 과반수에 달했고, 정치·사상범
은 2~3인에 불과했다. 살인은 본부 독살과 영아 살해가 거의 대부분을
차지했다.[32]

다시 5년 후, 평양형무소의 상황도 큰 차이가 없었다. 1936년 12월,

평양형무소에 수감 중인 조선인 죄수는 남성이 1059명, 여성이 88명, 합계 1147명이었다. 남성 범죄자가 여성 범죄자보다 10배 이상 많았지만 살인범은 대동소이해서 남성이 41명, 여성이 37명이었다. 방화범 역시 남성이 24명, 여성이 22명으로 비슷했다.[33]

자료에서 확인할 수 있듯 범죄자는 남성이 여성보다 열 배 이상 많았지만, 살인·방화범만큼은 남녀가 엇비슷했다. 절도범보다 살인범이 몇 배씩 많다는 것도 일반적인 경향과는 거리가 멀었다. 식민통치 당국에서도 이렇듯 "매우 이례적인 경향"에 주목했다. 조선총독부 사법부 장관이던 고쿠분 산가이가 1911년부터 1915년까지 5년 동안 살인과 관련된 여성 128명을 조사한 결과 15~20세의 여성이 65명으로 절반 이상인 51퍼센트를 차지한다는 사실을 발견했다. 또한 경성부인병원 원장 구토 다케시로는 1930년 국세조사 결과를 바탕으로 여성 살해범 104명 중에서 남편을 살해한 경우가 66명으로 전체 범죄자의 63퍼센트라는 높은 비중을 차지한 사실에 주목했다. 남편 살해범 66명 가운데 38명은 15~20세 사이의 여성으로 절반 이상을 차지했다.[34]

요컨대 일제강점기 조선 여성은 범죄를 자주 범하지는 않았지만, 어쩌다 저지른다면 본부 독살, 영아 살해, 자택 방화와 같은 끔찍한 강력 범죄를 범했던 셈이다. 그 시대 신문기사와 논설들은 이러한 여성 범죄의 "매우 이례적인 경향"을 낳은 근본 원인이 조혼이었음을 한목소리로 지적했다. 1923년 《동아일보》 기사는 순진무구했던 어린 여성이 중범죄를 저지르고 평생을 철창 아래서 신음하게 되는 과정을 다음과 같이 설명했다.

조선 종래의 풍속은 나이 어린 새아씨를 한 번 눈도 코도 보지 못한 사람과 혼인을 시키는데, 대개 내외간에 연령이 서로 엄청나게 차이가 나고, 또 얼굴도 마음에 맞지 아니하며 성질도 서로 맞지 아니하기 때문에 자연 다른 남자를 생각하게 되어 혹 간통죄에 걸리기도 하고, 또 어린 처녀가 나이 많이 먹은 남편의 요구를 감당치 못하고 일변 자유로 살던 친정이 한없이 그립게 되어 자연 남편의 집에 불을 놓으면 자유로운 몸이 될 줄 알고 불을 놓아 방화죄에 걸리기도 하고, 또 심하면 남편을 죽일 마음까지 생기게 되어 무서운 범죄를 행하고 평생을 철창 아래서 슬픈 눈물과 긴 한숨으로 말라 죽게 되는 것이다.[35]

아직은 부모 슬하에서 재롱이나 부려야 할 어린 소녀가 부모의 강요로 시집을 가서 불우한 결혼 생활을 비관하다 그 고통에서 벗어나려는 최후의 몸부림으로 남편을 살해하거나 시집에 불을 지르고, 어쩌다 다른 남성을 사랑하게 돼 불륜으로 생긴 아이를 살해하는 상황은 상상하기 어렵지 않다. 《동아일보》는 사설을 통해 "본부 살해 사건이 어느 신문지상에든 한두 건씩 기재되지 않는 날이 거의 없는 형편"[36]이라고 개탄할 만큼, 남편을 죽여서라도 조혼이 야기한 불우한 결혼 생활에서 벗어나고자 했던 여성이 적지 않았다.

자살은 살인, 방화와 함께 조혼이 낳은 또 다른 비극적인 결말이었다. 조혼이 야기한 불우한 결혼 생활을 비관해 자살한 여성의 사연은 일제강점기 신문지상에 지속적으로 등장했다. 1924년 5월, 평남 성천군에서는 16세 주부 김소녀가 친정에 잠깐 다니러 가 있다가 인근 불두강에 뛰어들어 자살했다. 열 살이나 많은 남편과 무서운 시어머니가 기다리는 시집으로 돌아가기 두려웠기 때문이었다.[37]

1927년 8월, 서울 통의동에서는 19세 주부 오순이가 자택에서 다량의 양잿물을 마시고 신음하는 것을 집안사람이 발견했다. 즉시 근처 병원에 데려다가 응급조치를 하였으나 양잿물을 원체 많이 마신 까닭에

「철창 속으로 본 실사회」, 《동아일보》(1923년 2월 26일)

1923년 서대문형무소의 여성 수감자는 남성 수감자의 15분의 1
수준에 불과했지만, 살인·방화와 같은 중범죄자가 대부분이었고,
그 원인은 거의 조혼에서 비롯되었다.

어린 부부. 1920~1930년대 한국에서 이처럼 어린 부부는 전체
인구의 2퍼센트 이상을 차지했다.

생명이 위독했다. 어린 탓에 살림을 잘하지 못해 시어머니에게 매일같이 꾸지람을 들은 데다가 남편마저 나무라자 더 이상 시집살이를 감당할 자신이 없어 자살을 결심한 것이었다.[38]

1933년 3월, 경북 예천에서는 이재봉의 둘째 며느리 권 씨가 아침밥을 짓다 말고 돌연 목을 매 자살했다. 그녀는 16세 되던 지난해 이재봉의 둘째 아들 이상호와 결혼했는데 자기보다 훨씬 어린 남편에게 불만을 품어 오다 자신의 처지를 비관해 참혹한 행동을 감행한 것이었다.[39]

1933년 6월, 경북 영천에서는 21세 새색시 이기출이 연못에 뛰어들어 자살했다. 그녀는 넉 달 전 김암룡과 결혼했는데, 남편의 나이는 고작 11세였다. 어린 남편은 이야기 상대도 못 되고, 시어머니의 학대가 심해 세상을 비관한 끝에 투신자살한 것이었다.[40]

조혼을 비관한 자살이 비단 여성에만 국한된 문제는 아니었다. 1922년 5월, 배재고보 2학년생 조순현은 부요의 강요로 조혼한 후 처지를 비관하다 학기말 시험을 망쳐 유급을 당했다. 부모에게 아내와 이혼하겠다고 말했다가 학비마저 끊기자, 삶의 의지를 잃고 한강 인도교에서 투신자살했다.[41]

1925년 11월, 서울 관훈동에서는 화재보험회사 사원 조형구가 자기 집에서 다량의 모르히네(모르핀)를 복용하고 세상을 떠났다. 그는 열세 살 때 부모의 강요로 혼인한 후 아내와의 불화에 갈등하다가 줄곧 이혼을 도모해 왔다. 하지만 부모의 반대에 부딪혀 끝내 뜻을 이루지 못하자 극단적인 선택을 한 것이었다.[42]

이처럼 조혼은 결혼 당사자인 두 남녀는 물론 그들의 자녀, 그들에게 결혼을 강요한 부모까지 모두 불행에 빠뜨렸다. 조혼은 이혼을 격증시켰고, 누군가는 이혼하지 못해, 누군가는 이혼당할까 두려워 자살했다. 어린 나이에 지나치게 늙은 남성과 결혼한 여성은 남편이 두렵고 무서워 자살했고, 지나치게 어린 남성과 결혼한 여성은 철없는 남편이 부끄러워 자살했다. 그래도 부모들은 조혼에 대한 미련을 버리지 못했다. 살아 있는 자식의 행복을 위해 돌아가신 조상에 대한 도리를 미룰 수 없었기 때문이었다.

2장

제2부인의 탄생

1 남편의 이혼만 기다립니다

몇 해를 기다려도 아무런 희망이 없습니다

일 여성의 탄원 (울고 있는 여성)

저는 금년 19세이고 이름은 정자입니다. 작년 4월에 우연히 모 전문학교 2학년 학생과 서로 사랑을 속삭이게 되었습니다. 만일을 두려워하여 민적등본까지 교환해서 보았습니다. 그는 확실히 미혼자였습니다. 저는 조금도 불안하다는 생각 없이 상대를 사랑하였습니다.

그 후 9월에 그와 같이 고향에 가보니 뜻밖에 본처와 일곱 살 먹은 여자 아이까지 있었습니다. 그러나 남편 된 사람은 그제야 사실을 고백하였습니다. 본처는 구여성일뿐더러 뜻이 맞지 않아 몇 해 안에 이혼해 보낼 것이니 고생이 되고 타인들의 조소를 받더라도 참아 달라고 애걸하다시피 했습니다. 남편이 나를 사랑하고, 몇 해 안에는 해결이 되겠지 하고 울분과 고통을 참아 넘기며 그럭저럭 오늘날까지 지내 왔습니다.

그러던 중 이번 달에 뜻밖에 본처가 아들을 낳았습니다. 울어도 시원치 않았고 죽어도 시원치 않을 것만 같았습니다. 맘에 없다는 아내에게서 자식까지 낳았으면서도 참아 달랍니다. 저는 그런 꼴을 보기 싫어 만사를 단념하고 상경하였더니 남편 된 사람이 쫓아 올라와서 한 3년만 있으면 해결될 테니 그동안은 도쿄 가서 공부를 하라고 합니다.

저는 좌우를 분별치 못하고 헤매는 여성입니다. 한 해 두 해 지나가도 해결이 안 되고, 본처가 자식을 자꾸 낳으면 저의 신세는 어찌될까요?

📋 남편 말대로 공부하오
남편의 말대로 기다림이 좋다 (R 기자)

당신을 사랑하면서 본처와 관계하여 남자아이를 낳았다는 것은 그 남자의 의지가 박약한 조짐으로 볼 수 있습니다만, 세상에 흔히 있는 일이기도 합니다. 당신의 문제는 지금 그 경우에서 일을 장차 어떻게 처리할까 하는 데 있는 것이니 과거를 아무리 후회해도 일 처리에는 아무 효과도 없을 것입니다. 그 남자의 말대로 도쿄에 유학하여 공부에 힘쓰고 좋은 독서를 하면서 3년간은 애써 그 남자와의 머리 아픈 문제를 잊어버리도록 노력하십시오. 그리하여 약속한 3년 후에 그의 행동을 보아 가면서 당신의 일을 처리하시는 것이 좋을 듯합니다.

—「어찌하리까」 1933. 9. 20.

결혼하고 보니 남편에게 본처는 물론 일곱 살 난 딸까지 있더라. 울고 있는 여성, 열아홉 살 신여성 정자의 사연은 이렇게 정리된다. 조혼이 성행하던 시절이다 보니 울고 있는 여성과 같이 기혼 남성에게 속아서 결혼하는 여성이 생기는 것은 어쩌면 당연한 일이었다.

오늘날의 시각에서는 명백한 사기 결혼이지만, 울고 있는 여성은 기혼 남성의 파렴치한 중혼을 범죄로 인식하지 않았음은 물론 도덕적으로도 크게 질타하지 않는다. 더욱이 답변을 맡은 R 기자가 "세상에 흔히 있는 일"이라 위로한 것은 남편에게 숨겨 놓은 처자식이 있었다는 사실이 아니라 사랑하는 사람과 함께 살면서 본처와 관계하여 남자아이를 낳았다는 사실이었다. 한 남자가 동시에 두 아내와 동거하면서 아이를 낳는 경우가 흔히 있는 일로 치부될 정도였으니, 남편에게 숨겨 놓은 처자식이 있다는 사실 정도는 놀라운 일도 아니었다.

울고 있는 여성이 방심해서 남편의 속임수에 걸려든 것은 아니었다. 연애를 시작하면서 그녀는 혹여 애인에게 숨겨 놓은 처자식이 있을까 두려워 민적등본, 즉 호적등본까지 교환해 보았다. 그녀가 일말의 불안감을 떨쳐 버리고 애인을 사랑하기 시작한 것은 호적등본으로 상대가 확실한 미혼자임을 확인하고 난 후였다. 이다음부터는 상대라고 부르던 호칭도 은근슬쩍 남편으로 바뀐다.

울고 있는 여성의 사연에서처럼 조혼이라는 인습과 자유연애라는 신문화가 공존하던 1930년대에는 연애를 시작하면서 법적으로 미혼임을 증명하는 호적등본을 교환하는 연애 풍속이 있었다. 기혼 남성이 결혼 사실을 숨기고 미혼 여성과 결혼을 빙자한 동거에 들어가는 경우가 흔했기 때문이다. 물론 대부분의 연인들은 연애를 시작하기 전 대화로 결혼 여부를 확인하는 데 그쳤을 것이다. 하지만 중등학교에 재학 중인 10대 후반의 시골 출신 남학생이 스스로 미혼이라고 주장한대야 '아, 그런가 보다.' 하며 그 말을 곧이곧대로 믿을 여학생은 많지 않았다. 평범한 시골 가정이라면 자식이 10대 후반이 되도록 결혼시키지 않고 내버려 두는 것이 오히려 이상한 일이었기 때문이다.

이러한 상황에서 호적등본으로 미혼임을 증명할 수 있는 축복받은 남학생이라면, '오빠를 믿지 못하느냐.'라는 구차한 항변보다 국가가 보증하는 공문서로 애인의 불안한 마음을 달래는 편이 나았으리라. 미혼임을 증명하는 호적등본은 연애를 시작할 때 남자가 여자에게 줄 수 있는 가장 소중한 선물 중 하나였다. 그 같은 선물을 줄 수 있는 남자가 많지 않았기 때문에 더 값진 것이었다. 그러나 남자가 호적등본상 미혼이라고 마냥 안심할 수만은 없었다. 울고 있는 여성처럼 남편의 고향에서 뜻밖에 숨겨 놓은 처자식과 만나게 될 수도 있었기 때문이었다.

어떻게 이런 일이 가능했을까? 우선 생각해 볼 수 있는 것은 울고 있는 여성에게 보여 준 남편의 호적등본이 위조되었을 가능성이다. 당시에는 컴퓨터는 물론 복사기도 없어서 모든 행정이 수작업으로 이루어지고 있었다. 또 공무원의 부정부패가 만연하던 시절이기도 했기에 애인에게 보여 줄 호적등본의 위조 따위는 마음만 먹으면 얼마든지 가능했다. 실제로 1926년에는 전문학교 출신의 한 지식 청년이 상당한 지식을 가진 신여성과 결혼하기 위해 관인(官印) 대여섯 개를 위조해 호적등본을 위조했다가 검거되는 사건이 벌어지기도 했다.[1] 그러나 이는 살다 보면 금방 발각될 사실이므로 울고 있는 여성의 남편이 공문서를 위조하면서까지 대범하게 거짓말을 했을 것 같지는 않다.

일부 기혼 남성의 경우 호적등본 대신 호적초본을 보여 주기도 했다. 초본은 아내를 빼고 교부받을 수도 있었고, 일부 여성은 초본을 등본으로 잘못 알고 속기도 했기 때문이다.[2] 그러나 울고 있는 여성이 초본과 등본을 구분하지 못할 정도로 어리석었던 것 같지는 않다.

울고 있는 여성의 남편은 조혼으로 혼인신고를 하지 못하다가 혼령이 찬 후에도 신고를 미루었을 가능성이 크다. 아들이 있었다면 그 아들을 호적에 올리기 위해서라도 혼인신고를 서둘렀겠지만, 구여성 아내는 7년 전 딸 하나를 낳았을 뿐이다. 남존여비 사상이 만연했던 시대에 남편으로서는 딸자식을 호적에 올리기 위해 구태여 사랑하지도 않는 본처와의 혼인신고를 서두르지는 않았을 것이다.

남편에게 숨겨 놓은 처자식이 있었다는 사실보다 더 놀라운 것은 울고 있는 여성과 남편 사이에 사랑이 무르익어 간 속도다. 울고 있는 여성이 우연히 만난 남성과 사랑을 시작해 그의 고향으로 내려갈 때까지 걸린 시간은 다섯 달에 불과했다. 애인을 남편으로 부르고 있는 것을 보면, 이미 결혼에 준하는 의식을 치르고 동거까지 하고 있었던 듯하다. 즉 처음 만나서 결혼에 준하는 관계로 발전하기까지 걸린 시간이 고작 다섯 달이었던 셈이다. 인스턴트 사랑이 만연한 요즘에 비해서도 결코 떨어지지 않는 속도였다.

울고 있는 여성과 남편은 결혼에 준하는 관계를 맺을 때 부모의 승낙을 얻을 생각조차 하지 않았다. 아무리 자유연애에서 이어진 첨단 결혼이라지만, 양가 부모의 상견례는 생략한다 하더라도 결혼 전 상대편 부모에게 인사라도 드렸다면, 애인에게 처자식이 있다는 사실이 드러나지 않았을 리 없었다. 유부남 지식 청년의 중혼이 드물지 않았다는 사실은 모던 보이와 모던 걸 사이에 번거로운 결혼 절차를 생략한 동거가 결혼이라는 이름으로 이루어지는 경우가 많았음을 보여 준다.

남편이 울고 있는 여성을 부모와 처자식이 있는 고향으로 데려간 것은 그녀와 그의 부모, 아내 등 가족 모두에게 진실을 고백하기 위한 행동이었다. 그쯤에서 진실을 고백해도 신여성 아내를 잃지 않을 것이라는 자신감의 발현이었으리라. 사실이 드러난 이후 남편은 "본처는 구여성일 뿐더러 뜻이 맞지 않아 몇 해 안에 이혼해 보낼 것이니 고생이 되고 타인들의 조소를 받더라도 참아 달라."라고 애걸한다. 딸까지 둔 유부남이 처녀를 꾀어 연애하고 결혼까지 했는데, 구여성 본부인과 이혼할 때까지 몇 해 더 기다려 달라는 변명으로 상황을 어물쩍 넘기려 한 것이다.

몇 년 안에 이혼하겠다던 본처에게서 아들을 본 남편의 행동 또한 이해하기 어렵다. 본처가 이달에 아들을 낳았으니 임신한 것은 그해 1월 초, 울고 있는 여성이 고향으로 내려온 것은 전년도 9월이었다. 남편은 "몇 해 안에 이혼해 보낼 것"이라는 기막힌 변명으로 울고 있는 여성을 달랜 지 불과 넉 달 만에 본처와 관계를 맺어 임신시킨 셈이었다. "뜻밖에도 본처가 아들을 낳았다."라고 표현한 것을 보면, 울고 있는 여성은 본처가 출산하기 전까지 남편이 본처와 관계를 맺고 있다는 사실을 몰랐던 것 같다. 이로써 남편은 몇 해 후 본처와 이혼하려 했던 것이 아니라 본처와 관계를 유지하면서 신여성 아내와 동거하려 했음이 명백해졌다.

본처가 아들을 출산한 것으로 남편을 둘러싼 가정 내에서 구여성 본처와 신여성 아내 사이의 정통성 경쟁은 사실상 승부가 났다. 남편으로서는 아들 때문에라도 본처를 호적에 올려야 했다. "만사를 단념하고 상경"한 것을 보면, 울고 있는 여성도 그 사실을 알고 있었던 듯하다. 하지만 여기서 또 한 번 이해하기 어려운 일이 벌어진다.

남편이 서울까지 쫓아 올라온 것이나, 3년 안에 해결하겠으니 도쿄 가서 공부하라고 한 것 정도는 그 전까지 남편의 행동을 보면 이해 못 할 바는 아니다. 이런 경우 울고 있는 여성은 뻔뻔스러운 남편의 따귀나 한번 갈겨 주고, 위자료를 청구한 뒤 헤어지자고 통보했어야 했다. 그러나 정작 울고 있는 여성은 남편의 제안에 혹해 도쿄 유학을 심각하게 고민한다. 본처가 자식을 자꾸 낳을 것을 걱정하지, 남편의 몰지각한 행동에 대해서는 그다지 분노하지 않는다.

R 기자의 조언도 이해하기 어렵기는 마찬가지다. 그는 울고 있는 여성을 두고 본처와 관계하여 아들을 낳은 남편의 행동을 혼인빙자간음과 같은 범죄나 심각한 패륜 행위가 아니라 고작 의지박약의 조짐 정도로 간주한다. 우유부단한 성격만 탓할 뿐 윤리적인 책임을 묻지는 않는 것이다. 당시 남편과 같은 남성이 사회에 흔했고, 그의 중혼이 조혼이라

는 사회 구조적 모순에서 비롯된 행위였던 만큼 동정의 여지가 있다고 생각한 듯하다.

R 기자는 울고 있는 여성에게 남편의 말대로 3년 동안 도쿄 유학을 다녀오라고 권한다. 언뜻 남편에게 순종하라는 말처럼 들리지만, "약속한 3년 후에 그의 행동을 보아 가면서 당신의 일을 처리"하라고 한 것을 보면, 실제 R 기자의 조언은 남편의 돈으로 도쿄 유학을 다녀와 자립할 능력을 기른 후 헤어지라는 것으로 보인다. 중혼이 허용되지 않는 일부일처제 사회에서 이유야 어찌됐건 중혼이 이루어지면 누군가는 희생을 치러야 한다. 구여성 본처와 신여성 아내 둘 중 한 명은 희생되어야 한다면, 자립 능력이 없는 본처보다 자립 능력이 있는 신여성 아내가 희생되는 편이 낫다고 판단했을 것이다.

전근대사회에서는 한 남성이 두 여성과 동거하는 일이 흔했다. 축첩이 법으로뿐 아니라 윤리적으로도 인정되었기 때문이다. 실제로 조선시대 여성 윤리의 근간이었던 칠거지악(七去之惡)에는 남편이 첩을 들이더라도 질투하지 말아야 한다는 투기 조항이 포함돼 있었다. 그러나 울고 있는 여성은 남편의 본처가 아니라는 점에서 첩임에 분명하지만, 전근대사회의 첩과는 성격이 조금 달랐다.

첩은 처가 아니다. 역설적이게도 축첩이 제도적으로 인정된 조선 시대에도 혼인제도의 기본 원칙은 일부일처제였다. 다만 조선의 일부일처제란 남자가 한 여자와 살아야 한다는 뜻이 아니라 정처(正妻)의 지위를 지니는 여성은 단 한 명뿐이라는 뜻이었다. 다시 말해 처가 있는데 다시 처를 취하는 중혼과 정처를 두고 첩을 정처로 삼는 병축(竝畜)을 법으로 금지한다는 의미에서의 일부일처제였던 것이다.[3] 그런 이유로 조선의 가정에서 첩은 처와 비교할 수 없이 미천한 존재였다. 설령 이혼이나 사망으로 처의 자리가 빈다 하더라도, 첩으로 들어온 여성은 처의 자리를 대신할 수 없었다. 때문에 좋은 집안에서 제대로 교육받으며 성장한 여성이 첩살이를 한다는 것은 상상하기 어려운 일이었다.

그러나 울고 있는 여성의 경우는 조금 달랐다. 첩의 지위에 있는 그녀가 구여성 본처보다 더 많은 교육을 받았고, 지식과 능력 면에서 우월했기 때문이다. 이처럼 조혼한 남성과의 중혼으로 뜻하지 않게 첩이 된 신여성을 전근대사회의 첩과 구분하기 위해 제2부인이라는 명칭이 생겼다.

제2부인 문제는 《신여성》 1933년 2월호에서 상당한 지면을 할애해 특집으로 다룰 만큼 심각한 사회문제였다. 여기서 소개한 제2부인의 탄생 과정은 다음과 같다.

여기에 한 젊은 남자와 역시 젊은 동녀(童女)가 있다. 그들은 어떠한 기회에 교제가 생기고 그것이 나아가서 연애가 성립이 되고, 그 결과 두 사람이 연모하며 이해·동정하는 품이 부부로 전화(轉化)되기에 충분할 만큼 원만하고 완전한 역(域)에 이르렀다.

그러나 그 남자는 기혼자다. 다만 그는 소년 시기에 인습이 시키는 대로 결혼을 하기는 하였으나 현재에 있어서는 법률상의 형식뿐이요, 내용으로는 남편이라는 기반을 벗어나 있다. 물론 그는 이혼의 법적 수속까지 취하려 하나 그를 결혼시킨 인습은 역시 자유로운 이혼도 그에게 허하지 아니한다.

이러한 경우에 이 서로 사랑하는 두 젊은이가 법률과 형식을 초월하여 내용적·실제적 부부가 되는 것이 가하냐 불가하냐 하는 것은 다음 절로 미루기로 하고 이와 같은 형식으로 맺어진 부부 가운데 그 여자 편을 우리는 제2부인이라 한다.[4]

울고 있는 여성이 제2부인으로 전락한 과정은 결혼 전 남편에게 구여성 본처가 있다는 사실을 몰랐던 것만 제외하면 《신여성》에서 소개한 제2부인의 탄생 과정과 크게 다르지 않다. 실제로 1930년대 신문 독자 문답란에는 울고 있는 여성처럼 기혼 남성과 사랑에 빠져 고통받는 여성의 사연이 적지 않았다. 일부는 제2부인이 될 처지를 받아들일지 말지를 고민했고, 일부는 제2부인의 지위에서 벗어나 본처의 지위를 차지하기 위해 고민했다.

전통 사회에서 첩은 처의 지위를 넘볼 수 없었던 반면, 근대 이후 민법에 따라 일부일처제가 공식화되면서 첩에서 출발하였더라도 법적으로 등록되기만 하면 처의 지위를 얻을 수 있었다. 남편이 본처와 이혼만 할 수 있다면 제2부인도 어엿한 본처가 될 수 있었던 것이다. 연애 결혼 지상주의가 주창된 1920~1930년대에 연애를 통해 남편과 만난 제2부인은 어린 시절 부모의 강요로 맺어진 본처보다 더 확실한 결혼의 근거를 가지고 있었다.[5]

그러나 제2부인은 편의상의 명칭일 뿐 법적으로는 여전히 첩이었다. 식민지 조선에서는 1923년 7월부터 종래의 사실혼주의를 폐지하고, 일본 민법상의 법률혼주의를 채택했다. 남편의 호적에 이름을 올릴 수 없는 제2부인은 부양비와 위자료를 청구할 권리가 없었다. 남편이 사망할 경우 재산을 상속받을 권리도 없었다. 남편에게 청구할 수 있는 유일한 권리는 혼인 예약 불이행에 따른 손해배상뿐이었다.[6]

더 큰 문제는 자식이었다. 제2부인의 자녀는 아버지의 호적에 이름을 올릴 수 없었다. 사생아로서 어머니의 호적에 올라 어머니의 성을 따라야 했다. 그들은 입학을 시작으로 성장 과정, 연애와 결혼에 이르기까지 삶의 중요한 갈림길마다 갖은 천대와 모욕을 받아야 했다. 아버지의 호적에 이름을 올린다 하더라도 적자가 아닌 서자로 기록되었다. 근대 이후에도 가정 내에서 적서 차별은 여전했다. 서자는 법적 상속 순위에서도 적자 다음이었다.[7] 사실상 제2부인과 그의 자녀는 법적으로 아무것도 보호받을 수 없는 처지였다.

가정 내에서 제2부인의 위치가 얼마나 불안정했는지는 그녀들의 경험담에서도 확인할 수 있다. 《삼천리》 1931년 11월호에는 최승일의 제2부인이었다가 그가 이혼한 후 정식 부인이 된 배우 석금성의 이야기가 게재되었다. 무용가 최승희의 오빠로 잘 알려진 최승일은 작가 겸 연극인으로 왕성하게 활동한 인물이었다. 석금성은 기생 출신으로 토월회의 여배우로 발탁돼 조선 최고의 여배우로 갈채를 받았던 입지전적 인물이었다.[8]

법적으로 이혼 수속이 완료되지 않은 남자와 결혼했을 때 심경을 묻는 기자의 질문에 석금성은 "민적등록이라는 것은 한 형식에 지나지 않는 것이지만 내가 겪어 온 입장으로서는 민적에 입적하기 전과 후의 느낌이란 퍽 달라진 것만은 사실"이었다고 말문을 열었다.

물론 사정을 아시는 이들은 다 아시니 숨기려고 하지 않습니다. 제가 최와 결혼할 때에는 그의 본마누라 되는 분이 있었답니다. 그렇게 되니 마누라 없는 총각과 결혼하는 것보다는 여러 가지 데리케이트한 점이 있어 기분이 달라질 것이 아니겠습니까. 저 역시 본부(本夫)의 자식이 셋이나 있는 몸이었지요. 그렇게 되었으므로 저는 공중에 둥둥 뜬 사람같이 마음을 걷잡을 수 없었으며 어린것(최 씨의 어린애를 가지게 되었습니다.)이 사생아가 되면 어쩔까 해서 퍽도 근심이 되었습니다. 그러다가 그가 본마누라와 이혼한 후 또 저한테서도 확실한 대답을 들어 가지고 (제가 본부와 자식이 있는 몸이기 때문에 최 씨도 불안했던 것입니다.) 작년에 민적등록을 하게 되었습니다. 지금은 마음이 퍽 단순해지고 안전한 그의 아내가 된 것같이 생각됩니다. 그러나 민적 운운은 신여성으로 그렇게 문제 삼을 것이 없는 줄 압니다. 사랑이 제일이지요. 그런 것은 다 형식이니까요.[9]

기생 출신에 한 차례 이혼 경험이 있는 여배우 석금성조차 한편으로는 사랑이 제일이고 결혼이나 민적등록은 형식이라고 생각하면서도, 다른 한편으로는 정식으로 혼인신고를 마치고 나니 마음이 놓이더라고 털어놓을 만큼 가정 내에서 제2부인의 위치는 불안정했다.

제2부인은 스스로가 중혼의 피해자였지만, 다른 한편으로는 구여성 본처에게 원치 않는 이혼을 강요하는 가해자이기도 했다. 피해자인 동시에 가해자인 제2부인의 두 얼굴을 1930년대 신문 독자문답란에서 어렵지 않게 확인할 수 있다. 먼저 피해자로서 제2부인의 생생한 증언을 독자 R생의 사연과 노량진 여교원의 사연을 통해 살펴보자.

독자 R생은 2년 전 여자고등보통학교를 중퇴하고 한 회사의 사원으로 근무하는 20세 여성이다. 봄바람과 함께 그녀의 가슴에는 첫사랑이 찾아온다. 상대는 전문학교 재학생. 사랑이 깊어져 그 남자 없이는 한시도 살 수 없게 된 그녀는 결혼할 날만을 초조하게 기다린다. 그러던 중 그녀는 사랑하는 그 남자에게 "이혼할 처지도 아닌 아내가 있다는" 뜻밖의 사실을 알게 된다. 놀라운 것은 그 사실이 드러난 후 두 남녀의 반응이다.

저는 그 남자가 나를 진정으로 사랑한다면 그 아내를 희생이라도 할 줄 생각했더니, 그 후 얼마 지나지 않아 그 남자는 연인의 명칭을 형제로 하자는 편지를 저에게 보낸 것입니다.

애인에게 숨겨 놓은 아내가 있었다면 응당 자신을 속인 남자를 꾸짖고 법적으로든 도의적으로든 책임을 물을 일이었건만, 유부남과 사랑에 빠진 신여성 독자 R생은 그 남자가 아내를 버리고 자신에게 올 것을 기대했다. 반면 유부남 지식 청년은 편지 한 장 달랑 보내 이제부터 오누이 사이로 지내자며 사실상 이별을 통보했다. 독자 R생은 애인이 자신과의 사랑을 선택하지 않은 이유가 무엇인지 알고 싶어 할 뿐, 그가 아내의 존재를 숨긴 것에 대해서는 분개하지 않는다.[10]

독자 R생의 애인은 결혼 사실을 털어놓고 이별을 통보한 반면 노량진 여교원의 애인은 결혼 사실을 털어놓은 후에도 사랑을 이어 가기를 애원한다. 노량진 여교원은 여자고등보통학교를 마치고 교편을 잡은 지 1년 된 신여성이다. 타향에 홀로 나와 외롭게 교사 생활을 하던 차에 그녀는 "퍽 얌전해 보이고, 여성적이며, 마음이 부드럽고 고운 남자 교원"을 알게 되고 그와 사랑을 키워 나간다. 결혼을 생각할 만큼 사랑이 깊어진 그녀는 한 가지 문제에 직면한다. "그것은 그에게는 조혼의 폐해에서 얻은 담벼락 같은, 다섯 살이나 더 먹은 부인이 집에 있다는 법적 사실"이었다. 그러나 노량진 여교원은 자신을 속인 남자를 원망하지 않는다. 오히려 그녀는 자신을 속인 그 남자를 진심으로 동정한다.

> 내가 그를 버린다면 그 고운 마음을 가진 그는 필연 죽음을 취하거나 타락의 길을 밟을 것이 분명합니다. 내가 이 자리를 사양한다 해도 그는 기어코 이혼하고야 말 것인데, 그리하면 차라리 내가 이 자리를 사양하지 않고 싶습니다.

나를 속인 "고운 마음을 가진" 그 남자가 나 때문에 죽거나 타락하면 어떡하느냐는 것이 노량진 여교원의 고민이었다. 진정 "고운 마음을 가진" 이는 그가 아니라 노량진 여교원 자신이었다. 이처럼 애인에게 숨겨 놓은 처자식이 있다는 것은 동정과 연민의 대상이 될지언정 파렴치한 배신으로 간주되지는 않았다.[11] 학생에게 모범을 보여야 하는 교원들의 윤리 의식이 이 정도였다면, 부모의 강요로 조혼한 기혼 청년의 자유연애에 대한 일반인의 태도는 더 너그러웠을 것이다.

가해자로서 제2부인의 모습은 원산 신의 사연에서 확인할 수 있다. 지금까지 사연의 주인공들은 사랑이 깊어지고 난 이후 뒤늦게 애인에게 본처가 있다는 사실을 알게 된 여성들이었지만, 20세 여성 원산 신은 상대에게 본처가 있다는 사실을 알면서도 그와 연애하고, 동거를 시작한다. 지금의 상식대로라면 가해자는 김이지, 그의 본처는 아니다. 그러나 원산 신이 생각하는 가해자는 달랐다.

> 어느 때까지 싸워서 이겨 보려고 그와 동거하고 있습니다마는 단순치 않은 처지이니 날이 갈수록 불순한 이 환경에서 고민만 더할 뿐입니다. 만사가 다 귀찮고 설움만 복받칩니다. 기왕 그와 사랑을 맺은 까닭에 그에게 본처가 있다손 치더라도 그를 그 본처에게 돌려보낼 생각은 안 납니다. 사랑이라는 게 이렇게 무서운 것인지는 이제야 알았습니다.

원산 신은 사연의 말미에 "저의 고통이 이러하니 그의 본처 되는 이의 마음은 오죽하겠느냐."라며 본처를 동정하는 모습을 보인다. 하지만 그녀는 싸워서라도 김을 쟁취하겠다는 결의를 굽히지 않는다. 원산 신에게 김은 그의 본처에게서 지키고 보호해야 할 대상이지, 사랑의 믿음에 상처를 준 가해자는 아니었던 것이다.[12]

답변을 맡은 ◇생은 "그런 문제에 고민하는 이가 당신뿐이 아니올시다. 지금 사회에서 내로라하는 사람들 중에도 아내가 두셋씩 되는 이가 있습니다. 그중에는 호사로 첩치가하는 이도 있지만 당신과 같이 자유연애로 된 이도 많습니다."라며 원산 신과 비슷한 처지의 여성이 많다고 위로한다. 그리고 가장 좋은 해결 방식은, 다소 가혹하겠지만, 원산 신과 김, 김의 본처 세 사람이 한자리에 앉아서 누가 희생되어야 할지 담판을 짓는 것이라고 조언한다. 만일 김의 본처가 물러나 준다면 김은 이혼한 본처의 생계를 해결해 줄 의무가 있다고 덧붙인다. 그러나 ◇생은 원산 신이 진정으로 궁금하게 여겼을, 김의 본처가 이혼을 거부할 경우에 대해서는 뾰족한 대책을 제시하지 못했다.[13]

제2부인은 조혼이라는 전근대적 인습과 자유연애라는 근대적 풍속이 공존한 시기, 사회구조적 모순에서 형성된 기형적 존재였다. 또한 조혼, 남성중심주의, 가부장제, 중혼, 축첩제, 신여성의 방종, 신여성과 구여성의 갈등 등 1930년대 한국 가정의 기저에 놓인 부조리를 집약적으로 보여 주는 일그러진 자화상 같은 존재이기도 했다. 제2부인은 사회구조적 모순의 희생자였다는 점에서 동정의 여지가 있지만, 일부일처제 윤리와 법률에 배치되고, 본처와 그의 자식들에게 씻을 수 없는 상처를 주었다는 점에서 용인할 수 없는 존재였다.

2 신여성의 결혼난과 제2부인을 향한 시선

🗎 아기까지 낳고 보니 남편은 부인 있는 사나이 (시내 답답생)

금년 21세의 여자올시다. 이미 남의 아내 된 지 4년, 또한 자식이 둘씩이나 있습니다. 그런데 이제 와서 보니 남편에게는 멀쩡한 본처와 자식이 오 남매나 있지 않겠습니까. 이것을 안 저는 참 기가 막힙니다. 이제 와서 아니 살자니 천덕구니 자식 볼 생각에 불쌍해 못 견디겠고, 서로 헤어지기는 매우 곤란한데 세상에 이 얼마나 무서운 죄입니까. 선생님, 아니 살아야 옳을까요, 그대로 살아야 할까요?

📑 남편은 본부인께로, 당신은 어머니의 길로 (이태준)

어떻게 그렇게 경솔히 혼인부터 했습니까? 당신의 남편은 의식적으로 꾸민 것이니까 죄이지만 당신은 잘 알아보지 못한 실수일 뿐 죄라고는 할 수 없습니다. 그러나 이제 안 이상엔 그 본부인에게 대한 사죄가 없을 수 없습니다. 그 본부인이 구여성이요, 당신은 신여성이라면 당신은 그 본부인에게 대한 미안함이 더 커야 합니다. 배운 사람이 배우지 못한 사람에게 타격을 주는 것은 더 나쁜 짓이니까요. 즉 약한 사람을 도와는 못 주고 짓밟는 것이 되니까요.

당신은 당신의 말씀대로 아이들의 장래를 생각해 지금 남편과 아주 남이 되는 것은 곤란합니다. 그러나 경우대로 말한다면 당신은 먼저 그 본부인에게 가서 사죄하고 남편에게 생활비와 아이들 교육비를 요구해 가지고 따로 나가서 아이들 외어머니로만 살고 남편은 본부인에게 돌려보내는 것이 옳습니다. 만일 이렇게 하기가 어려우면 본부인에게 가서 그분의 의사를 존중하며 상의하십시오.

—「어찌하리까」 1939. 8. 9.

자식이 둘 있는 스물한 살 여성 시내 답답생은 결혼한 지 4년이 지나서야 남편에게 본처와 다섯 명의 자녀가 있다는 사실을 알게 된다. 남편에게 속아 본의 아니게 "무서운 죄"를 저질렀지만, 천덕구니 자식 생각에 헤어지기도 곤란한 처지였다. 이러한 딱한 사정은 기혼 남성에게 속아 뜻하지 않게 제2부인이 된 여성들이 흔히 겪게 되는 고민이었다.

사연에 기술된 내용만 보자면 시내 답답생은 억울한 희생자인 듯

보인다. 하지만 사연의 행간을 들여다보면, 그녀 또한 남편의 사기 행각을 오랜 기간 방조한 책임을 면하기 어렵다. 그녀가 평범한 결혼 생활을 했다면, 남편에게 본처와 오 남매가 있다는 사실을 모를 수 없었을 것이다. 4년 동안이나 그런 사실을 몰랐다는 것은 그동안 그녀가 단 한 차례도 시부모를 만나지 않았음은 물론 남편의 고향을 방문한 적이 없음을 의미한다. 또한 자식들을 남편의 호적에 올리려고 시도해 보았다면, 남편의 비밀이 자연스럽게 드러났을 것이다.

시내 답답생이 남편과 결혼한 나이는 열일곱. 그녀와 결혼하기 전 남편에게 아이가 다섯이나 있었다면, 결혼 당시 남편의 나이는 최소한 20대 후반은 지났을 것이다. 철없는 나이에, 부모의 허락도 없이, 나이 차이가 꽤 나는 남성과 결혼하면서 시댁 근처에도 가 보지 않았다면, 시내 답답생도 자신의 결혼 생활이 평범하지 않다는 것 정도는 알고 있었을 것이다. 그녀에게 자신의 결혼 생활이 남들과 다른 이유를 알고자 하는 최소한의 의지만 있었더라도, 이처럼 상황이 복잡해지기 전에 잘 못된 관계를 바로잡을 기회는 얼마든지 있었으리라.

이러한 맥락에서 답변을 맡은 소설가 이태준은 남편의 잘못이 가장 크지만, 경솔히 혼인한 시내 답답생의 책임도 적지 않다고 지적한다. 그가 제시하는 최선의 대안은 남편에게 생활비와 자녀들의 교육비를 받고 외어머니의 길을 걷는 것이다.

물론 그 시대 사람들 모두가 이태준의 조언에 동의하지는 않았을 것이다. 가령 전희복은 제2부인 문제를 언급하면서 "현실을 바라볼 때 우리는 웬만한 인텔리 여성이 민적 없는 아내, 즉 제2부인임을 발견한다."라는 전제하에서 제2부인이 사회문제가 될 만큼 늘어난 이상 기존의 도덕이나 법률로 그들을 평가해서는 안 된다고 주장했다.[14] 그러나 전희복의 견해는 소수 의견일 뿐이고, 제2부인을 바라보는 사회의 시선은 대체로 차갑고 싸늘했다.

앞에서 언급한 《신여성》 제2부인 문제 특집에는 명사 아홉 명의 의견이 게재되었는데, 제2부인의 입장을 명시적으로 옹호한 인사는 류광렬, 주요섭 등 남성 두 사람뿐이었다. 류광렬은 원칙적으로 제2부인에 반대하지만, 그 시대 조선의 현실을 고려할 때 제2부인의 존재를 인정할 수밖에 없다고 보았다. 그는 제2부인이 탄생한 원인을 네 가지로 구분하고 그 중 세 가지 경우는 윤리적으로 비난하기 어렵다고 주장했다.

첫째 조혼한 남성과 서로 사랑하여 제2부인이 된 경우. 부모의 강요로 맺어진 결혼에 대한 저항의 성격이 강했으므로, 남편은 적어도 새로운 사상의 세례를 받은 사람들 사이에서만은 그녀를 진정한 제1부인으로 대하는 확고한 신도덕을 세우지 않으면 안 된다. 둘째 가난한 농촌 가정의 여성이 돈에 팔려서 제2부인이 된 경우. 동정할 여지는 있을지언정 당사자를 비난할 하등의 이유가 없다. 셋째 이혼당한 여성이나 과부가 다른 처녀와 경쟁하여 제1부인이 되기 어려워서 부득이 제2부인이 된 경우. 이들은 동정으로 대하고 지도하고 도와야 한다. 넷째 번듯한 배우자를 얻을 수 있지만 은행 통장, 피아노, 비단옷 등을 얻기 위해 자진해서 부자의 제2부인이 된 경우. 류광렬은 이 경우 만큼은 윤리적 비난을 면하기 어려울 것으로 보았다. 결론적으로 그는 제2부인이 생기는 사회적 병폐를 해소하기 위한 근본적인 대책을 마련해야 하며, 그 전까지는 그녀들을 인정하거나 동정할 수밖에 없다고 주장했다.[15]

주요섭은 "순전히 애정 관계로 첩으로 가는 분, 혹은 이미 첩 생활을 하는 분이 있다면 누구보다도 그 여성은 그 길에 대한 정당한 생각을 가져야 할 줄로 생각한다."라며 개인의 애정 문제는 존중되어야 한다는 입장이었다. 그 해결책으로 부부가 마음이 맞지 않을 경우 쉽게 이혼할 수 있는 사회적 성도덕을 만들고, 사랑이 없는 가정은 악이라는

새로운 도덕을 세울 것을 제안했다.[16]

　그러나 류광렬과 주요섭의 의견은 폭넓은 공감을 얻지는 못했다. 두 사람을 제외한 나머지 인사들은 제2부인이라는 용어부터 못마땅하게 여겼다. 김활란은 "나는 제2부인이라는 명칭부터 인정하지 않습니다. 부인이면 부인, 첩이면 첩, 나쁜 여자면 나쁜 여자지 억지로 당치 않은 관사를 붙여 가지고 부인이 무슨 부인입니까."라며 제2부인이라는 명칭이 "남성 본위의 장난거리"에 불과하다고 보았다.[17] 이익상은 "제2부인이라는 칭호가 결코 첩이라는 지위를 미화하고 승격시킬 수는 없을 것"이라 비판했고[18], 정인익은 "제2부인이란 말은 그 어음(語音)만 들어도 대단히 봉건적인 느낌"을 주며, "이것을 다시 유처취처(有妻娶妻)란 말로 바꾸어 표현할 때엔 영락없이 방종일탕(放縱逸蕩)한 것을 상기치 않을 수 없다."라고 비판했다.[19]

　이처럼 제2부인을 향한 사회의 시선은 차가왔지만, 여학교를 졸업하고 첩이 되는 신여성은 좀처럼 줄지 않았다. 가뜩이나 여성 교육이 부진한 상태에서 교육받은 신여성마저 떳떳이 사회생활을 할 수 없는 제2부인의 길을 걷는다는 것은 심각한 사회문제였다.[20] 삼청동인이라는 필명을 쓴 한 필자는 여학생들이 학교를 졸업하고 첩이 되는 원인을 다섯 가지로 설명했다.

　첫째 기혼 남성에게 속아서 첩이 된 경우. 삼청동인은 자유가 무엇인지 연애가 무엇인지 잘 알지도 못하는 여학생들이 귀로 듣고 글로 읽은 대로만 자유연애, 자유결혼에 대해 아는 체하다 보니 남자에게 속아 넘어간다고 보았다. 남자는 본시 믿을 수 없는 존재인데, 여학생들은 남자가 보여 주는 대로, 말하는 대로 믿어 버린다는 것이다.

　둘째 유혹에 빠져 첩이 되는 경우. 삼청동인은 여학생을 노리는 유혹의 손은 한두 가지가 아니지만, 가장 통탄할 일은 "버린 여학생이 동무까지 꾀어서 버려 놓는 것"이라 말한다. 여학생은 남자보다 생활 범위가 좁은 까닭에 사귀는 친구가 적다. 그러다 보니 한번 사귀게 되면 몹시 친밀해 진다. 또한 여학생은 늘 자신의 생활 범위 바깥에 있는 딴 세상을 동경한다. 여학생은 먼저 결혼한 친구 집에 놀러 다니며 결혼 생활을 동경하게 되는데, 시댁 식구가 있는 집에는 놀러 가기가 곤란하다. 반면 첩이 된 친구는 남편과 단둘이 사는 경우가 많으므로 그 집에 자주 가게 되고, 이런 상황에서 먼저 첩이 된 여학생이 동무를 꾀어 또 다른 첩을 만들어 버린다는 것이다.

셋째 타락한 끝에 첩이 되는 경우. 남자의 꾐에 빠져 자유연애를 했다가 정조만 잃고 남자는 도망해 버린다. 부모 형제에게도, 교사나 친구에게도 그 일만은 하소연할 수 없다. 혼자 번민하다가 낙심하고 자포자기한다. 분을 바르고 구두 굽을 높이고 곁눈질하며 돌아다닌다. 구두나 사 주고 음악회 표나 보내 주면 모두 친한 사람이 된다. 입으로는 "세상을 저주한다", "남자를 저주한다."라고 하면서도 결국엔 부호의 첩이 되고 만다는 것이다.

넷째 허영으로 첩이 되는 경우. 좋은 집 깨끗한 방에서 하인 부리고 편안히 지내고 싶어서 자진해서 첩이 되는 경우를 말한다. 삼청동인은 여학교 출신 여성 중에서 이런 이유로 첩이 되는 여성이 점점 늘어가는 것이 한심한 일이라고 비판한다. 그는 어느 경성 유지의 말을 인용하여 자신의 주장을 뒷받침한다.

며칠 안 돼 쪽박을 차고 구걸을 다니더라도 당장에 좋아서 남의 첩이 되는 계집도 계집이거니와 여학생 경향이 더 한심합니다. 아무리 잘 입고 잘 차리고 거들먹거리더라도 '저것이 남의 첩년!' 하고 그런 것을 천하고 흉하게 알아야겠는데, 지금 여학생들은 그러기는커녕 학교 동창회나 학

예회나 졸업식 때에 비단옷이나 입고 금반지 치장이나 잘하고 오면 그
계집이 밀매음을 하거나 남의 첩이거나 도적질을 해 입었거나, 그저 덮어
놓고 그 잘 입고 잘 차린 것만 쳐다보고 부러워하는구려.

여학생의 허영은 근대화 과정에서 사회 전반에 등장한 배금주의와 잇
닿아 있었다. 전근대적 윤리와 가치는 힘을 잃어 가고, 근대적인 윤리와
가치가 아직 정립되지 않은 상황에서 물질적 가치만이 절대시되는 배
금주의는 한국 사회 전반에 팽배해 있었다. 여학생의 허영만 떼 놓고 비
난하는 것은 공평하지 않았지만, 교육받은 여성이 근대 사회의 건전한
가치관 형성에 앞장서지 못할망정 사회 분위기에 휩쓸려 허세와 허영에
휘둘린 것은 비판받아 마땅했다.

다섯째 생활고로 첩이 되는 경우. 먹고살기 위해 팔려가다시피 하
여 첩이 되는 경우를 말한다. 삼청동인은 이런 경우라고 좋다고 할 수
는 없지만 동정할 여지는 있다고 본다.

삼청동인은 이유야 어찌되었든 첩이 된 여학생의 생활은 비참할 수
밖에 없다고 단언했다. 남자가 여학생을 첩으로 삼고자 하는 것은 새것
을 욕심내기 때문인데, 여학생이 첩이 된 그 순간부터 남자는 또 다른
새것을 찾아 헤매기 마련이라는 것이다. 젊음이라도 남아 있을 때는 또
다른 남자를 찾아 떠나기라도 할 수 있지만, 그렇게 몇 남자를 거치다
보면 젊음도 사라지고 결국에는 죽음보다 못한 여생만 남게 될 것이라
고 예견했다.[21]

제2부인 문제는 신여성의 결혼난이라는 사회문제와도 이어져 있었
다. 여성 교육이 도입된 이후 교육받은 여성이 자신의 수준에 맞는 배
우자감을 구하지 못해 혼기를 놓치게 되는 현상이 한동안 이어졌다.
《조선일보》는 1934년 3월 3일자 사설에서 "특히 여자의 중등학교 이상

졸업은 가위 주부의 면허장을 얻는 것과 마찬가지 일인데, 졸업 당시의 결혼율을 보면 극히 소수요, 그 후의 상황을 보아도 극히 적어서, 전일 통계에 의하면 경성 시내에 여고 이상을 졸업한 자로서 결혼 적년자인 18세부터 28세의 미혼녀가 2500여 인이며, 28세 이상의 적년 초과자도 200인이라 하였으니 여자의 결혼난이 얼마나 심각한가를 알 수 있다." 라며 신여성 결혼난의 심각성을 지적했다.[22]

신여성의 결혼난은 기혼 여성의 수학을 금지한 여학교의 학칙에 따라 여학생은 학업이 끝날 때까지 결혼할 수 없지만, 여유 있는 집안의 남학생은 대부분 중등학교 재학 중에 부모의 강요로 조혼하는 그 시대 결혼 문화의 구조적 모순에서 비롯된 필연적인 귀결이었다. 성동생은 「결혼난과 신여성」이라는 만평에서 신여성 결혼난의 원인을 다음과 같이 설명했다.

다른 나라의 신여성은 모르거니와 조선 신여성은 도리어 결혼난에 고민하는 중이다. 이 무슨 까닭일까? 그 이유를 듣건대 그럴듯도 하다. 상대의 남성이 없는 것은 아니요, 다만 경우와 조건이 맞지 않다는 것이다. 사랑만 있으면 부부의 생활을 한다는 것이 그른 말은 아니나 이것은 너무나 공상적이요, 시적인 말이다.

조선은 조혼의 관계로 신여성의 상대 될 만한 사회적 지위가 있고 학식이 있는 이는 거의 전부가 기혼자이다. 그렇지 않은 이는 그의 생활이 빈궁할 뿐 아니라 신여성의 결혼 대상이 되기를 바랄 수도 없는 무식 계급이 아니면 아직 입에서 젖내 나는 청소년층이다.

사랑이란 서로 존경하는 데 의의가 있는 것이요, 결단코 일시의 충동으로만 좌우할 수 없는 것이니 그래도 신진 여성으로 세상 물정을 살필 때에 다소의 안식을 가진 이로 자기의 생활을 최하층 계급으로 떨어뜨려서까지 결혼 생활을 구하지는 않을 것이다. 그 결과는 신여성의 결혼난 이란 특수한 현상을 일으키고야 만 것이다.[23]

　사회적 지위와 학식 면에서 신여성의 배우자감으로 "조건이 맞는" 남성은 죄다 기혼자이고 미혼자라곤 빈곤 계층, 무식 계층 아니면 한참 어린 청소년층뿐이다 보니, 신여성들은 애인과 배우자의 선택이 제한적일 수밖에 없었다. 그렇다고 여학생의 결혼을 금지한 여학교 학칙이 불합리한 것도 아니었다. 여전히 가혹한 시집살이 문화가 남아 있어 여학생들은 어차피 결혼 생활과 학업을 병행하기 어려운 형편이었다. 학교를 마치기 전에 결혼한 여성은 학칙에 의해서가 아니라 시집의 요구에 의해서라도 공부를 그만둘 수밖에 없었다. 이러한 상황에서 재학생이 학업을 무사히 마치게 도와주려면 학교에서는 학칙으로 재학생의 결혼을 금지해서 결혼을 미룰 명분을 만들어 줄 필요가 있었다. 결국 신여성의 결혼난은 조혼의 근절만이 유일한 해결책이었지만, 아무리 강력한 법적·제도적 장치를 마련해도 수백 년 동안 민간에 깊이 뿌리내린 조혼 문화를 없애기가 쉽지 않았다.

　미혼 남학생에만 집착해서는 배우자는커녕 애인조차 구하기 어려운 현실에서 신여성들은 상대 남성이 기혼자임을 알면서도 그들과 연애하고, 때로는 제2부인이 되기도 했다. 신여성의 선구자라 불리던 나혜석, 허영숙, 윤심덕, 박인덕 등이 기혼 남성과 공개적으로 연애했던 것도 바로 그 때문이었다.

　제2부인, 즉 신여성 첩의 증가는 한창 꿈을 키워 가야 할 여학생들의 정서에도 악영향을 주었다. 여학교 교사가 제2부인이 되어 학교를 그만두게 되었을 때, 제자들은 실망을 넘어 분노할 수밖에 없었다. ×× 여고 재학생 이인숙이 선생님께 보내는 탄원서 「이것이 참말입니까」《신

여성》 1933년 10월호)에는 부호의 첩이 되어 학교를 그만둔 여교사에 대한 제자들의 실망과 분노가 잘 표현돼 있다.

김 선생님!

그렇게도 지극하게 학생들을 사랑했던 김 선생님. 그래 선생님, 이것이 참말입니까? 그렇지 않으면 허튼 풍설입니까? 학생들의 좋은 옹호자였고, 좋은 인도자 되시고 또 스승이시던 김 선생님! 김 선생님은 저희들을 버리고 떠나가 버리십니까!

그것도 다른 까닭이 아니고 결혼 때문이시라지요. 그리고 그 결혼은 부끄러운 말씀이지만 모 씨의 제2부인으로 가시는 것이라지요. 선생님, 이것이 정말입니까? 이것이 사실입니까? 저는 암만해도 바로 믿어지지가 않습니다.

(중략)

선생님, 참 정말 모를 일입니다. 선생님이 그 박사라는 신사에게 유혹을 당하셨을 것도 아니겠고, 참 정말로 모르겠습니다. 이제 선생님은 호강하시겠지요. 재산가요, 박사요, 또 유지 신사의 세컨드가 되어 가지고 날마다 안일하게 비단옷을 몸에 감고 손톱으로 물을 튀겨 가며 호강을 맘껏 피시겠지요. 마치 기생이나 ××들처럼. 그리고 더러운 노리개 노릇을 웃음 웃어 가며 달게 받으실 것이지요.

(중략)

선생님!

선각한 여자들의 행로가 이렇게 추악스럽다면 누가 선각의 길로 나서려 하고 누가 깊은 잠을 깨려 하겠습니까? 선생님, 선생님에게는 뉘우침이 없으십니까? 선생님에게는 부끄러움이 없으십니까? 선생님은 첩년의 자리가 그렇게 안타깝게 그리우십니까? 인형의 집으로 뛰어 들어가신 김 선생님! 김 선생님에게는 그곳을 용감하게 뛰어나오셔서 다른 새로운 밝은 길로 나가실 용기가 없으십니까?[24]

김 선생님은 ××여고를 졸업하고 일본 유학을 떠나 고등사범학교에서 공부한 엘리트 신여성이었다. 귀국해서는 모교에서 교편을 잡고 후배들을 지도했다. 학생들은 실력 있고 열정적인 스승이자, 자랑스러운 선배로서 김 선생님을 믿고 따라왔다. 그런 김 선생님이 모 씨의 제2부인으로 들어간다니 학생들은 우상이 무너지는 쓰라린 배신감을 느낄 수밖에 없었다. 이러한 배신감의 기저에는 여학생들의 롤 모델이었던 김 선생님마저 제2부인의 유혹을 뿌리치지 못한다면, 자신들도 언젠가 제2부인의 길을 걷게 될 것이라는 절망과 공포도 깔려 있었을 것이다.

잡지 지면에 공개 탄원서를 투고한 이인숙은 김 선생님에게는 피치못할 사정이 있었을 것이고, 집안이 나빠 정상적인 결혼을 할 수 없는 처지이며 그 때문에 말 못 할 번민을 해 왔다는 풍설을 들은 적이 있다고 언급했다. 그러나 그녀는 제2부인이 될 수밖에 없었던 김 선생님의 사정을 동정하는 대신 비겁한 변명일 뿐이라고 힐난했다. 조선 시대도 아니고 개화된 시대에 단지 집안이 나쁘다는 이유만으로 김 선생님만 한 인물, 교양, 성품을 지닌 여성과의 결혼을 거부할 남성이 있을 것이라고는 도저히 상상할 수 없다는 것이었다.

이인숙은 김 선생님이 그처럼 경솔히 행동하면, 그녀를 믿고 따라왔던 학생들은 어떻게 되며, 수업 시간에 가슴에 타오르는 열을 다해 조선 여성의 고민과 설움에 대해 말했을 때 학생들이 느꼈던 감격은 어떻게 되느냐고 항변했다. 김 선생님과 친한 동무들이 모두 반대하는데 여성으로서 "가장 기막히는 모욕의 자리"인 첩 생활의 길을 찾아가는 이유가 무엇인지 따져 물었다.

사랑 때문일까? 아니다. 김 선생님은 사랑 앞에 눈먼 소경이 될 분이 아니다. 박사 부인이라는 명예 때문일까? 아니다. 김 선생님은 박사의 부인이 아니라 박사의 첩임을 모를 만큼 어수룩하지 않다. 돈 때문일까? 아니다. 교사 월급이면 생활하기에 부족하지는 않다. 그런데 왜?

이인숙은 김 선생님이 그렇게 하지 않으면 안 될 절박한 사정도 없는데, 왜 박사 가정의 본부인과 자녀의 가슴에 씻을 수 없는 상처를 주고, 학생들과 학교의 명예를 더럽히는 결정을 하게 되었는지 도저히 이해할 수 없었다. 김 선생님 같은 엘리트 신여성의 경솔한 결정에 가뜩이나 우월감에 사로잡힌 남성들은 코웃음 치며 신여성을 다시 한 번 비웃을 것이었다. 이인숙은 김 선생님이라고 부르는 것도 이것이 마지막이라며 이제부터는 "아무개의 첩년"으로밖에는 부를 수 없다면서, 지금이라도 잘못된 길을 청산하여 학생들과 신여성들에게 조금이라도 사죄하라고 요구했다.

1930년대 여학생들은 오늘날의 여학생과는 비교할 수도 없을 정도로 적었다. 그만큼 그들은 사회적으로 선택받은 계층이었다. 신여성이라면 대체로 김 선생님 정도의 사회적 지위와 영향력은 있었다. 그런 만큼 다음 세대 여성에게 모범을 보일 책무가 있었다. 설령 사랑이니 생계니 하는 구차한 사정이 있었다 해도, 교육받은 신여성이 아내 있는 남성의 첩이 되어서는 안 되는 것이었다. 설령 그렇게 될 수밖에 없는 절박한 사정이 있었다 하더라도 사회적 비난과 질타를 피해 갈 수는 없었다.

제2부인이 윤리적 비난의 대상이 된다면, 가장 큰 책임은 제2부인 자신보다 그녀를 비윤리적 존재로 전락시킨 남성에게 있었다. 제2부인이 탄생한 직접적 원인은 기혼 남성이 이혼이라는 법적인 절차를 마무리 짓지 않은 상태에서 다른 여성과 자유연애를 시작했기 때문이었다. 어린 시절 부모의 강요에 의해 맺어진 결혼 생활이 아무리 고통스럽더

라도, 남성 한 사람만 희생했다면 부모도, 처자식도 행복해졌을 것이고, 제2부인과 같은 기형적 존재가 탄생하지도 않았을 것이다.

불행한 결혼 생활 자체는 동정할 일이지만, 그렇다고 기혼 남성이 다른 여성과 연애하고 결혼하는 행위가 정당화될 수는 없다. 애인에게 배우자의 존재를 숨기거나 양해를 얻어 연애하고 결혼한 기혼 남성은 우리 시대의 관점에서는 법적·윤리적 책임을 면할 수 없다. 그러나 전근대적 인습과 근대적 풍속이 공존한 과도기였던 1920~1930년대는 기혼 남성이 양갓집 처녀를 꾀어 연애하고 결혼하고도 할 말은 있었다.

3 기혼 청년들의 항변

🗨 **연인을 버릴까요? 형식상 결혼한 사람을 위하여 (사평가 일 생)**

소생은 금년 23세 되는 남성인데 중학교를 졸업한 후 부친이 강제로 결혼을 시키려고 하여 약 한 달 동안 집을 나와 살고 있었더니 그사이 집안에서 어떤 구식 여자와 약혼을 계약해 버려, 아버지의 엄명이 있어 할 수 없이 부모님을 위해 결혼식을 치렀습니다. 결혼하고도 육체적 관계는 없었고 결혼한 이튿날 저는 집을 떠나 만주로 와 있고, 처 된 사람은 부모를 모시고 있습니다. 저는 이 여자와는 이상이 맞지 않으며 그뿐 아니라 저는 중학교 재학 때부터 사랑하는 사람이 있어 떨어지지 못할 형편에 있습니다. 사실이 이러하오니 이 일을 어쩌면 좋겠습니까? 결혼한 여자와 일생을 같이해야 합니까, 연인을 맞아들여야 합니까?

📑 비극의 희생을 적게 할 수 밖에 (R 기자)

이와 같은 일은 비극과 같습니다. 비극의 어떤 원인으로 인해 사건이 진행되면 할 수 없이 주인공이 죽는다든가 불행한 생활을 하게 된다든가 어떠한 희생 없이는 해결될 수 없는 것과 마찬가지로 당신이 당한 경우에 있어서도 이미 일을 저질러 놓은 이상 누구든 한 사람이 희생을 하지 않으면 안 되겠습니다. 그런 까닭에 여기서 대답할 수 있는 것은 당신이 당신의 성격과 당신의 일생을 깊이 생각하고, 지금 결혼한 사람의 일생을 이해할 수 있는 대로 깊이 생각하고, 혹은 당신 연인의 관계와 그 연인의 장래를 생각하고 그러고 나서 최후로 당신이 어떤 사람하고 결혼해야 당신을 위해 혹은 당신의 아내 될 사람을 위해 그리고 우리 사회의 행복을 위해 큰일을 할 수 있는지를 냉정히 그리고 정직히 생각하십시오.

그리고 결단을 내리십시오. 필자는 마지막으로 당신이 연인이 있음에도 불구하고 결혼하였다는 것, 암만 부모의 엄명이라 할지라도 결혼 생활을 안 하기로 작정한 사람하고 결혼하였다는 것을 슬프게 생각합니다. 당신이 비극의 원인을 지었습니다. 그리고 당신의 부모와 같은 이가 조선에서 적어지기를 크게 부르짖고 싶습니다. 당신의 부모가 당신을 잘못 사랑하기 때문에 역시 불행의 씨앗을 뿌렸습니다. 그러나 일은 이미 저질렀으니 될 수 있는 대로 희생을 적게 하고 큰일을 하시기에 전심하시기 바랍니다. 도리어 큰일을 위하여 전심함으로써 이러한 일을 쉽게 해결하는 경우가 많습니다.

—「어찌하리까」 1933. 12. 8.

사평가 일 생은 현재 중혼 상태는 아니지만, 중혼에 대해 깊이 고민하고 있다. 비극이 시작된 것은 중학교 졸업 후 부친이 결혼을 강요하면서 부터다. 그에게는 중학생 시절부터 사랑을 속삭인 애인이 있었다. 사랑하는 여인을 두고 부친이 선택한 구여성과 행복한 가정을 꾸리는 것은 사실상 불가능했다. 끝까지 저항하지 못한 것이 아쉽지만, 그것은 어디까지나 우리 시대의 시각이다. 유교적 윤리가 지금보다 훨씬 강력하던 시대, 결혼을 피하기 위해 한 달 동안 가출까지 했다면 사평가 일 생으로서는 저항할 만큼 한 것으로 볼 수 있다.

아들이 가출한 틈을 타 부친이 자의로 약혼까지 해 버린 터에 아들에게 남은 선택지는 부친과 인연을 끊거나 부친의 말을 따르는 것 두 가지밖에는 없었다. 그러나 가부장제가 가족공동체의 근간이었던 그때, 어지간한 용기와 각오가 없었다면 이제 갓 중학교를 졸업한 청년이 부친과 인연을 끊는 극단적인 선택을 하기는 어려웠을 것이다. 부모가 자식의 결혼을 결정한 순간, 사평가 일 생은 결혼할 수밖에 없는 운명이었다.

조혼한 청년들은 혈기왕성한 10대 소년이었던 만큼 결혼을 원치 않았더라도 구여성 본처와 가끔씩 부부 관계를 맺었고, 한두 명씩 자녀를 두기도 했다. 그러나 사평가 일 생은 본처와 부부 관계를 한 번도 맺지 않을 만큼 자신의 사랑과 신념에 철저했다. 결혼한 다음 날 집을 떠나 만주로 도주할 만큼 간절히 강제 결혼의 멍에에서 벗어나고 싶어 했다. 사평가 일 생은 진정한 사랑을 추구하자니 부친과 의절해야 하고, 부친의 뜻을 따르자니 진정한 사랑을 잃게 되는 진퇴양난의 상황에 처해 있었다.

답변을 맡은 R 기자는 직접적인 해답을 제시하지는 않는다. 사실 이런 경우 모두를 만족시키는 정답이 있을 리 없었다. 그는 다만 결혼을 강요한 부모 못지않게 부모의 잘못된 명령에 저항하지 못한 사평가 일 생의 책임이 크다고 책망하면서 냉정히 생각해서 결정할 것을 주문한다. 사평가 일 생이 이미 결혼한 이상 자신만 생각해서 결정할 것이 아니라 본처, 애인, 우리 사회의 행복을 위해 가장 바람직한 방향으로 결정하라는 것이다.

R 기자의 조언에서 흥미로운 부분은 마지막 문장, "큰일을 위하여 전심함으로써 이러한 일을 쉽게 해결하는 경우가 많다."라는 것이다. 다른 말로 표현하면, 지식 청년으로서 자신의 장래와 사회를 위해 원대한 꿈을 품고 앞길을 개척하다 보면 연애와 같은 사소한 문제는 잊히게 마련이라는 것이다. 사랑이 인생에서 큰 부분이기는 하지만 전부는 아니다. 가족, 친구, 직업 등 사랑만큼 소중한 문제는 얼마든지 있다. 그러나 20대 초반의 청년에게 사랑과 연애는 실제보다 더 크게 다가온다. 그것은 이데올로기, 지식, 세대 등과는 무관한 문제다. 그 연령대 청년은 생리적으로 이성에 끌릴 수밖에 없다. 연애 문제에만 집착하지 말고 지식 청년으로서 큰일을 도모하라는 R 기자의 조언은 원론적으로는 옳지만, 사랑의 자유를 찾기 위해 만주까지 도피한 사평가 일 생의 행동을 변화시킬 만큼 설득력 있는 조언은 아니었다.

1930년대 신문 독자문답란에는 사평가 일 생처럼 강제 결혼의 고통을 호소하는 기혼 청년들의 사연이 줄을 이었다. 가령 시내 태평통 이○산은 3년 전 조혼의 구습에 따라 강제로 결혼했으나 아내가 보기 싫어 집을 나와 유랑했고, 음독자살까지 시도했다가 불구의 몸이 되었지만, 어쩌다 아이가 생겼다는 사연을 보냈다.[25] 답변을 맡은 일 기자는 "그렇게 보기 싫은 아내와 못 살겠다는 당신이 왜 어린애는 배게 합니까? 마음을 돌려 잘 사시도록 하십시오."라고 짤막하게 조언을 끝냈다.[26] 일 기자는 사연의 말미에다 "들어오는 원고가 모두 아내 보기 싫다는 말뿐이니 남의 가정불화를 어떻게 완전히 해결하겠습니까?"라며 기혼 남성들의 자제를 당부했다.[27]

1932년 12월 11일 「어쩌하리까」에 게재된 성동생이라는 30세 교사의 사연은 뜻하지 않게 조혼한 남성의 이혼 문제에 대한 지상 토론을 촉발했다.

📖 사랑이 없는 아내 (성동생)

30세 되는 교편생활을 하는 청년이온데, 13세 때에 부모의 시킴으로 결혼을 하였으나 상대자가 4년이나 연상이 될 뿐 아니라 인물도 똑똑치 못하고 모든 점이 마음에 들지 않으므로 이래 사이가 불합하여 오다가 18세 때에 어떻게 되어 여아가 하나 생기고, 그 후에 소생은 없사오며 지금 10여 년 동안을 그가 싫어서 집에 들어가지 않고 객지 생활을 하며 성 문제에 퍽 고민하고 있는 중인데, 정식으로 이혼을 하자면 완고한 농촌의 가정이 되어 여간 어려운 바가 아니옵고, 그렇다고 다시 그 여자하고 살기는 차라리 죽음만 같지 못한 생각이 나고, 현재 교편생활을 하고 있는 것만큼 사회의 이목이 거리껴 본처를 두고 다시 장가를 갈 수도 없고 10여 년 독신 생활에 성적 고민은 여간 아니온즉 이걸 어떻게 처결하는 것이 좋겠습니까?

이성으로 생각해 볼 때에는 상대자가 퍽 가여운 생각도 나나 감정은 암만해도 그 여자하고 가까이하고 싶지 않으니 어떻게 하리까. 그를 싫어서 피해 다니면서도 한방에서 자게 되는 때에는 본능의 충동을 이기지 못하여 늘 성교도 해 왔습니다. 지금 그를 아주 내버리고자 혼자 멀리 가서 새로 처를 얻어 가지고 새 생활을 건설할 생각도 하고 있습니다. 저와 같은 이런 고민을 가지고 있는 이들이 현하 조선에 적지 않을 터이오니 특별히 자세하게 또는 엄정하게 비판을 해 주시며 토론해 주시기를 바랍니다.

📋 냉정하시오 (일 기자)

현하 조선에 있어서 이 문제로 고통당하는 사람은 너무도 많습니다. 조혼의 폐해! 이것이 현하 조선 청년에게 얼마나 큰 고통을 주는가는 당하는 그 자신이 아니고는 추측기 어려운 문제입니다만 너무도 이러한 난문이 매일 답지하게 되므로 이제 몇 마디로 대답하겠습니다.

지금 이 이혼 문제는 조선에서 일대 사회문제화 되어 있는 터인데 이것을 개괄적으로 말하면 과도기에 있어서 구여성 되는 아내가 많이 희생되어야 할 것이외다. 그러나 구여성들은 이것이 옛날 사람의 오입하는 것으로만 알고 도저히 이혼해 주지를 않습니다. 그리고 법률도 이것을 어떠한 조목으로써 이혼이 쉽게 되도록 만들어 주지 않았습니다. 그러므로 법률이 개정되지 않는 한 협의이혼은 절대 불가능한 것이외다. 그러니까 이혼은 하여야 되겠고 이혼은 안 되니 고통당하는 것은 남자 측이 더 심할 것이외다. 그러므로 여자에게 자기가 진정 못 살 것을 표시하여서 그 여자가 그만 맘을 고쳐먹게 하는 수밖에 없겠지요.

그러나 당신의 아내가 그렇게 밉고 같이 못 살겠으면 왜 한방에 든다고 성교를 합니까? 그러니까 그 아내는 그래도 미련이 있는 줄 알고 떨어지지 않을 것이외다. 여하간 그 아내와 같이 살 수 없다면 서로 아니 만나는 것으로써 인연을 끊고 버티고 있는 것밖에 아무 도리가 없을 것이외다.

—「어찌하리까」 1932. 12. 11.

철부지 시절 부모의 강요로 연상의 구여성과 결혼했고, 무식한 아내가 싫어 가출까지 하면서 저항했으며, 지금이라도 이혼하고 싶지만, 완고한 부모가 허락하지 않는다는 등 성동생의 사연은 지금까지 살펴본 조혼 남성들의 사연과 큰 차이가 없다. 하지만 성동생은 여기에서 한발 더 나아가 당시 한국 사회에서 공개적으로 털어놓기 힘들었던 성적 고민을 하소연한다.

10여 년 동안의 독신 아닌 독신 생활에서 성동생의 가장 큰 고민은 성욕을 해소할 데가 없다는 것이었다. 그는 아내가 싫어서 피혜 다니면서도 간혹 한방에서 자게 되는 때는 "본능의 충동을 이기지 못하여" 늘 성교도 해 왔다고 털어놓았다. 열여덟 살에 "어떻게 되어" 딸이 하나 생긴 것도 그 때문이었으리라. 성동생의 사연을 보면, 조혼한 청년들이 본처를 버리고 신여성과의 자유연애에 매달린 데에는 이상적 사랑의 추구 외에도 성욕의 해소라는 또 다른 이유가 있었을 것임을 미루어 짐작할 수 있다.

기혼 남성이 아내와 육체적 관계를 맺는 것이 윤리적으로 비난받을 행동은 아니다. 그러나 성동생처럼 아내와 이혼하지 못해 안달하면서 단지 성욕을 해소하기 위해 아내와 육체적 관계를 맺는다는 것은 비난을 면하기 어렵다. 아무리 "본능의 충동" 때문이라지만, 아내와 가끔씩 육체적 관계를 맺는다면, "아내와 사는 게 죽음만 못하다."거나 "암만해도 아내와 가까이하고 싶지 않다."라는 호소의 진실성을 의심할 수밖에 없다. 성동생의 처지는 동정할 여지가 있지만, "본능의 충동을 이기지 못하는" 그의 행동만큼은 정당화되기 어렵다.

일 기자는 조혼의 폐해로 지금 조선 청년들이 얼마나 큰 고통을 당하는지 모른다며 조혼 청년의 처지에 공감한다. 그 해결책도 청년들의 바람대로 구여성 아내가 희생되는 수밖에 없다고 본다. 이혼이 쉽지는 않겠지만 사랑 없는 아내와는 인연을 끊고 서로 만나지 않는 것이 최선의 대안이라고 조언한다. 이는 성동생처럼 조혼으로 고통받던 기혼 청년들이 기대하던 답변이었지만, 버림받을 구여성 아내와 자녀에 대한 고려가 없었다는 점에서 최선의 대안이 될 수는 없었다.

성동생의 사연이 지면에 게재된 이후, 함경남도 함주군 주지면 홍

상리에 사는 이일호가 기자의 답변에 항의하는 서신과 성동생에게 보내 달라는 글을 신문사에 보내왔다. 그 자신이 조혼의 폐해를 직접 겪은 당사자로서 희생되는 아내와 여아의 처지도 생각해야 한다는 항의였다. 일 기자는 이일호의 반론을 소개하기에 앞서 조혼한 청년의 이혼 문제가 왜 사회적으로 중요한 논쟁거리가 되는지 다음과 같이 정리했다.

현하 조선의 이혼 문제는 거의 전부가 조혼이 원인되었고, 또 한편에는 공부한 남편, 한편에는 무식한 아내라 하여 남자 편에서 이혼을 제기하게 된 것이 대다수입니다. 이 이혼 문제는 원래 사랑 없이 결합된 것이요, 또 부모의 강제에 의하여 형식상 결혼한 것! 또 아이를 낳기까지 된 것이 결코 사랑의 결정이라고만 볼 수도 없는 것이나! 그러면 법률상 형식상으로 결합된 이 부부가 꼭 한평생을 같이 살아야만 할 의무가 있을까? 그 구여성의 장래를 위하여 어린애를 위하여 사랑 없는 아내와 그래도 살아야만 할까? 그리고 또 사랑이 없으니 이혼해야 옳을까? 현재 법률은 사랑이 없다고 이혼할 수 없고 또 당사자들이 서로 이혼하려 하여도 그들 부모가 동의치 않으면 할 수 없게 된 것이 사실이니 이는 또 어떻게 해야 옳을까?[28]

형식논리상으로 당사자의 의사가 배제된 조혼은 전제가 잘못된 결혼이었으므로 당사자가 어떤 선택을 하건 어느 정도는 정당화될 수 있었다. 그러나 조혼이라는 인습이 완전히 사라질 때까지 바람직한 대응 방식에 대한 사회적 합의는 필요했다. 일 기자는 어린 나이에 결혼을 강요받은 기혼 청년의 행복을 위해 구여성 본처가 희생될 수밖에 없다고 단정했다. 그러나 그 자신이 조혼의 피해자였던 이일호는 기혼 청년의 행복을 생각하기에 앞서 버림받을 아내와 딸의 처지를 고려해야 한다고 주장했다.

사랑 없는 아내를 가진 성동생께

신문지상으로만 보니 자세한 내용은 알지 못하나 지상으로 볼 때에 낭신의 입장이 곤란함을 동정합니다. 교육자인 관계로 세인의 이목이 거리껴서 할 수 없다지요? 왜 사랑을 위하여 그리도 강하지 못합니까? 사랑의 전당을 건설하기 위하여 모든 용기를 다 내지 못합니까? 세인의 이목 때문에, 완고한 농촌 가정이기 때문에 사랑의 전당은 힘 아니 들이고 건설하자, 세인의 이목에 걸리지 말자, 이혼도 순하게 하자, 참 그렇게 되었으면 좋겠지요?

매일 교수하는데 뜻대로 됩디까? 당신이 이성으로 생각하였다 하오나 완전히 이성으로 생각하였다면 귀결점이 여성 문제로 돌아갈 것입니다. 18세 때에 어떻게 되어 여아 운운하니 그 인과관계는 덮어놓고 "어떻게 되어"가 무엇입니까? 그래도 이성으로 생각하였습니까? 또 피하여 다니면서도 한방에서 자면 운운하오니 참 완고한 농촌 가정보다 당신의 주견이 없음을 답답히 여깁니다.

당신은 지금 분기점에서 헤매고 있습니다. 피하여 다니던 남편과 한방에서 만났을 때의 부인의 심리, 즉 순결무후하고 단순하고 일편단심인 아내를 좀 더 다각적으로 관찰한다면 냉혈동물이 아닌 인간으로서야 그 심정에 감복하지 아니할 수 없겠지요. 그때 심장의 고동을 타진하여 보았습니까?

당신의 경우에는 더욱 그러합니다. 만약 그렇지 아니하다면 당신은 여성을 남자의 본능적 상대물로 보았습니까? "난폭한 자의 이름은 남자이니라." 구여성이 희생하면 어떻게 합니까. 이혼이 성립한다면 아버지 없는 어린애, 어머니 없는 어린애는 어찌합니까? 좀 더 강하게 구여성을 위하여 노력하시기를 바랍니다. 구여성의 현실에 대한 이목의 각성을 시켜 주시오. 구여성을 희생시키지 마시고 당신이 희생이 되시오. 그러면 여아도 두 나래 속에서 성장할 것이 아닙니까? 이혼 문제는 단념하시고 2세를 위하여, 구여성을 위하여 노력하여 주시기를 바랍니다. 친우의 충고로 보시고 노하지 마시기를 바랍니다. (함주 이일호)[29]

함주 이일호는 성동생의 처지를 동정하지만, 그의 처신은 비판받아 마땅하다고 본다. 이성적으로 판단하면 성동생의 성적 고민은 남편과 아버지를 잃을 아내와 딸의 처지에 비할 바가 못 된다. 지식인으로서, 또 새로운 세대를 가르치는 교사로서 자신의 성적 고민을 해소하기 위해 여성의 권익을 희생하는 선택은 정당화될 수 없다. 더욱이 성동생은 아내를 피해 다니면서도 한방에서 자면 성적 욕망을 억제하지 못할 정도로 주견이 없다. 함주 이일호는 아내의 마음을 조금이라도 헤아렸다면 차마 그런 행동을 하지는 못했을 것이라고 성동생을 책망한다.

함주 이일호는 성동생 한 사람만 희생되면, 아내도 딸도 행복하게 지낼 수 있을 것이라고 본다. 누군가 희생되어야 한다면, 그것은 남성중심 사회에서 늘 희생을 강요받는 여성이 아니라 기득권자인 남성이어야 한다는 것이다. 조혼한 남성의 이혼 문제를 논의할 때, 여성의 인권과 생존권에 대한 고려가 선행되어야 한다는 점에서 함주 이일호의 주장은 타당했다. 그러나 조혼한 남성이 이혼하지 않는다고 여성의 인권과 생존권이 곧바로 보장되지는 않는다는 게 문제였다. 엿새 후 「어찌하리까」에는 또 다른 체험자의 반론이 게재되었다.

이혼은 당연

성동생의 이혼 문제에 대하여 어떤 체험자가 성동생에게 권하신 말씀도 어찌 생각하면 원만한 듯도 하나 우리는 전 조선에 적어도 이 문제에 우는 수많은 무리를 위하여, 좀 더 냉정하게 쌍방의 행복을 위하여, 조선의 장래를 위하여 근본적 방침을 토의합시다. 과연 남자 측에서 희생을 한다고 해결이 될까요?

필자도 이 문제에 대하여 22년 동안 고통을 느낀 체험자입니다. 남자 측에서 희생을 한다 하더라도 그 여자를 위하여 없는 사랑을 새로 베풀 수는 없을 것이며, 이 문제를 잊어버리고 다른 문제에 정성을 다하여 노력할 수도 없습니다. 따라서 그 사이에 낳은 아이들의 교육까지도 불완전합니다. 또 얼마나 살는지는 모르지만 피차에 화평한 맛이라고는 볼 수도 없으리니 이것이 사람의 할 일입니까? 그 여자는 다른 길로 행복을 구하면 얼마든지 행복해질 수 있을 것입니다. 또 남자도 그와의 서로 얽힌 줄만 끊으면 앞길이 열립니다. 이것을 단행할 때에 다소 비인도적인 느낌이 없지 않으나 양방의 행복을 위한다는 굳은 마음으로 힘 있게 단도직입적으로 하는 것을 필자는 가하다고 생각합니다.

이 문제에 번민을 하면 만사 불경입니다. 몸을 망치고 집을 망치고 모든 것을 망칩니다. 당사자가 불행하고 그 사이에서 출생한 아이들의 앞길에도 악운이 가리웁니다. 상대자의 모르는 머리를 잘 성의껏 이해시켜 가지고 하루라도 속히 단행하는 것이 최상책일 줄 압니다. (태평통 일 체험자)

태평통 일 체험자는 22년 동안 사랑 없는 아내 때문에 고통받은 경험을 바탕으로 성동생이 희생한다고 문제가 해결되지 않는다고 주장한다. 사랑 없는 부부가 함께 살아 봐야 없는 사랑이 다시 생기지도 않고, 자녀 교육도 제대로 되지 않는다. 그렇게 살다 보면 몸을 망치고, 집안을 망치고, 자녀들의 앞길도 망치게 된다는 것이다. 결혼 생활을 지속해서 모두가 불행해지는 것보다는 이혼 후 각자의 방식대로 행복을 추구하는 편이 낫다는 것이 태평통 일 체험자의 논리였다.

태평통 일 체험자의 주장처럼 부부가 서로 반목하면서 한평생을 살아간다는 것이 구여성 본처와 자녀에게도 반드시 바람직한 일은 아니었다. 결국 조혼이 근절될 때까지는 구여성 본처가 생계의 위협을 느끼지 않도록 충분한 경제적 보상을 해 주고 이혼하는 것이 사회적으로 합의할 수 있는 최선의 대안이었다. 그러나 문제는 아무리 논리적으로 설득해 봐도 구여성 본처가 좀처럼 이혼에 동의해 주지 않았다는 것이다.

구여성 본처는 어차피 사랑으로 맺어진 결혼이 아니었기에 남편의 외도를 봉건적 숙명으로 여겼던 데다가 명목뿐인 아내일지언정 법적으로 본처 자리를 지키면 적어도 오갈 데 없는 처지에 내몰리는 최악의 상황은 모면할 수 있었다. 구여성 본처가 생계의 위협을 느끼지 않도록 충분한 경제적 보상을 해 줄 수 있는 남편도 많지 않았다. 이혼을 거부하는 구여성 본처에게도 나름의 사정은 있었던 것이다. 사회적 합의에 도달한다고, 구여성 본처에게 이혼을 강요하기도 어려운 상황이었다.

구여성 본처가 이혼을 거부한 것은 단지 이혼 후 전도가 불안정했기 때문만은 아니었다. 신여성의 유혹에 미혹된 남편의 일시적 방황이 끝나면 언젠가 조강지처에게 돌아올 수도 있다는 봉건적 믿음도 본처가 이혼을 거부한 이유의 하나였다. 남편의 호적에 아내로 이름을 올린 구여성 본처는 법적인 안정감이 있고, 남편과 자유연애로 맺어진 신여성 제2부인은 부부 사이의 사랑이라는 면에서 우위에 있는 경우가 일반적이었지만, 구여성 본처라고 남편의 애정을 차지하기 위한 경쟁에서 늘 패배하지만은 않았다.

이 장의 앞 부분에 소개한 울고 있는 여성의 사연처럼 남성들은 본처와 제2부인 사이에서 줄타기를 하다가 종국에서는 본처를 선택하기도 했다. 그만큼 남자의 마음은 종잡을 수 없었다. 이러한 남성들이 실재하는 상황에서 제2부인을 얻은 기혼 청년의 항변이 폭넓은 사회적 공감대를 형성하기는 어려웠다. 심지어 본처와 이혼한 지 몇 년이 지난 후에도 종종 본처와 관계를 맺는 남성도 있었다.

🖫 이혼한 본처를 만난답니다 (안동현에서 창춘 일 독자)

저는 아들 없이 외딸을 둔 사람이외다. 그 애가 올봄 일본 모 전문학교를 졸업하고 귀국하였기에 안동현 ×병원에 있는 ×××와 결혼시켰습니다. 딸은 벌써 임신 4개월입니다. 사위는 기독교 신자로 독실한 청년이었는데, 7년 전에 본처와 이혼하였습니다. 그런데 작년 7월에 귀국하였을 때 그의 엄친 되는 분께서 본처였던 여자가 개가도 하지 않고 너만 원망하고 있으니 한번 만나라도 보라고 성화이므로 한번 만난 것이 아이가 들어 금년 5월에 사내아이를 낳았답니다.

이를 안 나의 딸은 일전에 나에게 와서 울며불며 이혼을 해야겠다고 야단을 치니 어쩌면 좋습니까? 사위도 잘못을 사죄할뿐더러 나도 딸자식에게 여러 말로 그러지 말라 해도 듣지 않습니다. 그런데 전실 몸에서 낳은 어린애 때문에 그들 가정에 풍파가 있을 것이 염려되나 사위가 책임지고 그러지 않겠다고 합니다. 구식에는 결혼 전에 다른 여자와 잠깐 관계한 것이 관계없으나 신식 도리는 어떠하온지요? 너무 답답하여 묻사오니 고명하옵신 선생님의 신식 도리로 잘 해결해 주옵소서.

🖺 요구와 실행이 어렵습니다 (H 기자)

한번 보기 싫어서 이혼한 여자와 아무리 엄친의 명령이 있기로서니 관계하여 생남(生男)까지 한다고는 소위 지식 청년으로 도저히 용서할 수 없는 일입니다.

원래 의사는 사람을 기계로 보는 경향이 많기 때문에 그저 여자는 성적

도구로밖에 보지 않는 일이 많으므로 자기가 애정이 있고 없고 성적 관계를 많이 합니다. 금번 물으신 일도 본처에 대한 애착이라기보다 엄친의 명령도 있고 인간적으로 불쌍도 하다는 의미로 하룻밤 원앙몽을 꾼 것인가 봅니다.

그런데 그것이 생남까지 되어서 당신의 따님이 알고 이혼하겠다고 한다 하오니 따님은 정당한 요구입니다. 그것은 당신 따님이 금춘 결혼했다 하오니 작년 7월쯤은 약혼 기간일 터인데 약혼 기간에라도 다른 여자, 특히 보기 싫어 이혼한 전처와 관계했다는 것은 잘못으로 당신 따님이 이혼하겠다는 것은 정당한 요구입니다.

그러나 문제는 그렇게 감정만으로 해결할 수는 없습니다. 사위 되는 이가 자기의 잘못을 사죄하고 또 그 낳은 어린애 때문에 가정에 풍파는 없게 보상한다니 이후부터는 경계하고 또 남편에게 대하여서 그 말을 때때로 꺼내서 고통을 주지 말게 하고 지나간 날 결혼하던 때 이상의 애정으로 남편을 대하면 그 남편도 오히려 감격할 것입니다. 이제 그 일로 따님이 이혼을 한다는 것은 이론만으로는 옳으나 실상 그렇게 된다면 서로 불행만 하게 됩니다.

—「어찌하리까」 1931. 9. 24.

창춘 일 독자의 사위는 독실한 기독교 신자였고, 성격과 인품도 훌륭했다. 이혼 경력이 있는 것이 흠이었지만, 이혼한 지 이미 7년이나 지났다. 조혼의 폐해로 신여성이 수준에 맞는 신랑감을 구하기 몹시 어려웠음을 고려할 때 그 정도면 일등 사윗감이었다. 그런 딸네 집안에 파란이 일어난 것은 사위의 전처가 그해 5월에 아들을 낳았기 때문이었다.

사위가 전처와 관계를 맺은 것은 지난해 7월이었고, 딸과 결혼한 것은 그해 봄이었다. 비록 사위가 재혼한 후 그의 전처가 아이를 낳았지만, 그들이 관계를 맺은 것은 사위가 재혼하기 전이었다. 엄격한 의미에서 사위가 외도를 한 것은 아니었다. 전처와 관계한 것은 7년 동안이나 개가도 하지 않고 전남편을 원망하며 혼자 사는 그녀에 대한 농정심 때문이었다. 게다가 사위가 전처와 다시 만난 것은 자신의 의지가 아니라 아버지의 성화 때문이었다. 잘한 일은 아니었지만 그를 동정할 여지는 있었다.

그러나 이 사실을 안 딸은 친정어머니인 창춘 일 독자를 찾아와 울면서 이혼하겠다고 야단을 친다. 도쿄에서 전문학교까지 졸업한 엘리트 신여성으로서 당연한 반응이었다. 교육받은 여성으로서 남편이 이혼한 본처와 관계를 맺어 아들을 낳았는데, 꾹 참고 눈감아 주는 것이 정당한 대응은 아니었다.

사위는 잘못을 사죄했고, 전처가 낳은 아이 때문에 가정에 풍파를 일으키지 않겠다고 다짐한다. 외도를 저지르고도 반성하기는커녕 오히려 아내를 구박하고 학대했던 남성이 적지 않았음을 고려하면, 자신의 실수를 인정하고 사죄한 사위는 그 시대의 윤리적 기준에서는 양식 있는 남편이었다. 그러나 친정어머니가 타일러도 딸은 좀처럼 마음을 돌리지 않는다. 창춘 일 독자가 알고 싶은 것은 사위의 행동이 구식 도리로는 큰 흠이 아닌데, 신식 도리는 무엇이냐는 것이었다.

답변을 맡은 H 기자는 사위의 행동은 지식 청년으로서 도저히 용서할 수 없는 일이라고 지적한다. 정당한 판단이었지만 그의 논리에는 허술한 점이 많다. 그는 우선 의사는 사람을 기계로 보는 경향이 많기 때문에 여자를 성적 도구로밖에 보지 않는 일이 많다며 의사라는 직업 전체를 싸잡아 비난한다. 의사가 인간을 기계로 본다는 전제도 사실이 아니고, 그 때문에 여자를 성적 도구로밖에 보지 않는다는 추론도 타당하지 않다.

딸과 사위가 지난해 7월쯤 약혼했을 것이라는 가정 역시 근거가 부족하다. 딸이 귀국한 것이 그해 봄이므로, H 기자가 두 사람이 약혼했을 것으로 가정한 지난해 7월에 딸은 일본에서 유학 중이었다. 따라서 일본에서 유학 중이던 딸과 만주에서 의사 생활을 하고 있던 사위가 그 시기에 약혼했을 가능성은 희박했다. H 기자는 충분히 이혼할 만한 사유이지만, 딸이 임신한 상태이므로 마음을 돌려 남편을 용서하는 것이 현실적인 대안이라는 선에서 조언을 마무리한다. 결론 자체는 합당했지만, 잘못된 전제와 가정에서 사위의 허물을 비판해 설득력이 떨어진다.

창춘 일 독자의 사연은 설령 운 좋게 이혼했다 하더라도 구여성 본처와의 관계를 완전히 끊지 못한 남성들이 있었음을 보여 준다. 1930년대 신문 독자문답란에는 이처럼 이혼한 본처와 관계를 끊지 못해 고민하는 남녀의 사연이 더러 등장하곤 했다. 남성들이 힘들게 이혼한 본처와의 관계를 완전히 청산하지 못한 이유는 창춘 일 독자의 사연에서처럼 단지 부모의 강요나 동정심 때문만은 아니었다. 더 흔한 이유는 이혼 후에도 본처와 자주 만날 수밖에 없는 환경 때문이었다. 본처는 이혼하더라도 전남편과 지리적으로 가까운 곳에 거주하는 경우가 많았다. 남녀가 자주 만나다 보니 뜻밖의 사건이 일어나곤 했던 것이다.

진주 일 여성은 지난해 결혼해 남편과 시어머니의 사랑을 받으며 원만하게 살고 있었다. 그녀가 결혼했을 때, 남편에게는 본처가 있었다. 말하자면 진주 일 여성은 제2부인으로 출발해 남편을 이혼시키고 본처 자리를 꿰어 찬 여성이었다. 그녀는 이혼으로 남편을 둘러싼 본처와의 애정 경쟁이 끝났다고 생각했을 것이다.

그러나 본처는 이혼 후에도 여전히 그들과 같은 동네에 살고 있었다. 본처는 길에서 가끔 남편이나 시부모를 만나면 전처럼 정답게 이야기를 주고받았다. 진주 일 여성은 자신의 장래가 걱정되어 말라 죽을 지경이라고 호소했다. 이 문제로 남편에게 야단을 치면 남편은 오히려 자신을 때리니 어떡해야 하느냐고 물었다.[30]

사연에서 남편이 이혼한 본처와 외도하고 있다는 증거는 없다. 그러나 이혼한 본처가 길에서 남편이나 시댁 사람들을 만나 정답게 이야기하는 모습이 후처에게 썩 유쾌하게 보일 리 없었다. 그런 장면을 목격한다면 후처에게는 남편에게 다시 만나지 말라고 요구할 권리가 있었다. 그러나 후처가 따지고 들면 남편은 그녀를 구타했다. 오늘날에는 외도와 상관없이 가정 폭력 자체가 이혼 사유가 되지만, 그 시대에는 남성의 외도나 폭력을 크게 문제 삼지 않았다.

답변을 맡은 N 기자도 남편의 폭력에 대해서는 한마디도 언급하지 않았다. 다만 그는 길가에서 만나 이야기를 좀 한다고 해서 반드시 정이 있고 못 잊어서 그런 것이라고 볼 수 없으니 너무 미리 짐작하고 덤비지 말라고 당부한다. 경솔히 행동했다가 남편의 반감을 산다면 도리어 그들의 인연을 다시 이어 주게 될지도 모르니 좀 더 자세히 살핀 후 신중히 처리하라는 것이었다.[31]

진주 일 여성이 남편의 전처에게 위협을 느끼게 된 데에는 그 나름의 이유가 있었다. 남편은 고향에 본처를 둔 상태에서 진주 일 여성과 연애하고 결혼했다. 그만큼 그는 결혼 생활에 책임감이 없는 남성이었다. 남편의 성품을 고려할 때, 진주 일 여성은 힘들게 차지한 본처 자리를 언제든 다른 여성에게 빼앗길지도 모르는 불안한 처지에 있었다. 아내가 야단 좀 쳤다고 구타로 대응하는 남편이라면, 다른 여성을 만나고도 당당할 것이었다.

대체로 제2부인은 도시에서 만난 신여성이고, 본처는 동향의 구여성이었다. 본처는 대개 집안끼리도 잘 아는 사이였다. 설령 이혼당하더라도, 본처는 여전히 잘 아는 집안의 딸이자 이웃으로 남편 주위에 머무를 수밖에 없었다. 이런 상황에서 전처가 살갑게 군다면 남편의 마음이 흔들리지 않으리라는 보장도 없었다.

대체로 본처는 끝까지 이혼을 거부했기 때문에 남성들은 이혼을 위해 상당한 시간과 노력, 때로는 경제적 비용을 치러야 했다. 원하는 것이 다른 여성과의 동거뿐이라면 이혼이라는 번거로운 법률적인 절차를 밟지 않는다고 문제될 것이 전혀 없었다. 그러한 사회적 조건 아래서 굳이 본처와 이혼한다는 것은 본처와 사는 것이 매우 극심한 고통이었음을 의미한다. 남성들은 그처럼 힘들게 이혼하고서도 동정이라는 명목으로 본처와의 관계를 이어 가곤 했던 것이다. 남편의 사랑만 믿고 제2부인의 길로 뛰든 신여성들은 시시때때로 변하는 남자의 마음에 따라 언제든 운명이 뒤바뀔 수 있는 위태로운 처지였다.

조혼의 희생자였던 남성이 시대착오적인 인습에 저항하겠다는 명분으로, 그 역시 축첩제라는 인습의 변형일 뿐이었던 제2부인을 얻는 것은 모순된 행동이었으며, 또 다른 사회적 병폐를 야기하는 일이었다. 조혼에 저항하는 가장 바람직한 방법은 끝까지 저항하는 것이었다. 부모의 명령을 어기지 못하고 부득이 조혼했다면 부모가 점지해 준 아내와 정붙이고 살아야 했고, 그럴 수 없다면 어떤 희생을 치르더라도 정식으로 이혼하고 새 부인을 맞아야 했다. 이혼이 어려워서 부득이 제2부인을 얻었다는 기혼 청년의 항변은 어렵고 복잡한 문제를, 축첩제라는 구시대적 병폐를 이용해 손쉽게 해결하겠다는 안일한 대응이었다.

2장 제2부인의 탄생

춘원 이광수와
그의 두 아내

사랑 없이 맺어진 본처와 제 의지로 선택한 애인 사이에서 고뇌한 남성은 사평가 일 생이나 성동생처럼 이름 없는 청년만이 아니었다. 사회 지도급 인사로 성장한 지식인 중에도 처자식을 두고 신여성과 자유연애에 빠진 경우가 적지 않았다. 춘원 이광수도 그중 하나였다.

이광수는 열아홉 살 되던 1910년 고향 처녀 백혜순과 결혼한다. 1936년부터 이듬해까지 《조선일보》에 연재한 「그의 자서전」에 "나는 내가 혼인을 하게 된 동기를 길게 설명하고 싶지 않다."라는 단서를 달고 짤막하게 서술한 내용이 그의 첫 번째 결혼 생활에 대한 기록의 전부이다. 이 글에서 그는 어떤 이유에서인지 결혼 시기를 실제보다 2년 빠른 1908년으로 기술했다. 조선의 3대 천재로 평가되던 이광수가 다른 사람도 아니고 자신의 결혼 연도를 잊어버렸을 가능성은 크지 않다. 그보다는 자신의 일생에 중요한 오점 가운데 하나인 첫 번째 결혼에 대한 자신의 입장을 미화하려는 의도가 강했으리라.[32] 열아홉에 결혼했다는 것보다 열일곱에 결혼했다는 것이 철없는 시기 치기 어린 결정이었다는 것을 보여 주기에 더 나았을 것이다. 「그의 자서전」에서 이광수가 밝힌 그의 첫 번째 결혼에 얽힌 사연은 이러했다.

도쿄에서 중학교를 다니다 방학 때 잠시 귀국해 고향에서 지내던 어느 날이었다. 그의 할아버지뻘 되는 먼 친척이 찾아와 대뜸 혼담을 꺼냈다. 작고한 부친의 술벗이었던 S라는 노인이 신병으로 임종을 앞두고 있는데, 그를 꼭 사위로 삼아 어린 딸을 맡겨야 편히 눈을 감겠다고 했다는 이야기였다. 늙은 몸으로 먼 길을 찾아 준 친척 어르신에 대한 예의로 이광수는 그날 밤 어두운 밤길을 걸어 S 노인의 집을 찾아갔다.

S 노인은 이광수의 손을 붙들고, 숨이 넘어가는 목소리로 유언처럼 자신은 부친의 친구이며, 변변치 못하지만 어린 딸을 부탁한다고 말했다. 임종을 앞둔 병자의 간곡한 부탁을 거절할 수 없었던 이광수는 무조건 "예."라고 대답했다. 다음 달 이광수는 옥색 도포에 탕건을 쓰고 사인교에 앉아서 장가를 들었다. 그러나 임종을 앞둔 병자의 부탁으로 경솔하게 결정한 결혼이었던 만큼 첫날밤부터 후회가 밀려왔다.

그는 장가든 이튿날 도쿄로 간다고 떼를 썼고, 주위에서 그런 법도가 없다고 뜯어말려 겨우 삼일을 치르고 신부 집에서 해 준 옷을 다 벗어 버리고 고구라 양복을 입고 도쿄로 떠났다. 그때의 심경을 이광수는 이렇게 기술했다.

'싫다.' 하는 한 생각이 내 마음을 꽉 붙들고 놓지 아니하는 것이다. 신부는 나와 동갑이었다. 신부에게 무슨 결점이 있는 것도 아니다. 그는 보통 사람이었고, 마음씨는 보통 사람 이상이었다. 그런데 어찌하여서 이렇게 싫을까. 그 싫은 모양은 도저히 형언할 수가 없었다. 나는 경솔한 혼인을 후회하면서 지극히 불쾌한 생각을 가지고 도쿄로 왔다. 혼인이라는 이 한 사실로 내 우주가 온통 변해 버린 것 같았다.[33]

결혼에 이른 과정은 다소 윤색이 있었겠지만, 결혼 직후 소회만큼은 진실이었으리라. 비록 거부할 수 없는 상황이었기는 하지만, 자신의 결정으로 성립된 결혼이 이처럼 고통스러웠으니 부모의 강요로 결혼한 청년들의 고통은 훨씬 컸을 것임을 미루어 짐작할 수 있다.

아직은 혈기 왕성한 10대 청년이었던 이광수는 도쿄에서 친구의 소개로 만난 여인에게 연정이 생기기도 했다. 그러나 당시 그가 믿었던 기독교 신앙에 따라 연정을 억누르고, 아내를 사랑하리라 마음을 다잡았다. 유학을 마치고 귀국해서는 오산학교 교원으로 일하면서 아내와 동거했다. 진근이라는 아들도 하나 생겼다.

이광수는 마음으로는 아내를 사랑하리라 무던히 애썼지만, 처음부터 없던 사랑이 노력한다고 생기지는 않았다. 학교 업무가 바쁘다는 핑계를 대고 10여 일씩 집에 들어가지 않는 일도 잦았고, 아이에게도 무관심했다. 언제나 순종하는 착한 아내를 미워할 수 없어 더 답답했다. 급기야 그는 다시 고향을 떠나 도쿄 유학길에 올랐다. 아내에게 미안했지만, 그렇게 더는 살 수 없었다.

문제는 아내뿐이었다. 어린것을 하나 낳았지만, 돌도 못 되어 죽고 가족이라고는 단 두 식구뿐이었다. 평생 가도 이야기 한 번 하는 일이 없는 두 내외였다. 그렇다고 피차에 성낸 모양이나 미워하는 모양을 보이는 일도 없었다. 남이 보기에는 의좋은 부부일 것이다.

실상 아내는 착한 사람이었다. 내가 학교에 가서 열 날, 스무 날 묵고 안 돌아오더라도 불평 한마디 하는 일이 없었다. 어린것이 앓는 동안 나는 돌아보지도 아니하였건마는, 거기에 대해서도 입 밖에 내는 아무 말도 없었다. 어린것이 죽은 뒤에 나는 집에 돌아오지 아니하였건만 그는 아무 말 없이 혼자 있었다. 얼마나 슬프고 무서웠을까. 나는 실로 무정하고 죄 많은 사람이다. 나는 어린애가 돌이 가깝도록 한 번 안아 준 일도 없었다. 그리고 어린애가 숨을 모으는 것을 보고도 나는 웃고 잡담하였다. 그것이 죽은 뒤에도 나는 눈물 한 방울 아니 흘렸다. 나는 일 년쯤 후에 죽은 어린애에게 무정하게 한 것을 퍽이나 뉘우쳤다. 꿈이면 그 어린것이 두렁이를 입고 팔을 벌리고 내 앞에 서서 시무룩하고 있는 양이 보였다. 그는

그 짧은 일생 동안에 내가 무정하게 한 것을 원망하는 것이었던가.[34]

이광수는 죽은 아이에게 섬뜩할 만큼 비정한 아버지였다. 20여 년이 지나 중년에 이른 이광수는 이처럼 통렬한 어조로 자기비판을 하고 있지만, 20대 초반 혈기 왕성한 청년 이광수에게 불우한 결혼 생활의 소산인 아이는 죽건 살건 아무런 관계도 없는 군더더기 같은 존재였다. 원치 않는 결혼의 고통은 죄 없는 아이에게까지 미쳤던 것이다.

하지만 이광수가 본래 아버지로서 정이 없는 비정한 인간은 아니었다. 이후 이광수는 재혼한 아내 허영숙과의 사이에서 얻은 아들을 그가 여덟 살 되던 해에 잃었는데, 미아리공동묘지에 묻힌 아들의 비문에는 다음과 같이 씌어 있었다고 한다.

애아(愛兒) 이봉근 묘

이봉근은 1927년 5월 30일 창경원의 아침 꾀꼬리 소리에 나다.

밝고 착하고 재주 있어 사랑과 칭찬을 받다. 이화유치원 성탄 축하에 연설로 갈채를 받다. 20분 동안에 한글을 깨쳐 신문에서 받침 없는 글자를 골라 읽다. 하나님, 부처님, 죽은 뒤, 전쟁, 만주사변 등의 문제를 생각하고, 이야기를 창작하고, 그림과 음악을 즐기다. 보통학교에 입학하려는 기쁨 속에 1934년(昭和九年) 2월 22일 아빠하고 같이 올라갈 마지막 웃음으로 인왕산에 지는 해와 함께 영원히 잠들다. 6년 8개월 우리의 기쁨이요, 큰 희망이던 너를 여기 묻노라.

아빠 이광수
엄마 허영숙[35]

아이의 죽음에 대한 이광수의 상반된 태도는 부부 사이의 애정이 자

이광수의 가족사진(1928). 이광수는 사랑 없이 맺어진 첫 번째 부인 백혜순에게는 매정한 남편이었지만 연애결혼한 두 번째 부인 허영숙에게는 따뜻하고 자상한 남편이었다. 왼쪽 아이가 여덟 살에 세상을 떠난 봉근이다.

식의 정서에 얼마나 큰 영향을 끼치는지 단적으로 보여 준다. 물론 이광수가 봉근에게 자애로운 아버지였다는 것이 돌도 못 돼 죽은 큰아들 진근에 대한 무정함을 덜어 주지는 못한다. 오히려 이광수는 봉근에게 지나치게 자애로운 아버지였기 때문에 진근에게는 더 나쁜 아버지였다.

아내와 살기 싫어 재차 도쿄 유학길에 오른 이광수는 와세다대학교 철학과 특대생으로 학업에 정진하면서,《매일신보》에 「무정」을 연재하는 분주한 나날을 보냈다. 그리고 20대 중반 청년으로서 허영숙을 비롯한 3명 이상의 여성과 연애했다.[36] 훗날 이광수의 두 번째 부인이 되는 허영숙은 당시 도쿄여자의학전문학교에 재학 중인 엘리트 신여성이었다. 당시 허영숙에게 구애하는 미혼 청년이 적지 않았지만, 그녀가 선택한 남자는 고향에 아내를 두고 온 이광수였다. 이광수의 지병인 폐병을 간호하다 그와 사랑에 빠진 허영숙은 부모의 반대와 그녀에게 구애하는 청년들의 갖은 음해에도 불구하고 이광수와의 사랑을 포기하지 않았다.

이광수는 허영숙과의 사랑이 돌이킬 수 없게 된 후에야 아내 백혜숙과 정식으로 이혼한다. 이혼 조건은 3년 동안 생활비를 제공한다는 것이었다. 이광수는 열한 살에 콜레라로 양친을 잃은 고아였다. 그 덕분에 부모의 간섭 없이 이혼을 결정할 수 있었다. 그러나 조혼한 청년들 대부분은 부모의 반대로 이혼마저 자기 의사대로 결정할 수 없었다.

본처와의 이혼으로 허영숙과 재혼할 준비는 끝난 셈이었다. 그러나 두 사람의 결혼은 허영숙 부모의 반대로 좀처럼 진척되지 않았다. 이광수가 20대에 이미 조선 최고의 문사로 필명을 떨치고 있었다고 하나, 허영숙의 부모는 가난한 유학생인 데다가 이혼 경력까지 있는 이광수에게 1918년 한국 여성 최초로 총독부에서 시행한 의사시험에 합격한 재원인 딸을 시집보내고 싶지 않았다. 결혼을 반대하는 주위의 시선을 피해 이광수와 허영숙은 석 달간 북경으로 사랑의 도피를 떠나기도 했다. 두 사람이 정식으로 결혼한 것은 그로부터 3년이 지난 1921년이었다.[37]

일제강점기 모던 보이와 모던 걸의 러브 스토리 중 상당수는 이광수와 허영숙처럼 조혼한 유부남과 처녀 사이에서 맺어진 금지된 사랑이었다. 윤심덕과 함께 현해탄에서 정사(情死)한 극작가 김우진[38], 나혜석의 첫사랑이었던 도쿄 유학생 최승구도 고향에 아내를 두고 온 유부남이었다.[39]

1920~1930년대에는 사회 명사를 포함한 다수의 기혼 청년들이 부모의 강요로 맺어진 본처와 자신의 의지로 선택한 애인 사이에서 갈등했다. 본인의 의지로 선택한 결혼이 아니었기에 그들에게 무조건 법적인 아내를 사랑하라고 강요하기도 어려운 상황이었다. 구여성 아내의 생존권과 인권이 보호되어야 하듯, 기혼 청년들의 행복추구권 역시 보호되어야 할 가치였다. 조혼의 폐습이 사라지지 않는 한 본처와 남편, 제2부인 중 어느 한 명은 희생될 수밖에 없었다.

3장

바람난 가족

1. 남자의 사랑은 무죄?

2. 참고 또 참아도

3. 아내, 반란을 일으키다

경성 스케치 ― 외도를 하면 배우자에게 더 충실할 수 있다.

1 남자의 사랑은 무죄?

저는 지금 모 회사에 재직 중인 25세 된 청년이온데 부모님 슬하에 형제도 없고 친척도 없는 몸이라 부모의 사랑을 많이 받고 있습니다. 그리고 처도 있고 딸자식까지 있습니다. 가산도 남부럽지 않습니다.

그런데 3년 전 일입니다. 조석으로 열렬한 사랑을 주고받던 남모르는 한 떨기의 꽃이 있었나니 근 100여 리나 되는 먼 곳이나 한 달이면 두세 차례씩 애타며 그립던 만남이 더없는 낙이었습니다. 이별할 때에는 "다음 오실 때까지 아무쪼록 평안히……." 하며 서로 뜨거운 손을 맞잡고 남모를 눈물을 흘린 것도 한두 번이 아닙니다. 이렇게 주고받는 동안에 나날이 끓어오르는 열정의 도수는 높아 가 이제는 잊으려 해도 잊을 수 없습니다.

여기에 한 가지 문제가 생기게 되었으니 3년이 지난 오늘에 이르러 그는 가난으로 말미암아 140원에 팔려 어떤 음식점에서 자유를 잃고 새장에 갇힌 신세로 청춘의 가슴을 태우고 있습니다. 저는 지금도 회사에 근무하면서 날마다 사랑을 주고받습니다.

지금의 처도 그다지 마음에 들지 않는 일은 없으나 그 여자를 생각하여 부모님께 간접으로 그런 생각을 말하니 부모는 절대 안 된다고 합니다. 이 일을 어찌하면 좋을까요? 지금 형편 같아서는 몇 천 리 밖으로 전근하든지 멀리 달아나서 그 여자와 살까 합니다. 어찌하면 좋을까요?

🔲 현재 직업에 충실하시오 (C 기자)

결혼을 하였든 아직 결혼을 하지 않았든 여자를 사랑하는 것은 언제나 마찬가지라 하겠습니다. 새것을 좋아하는 것이 사람의 본성인지라, 결혼한 남자는 오랫동안 살던 아내보다도 방긋 피는 꽃과 같은 아름다운 여성이 있다면 사랑의 화살을 던져 주는 것은 그렇게 무리가 되지 않으리라고 생각합니다.

그러나 아내가 있고 사랑하는 자녀가 있는 사람으로서 그 아내가 그렇게 밉지 않고 이혼까지 극단에 이르지 않는다면 이 여자 저 여자를 사랑하려는 마음을 없애야 하겠습니다. 만일 이러한 마음이 오랫동안 계속된다면 나중에 당신의 몸을 싸고도는 것은 부랑자요, 타락한 사람이란 이름밖에 받을 것이 없을 것입니다.

그런데 당신이 말하는 여자는 금전으로 말미암아서 술집에 웃음 파는 여자가 되었으니 그 여자도 부득이한 일이 있었겠지만, 그 여자가 장한 일을 한 것은 아닙니다. 여기에서 그 여자를 돈을 주고 나쁜 구덩이에서 구해 내는 것만은 좋겠습니다만 이 여자를 위해 현재 자녀까지 있는 아내까지 이혼한다는 것은 그릇된 생각입니다. 그러고 또한 당신이 말한 것과 같이 멀리 전근을 가느니 또는 멀리 도망을 가서 그 여자와 살겠느니 하는 것은 도저히 취하지 못할 그릇된 길이며 부모는 물론 동무까지라도 용서치 못할 행동이라 하겠습니다. 그러므로 당신은 현재 직무에 충실하시면서 현재 아내를 사랑하여야겠습니다. 끝으로 한 가지 부탁은 주점에 팔린 그 여자를 돈을 주고 구해 내는 것은 좋겠습니다.

—「어찌하리까」 1933. 6. 7.

교통도 불편한 시골길을 백여 리, 사십여 킬로미터나 내달려 한 달에 두세 차례나 애인과 만난다면, 그는 진정 열정적인 사내다. 더욱이 가난 때문에 140원에 요릿집으로 팔려 간 애인을 구해 멀리 달아나고자 한다면, 그는 분명 의리 있는 로맨티스트다. 물론 그에게 처자식만 없다면 말이다.

하지만 함경남도 신흥에서 회사원 생활을 하고 있는 스물다섯 살 청년 속 타는 일 독자에게는 처자식이 있고, 더욱이 지금 함께 살고 있는 아내와도 사이가 나쁘지 않다. 사실 오늘날의 관점에서 보면 속 타는 일 독자는 기혼자로서 가정에 충실하지 않고 3년 동안이나 외도를 일삼은 파렴치한 남성이다. 심지어 그는 어려서 부모의 강요로 조혼한 인습의 피해자도 아니다. 그럼에도 불구하고 속 타는 일 독자는 자신의 행동에 대해 일말의 가책도 느끼지 않는다. 심지어 싫지 않은 아내를 버리고 요릿집에 팔려간 애인과 함께 살아도 되느냐고 부모와 상의까지 했다. 축첩이 제도적으로 인정되었고, 지식인들조차 사랑이라는 이름으로 중혼을 일삼았던 시대에 기혼 남성의 외도는 이처럼 아무런 죄의식 없이 자행되었다.

물론 결혼 후에 아내가 아닌 다른 여성에게 마음이 흔들릴 수도 있다. 모든 사람이 진정한 사랑과 결혼하는 것은 아니고, 결혼 후에 진정한 사랑이 나타나지 말라는 법은 없으니까. 거기까지는 윤리의 문제라기 보다 인생에 한 번쯤 일어날 수 있는 사고에 가깝다. 윤리가 개입하는 것은 사고의 수습 과정이다. 새로 나타난 여성이 가정을 포기해도 좋을 만큼 소중하다면, 아내와 깨끗이 정리하고 그 여성과 새 출발 해야 하고, 그렇지 않다면 그 여성과 두 번 다시 만나서는 안 된다. 윤리적으로 허용되는 것은 이 두 가지밖에 없다. 그러나 속 타는 일 독자는 아내가 있는 몸으로 3년 동안이나 다른 여성과 사랑을 나눴고, 아내와 딸을 버려둔 채 그 여성과 달아나서 살까 고민한다.

C 기자의 답변도 오늘날의 윤리적 상식으로는 용납하기 어렵다. "새것을 좋아하는 것이 사람의 본성"이라든가, "결혼한 남자는 오랫동안 살던 아내보다도 방긋 피는 꽃과 같은 아름다운 여성이 있다면 사랑의 화살을 던져 주는 것은 그렇게 무리가 되지 않으리라"든가 하는 내용이 요즘 신문에 게재되었다면 엄청난 파란을 불러일으켰을 것이다. 기혼 남성에게 애인이 새것이라면 아내는 헌것이란 말인가. 기혼 남성이 아름다운 여성에게 사랑의 화살을 던져 주는 것이 어째서 무리가 되지 않는단 말인가. 오늘날이었다면 C 기자의 답변은 성희롱으로 간주되기에 충분했다. 그러나 C 기자는 우리 시대가 아니라 남성중심주의가 견고하게 유지되고, 남성의 외도가 큰 허물로 인식되지 않던 시대의 인물이었다.

여성을 비하하는 발언으로 답변을 시작했지만 C 기자가 속 타는 일 독자의 처지를 옹호한 것은 아니다. 그는 남성의 나쁜 본성을 아내와 자녀에 대한 책임감으로 극복하고 "이 여자 저 여자를 사랑하는 마음을 없애야" 한다고 조언한다. 처자식을 버리고 애인과 새살림을 차리는 것은 반대하지만, 유흥가로 팔려 간 애인을 돈을 주고 구해 내는 것은 좋은 생각이라고 지적한다. 외도를 청산하더라도 인간으로서 도리는 다하라는 것이다. C 기자의 답변은 속 타는 일 독자의 행동에 대해 책임을 묻지 않았다는 점에서 오늘날의 윤리적 기준에는 미치지 못한다. 그러나 그것은 개인의 윤리 의식 탓이 아니라 그 시대의 한계였다.

1930년대 신문 독자문답란에는 속 타는 일 독자처럼 기혼 남성이 아내 아닌 다른 여성과 사랑에 빠져 고민하는 사연이 적지 않았다. 기혼 남성의 외도는 어느 시대, 어느 사회에나 존재한다. 여성의 투기를 윤리적으로 금기시한 전근대 한국 사회에서 기혼 남성이 아내 아닌 다른 여성을 원한다는 것은 고민거리조차 되지 못했다. 그녀를 첩으로 들이면 그만이었으니 말이다. 1930년대에 기혼 남성의 외도가 고민거리가 된 것은 역설적으로 그 시대에 여성의 권리에 대한 인식이 미흡하게나마 태동하고 있었음을 보여 준다. 기혼 남성의 혼외 사랑과 관련된 몇 가지 사연을 살펴보자.

평양 홍×호는 스물네 살 기혼 남성이다. 그는 3년 전 한 살 연상의 여성과 결혼했다. 조혼은 아니었지만, 아내는 좀 미운 데다가 이상에 맞지 않고, 미워해서 영원히 함께 사는 것은 생각조차 할 수 없었다. 일생을 같이하지 못할 바에야 이혼하는 편이 낫다고 생각했지만 완고한 부모가 순순히 허락해 줄 것 같지 않았다.

그런 상황에서 지난 봄, 우연히 동창생 K의 누이를 만나 사랑을 속삭이게 되고, "굳은 일생의 약속"을 하게 된다. 하지만 그의 부모처럼 애인의 부모도 완고해서 부모 앞에서 당당히 결혼하지는 못할 것이 분명했다. 두 사람은 "죽든지 살든지 손에 손을 마주 잡고 눈물을 흘리면서라도 사랑만 변치 않으면 고생도 죽음도 생각지 않고 멀리 정처 없는 나그네로 떠나자는 결심" 아래 마음을 단단히 먹는다. 그러나 한 가지 문제가 있었다. 애인의 집안은 그다지 어렵지 않지만, 평양 홍×호는 장사를 하며 네 식구의 생계를 책임지고 있었다. 그로서는 집을 나갈 형편이 아니지만, 애인인 K의 누이는 자주 찾아와 결심한 바를 실행하자

고 조른다는 것이 평양 홍×호의 고민이었다.[1]

답변을 맡은 C 기자는 우선 평양 홍×호가 현재 부인을 싫어하는 이유가 박약하다고 지적한다. "얄밉다, 미욱하다는 미지근한 조건"은 아내와 이혼해야 할 사유가 아니라는 것이다. 그는 또한 사랑이 위대하다고 하지만, "모든 것을 다 버리고 사랑만을 위하여 살 수 있다는 것은 좀 여유가 있는 자들이 하는 소리"라고 지적한다. 집안 식구의 생계를 책임지고 있는 한, 사랑을 찾아 집을 나간다는 것은 망동이라고 질책하면서 사업에 성공하기 위해 노력하되 사랑 문제는 순서를 밟아 처리하라고 조언한다.[2]

평양 홍×호의 사연은 1930년대에 남성들이 스스로 결정한 결혼이라 하더라도 아내가 마음에 들지 않으면 이혼을 생각했고, 이혼이 여의치 않으면 법적인 혼인 관계를 청산하지 않은 상태에서 다른 여성과 사랑의 도피를 꿈꾸기도 했음을 보여 준다. 오늘날의 이혼이 대체로 그런 것처럼, 성인이 된 후에 스스로 결혼을 결정했더라도 결혼 생활의 현실이 이상과 다를 경우 이혼을 생각하는 것이 이상한 일은 아니다. 하지만 1930년대에 평양 홍×호는 법적인 이혼 절차를 마무리하지도 않은 상태에서 다른 여성과 사랑의 도피를 꿈꾸었다. 그런 선택을 했던 주된 원인은 협의이혼이 그만큼 까다로웠기 때문이었다.

K의 누이의 행동에서 당시 일부 여성들은 기혼 남성과 사랑의 도피가 윤리적으로 정당화될 수 있다고 생각했음을 알 수 있다. 1930년대는 제2부인이라는 말이 공공연히 사용되던 시대였다. 그만큼 기혼 남성과 사랑하거나 결혼하는 신여성이 흔했다. 사랑한다면 기혼 남성과의 연애나 사랑의 도피도 허용될 것이라는 생각은 단지 K의 누이만의 것은 아니었다.

한편 여성의 적극적인 구애로 기혼 남성이 사랑의 도피를 꿈꾸는 경우도 드물지 않았다. 함흥 일 청년은 5년 전 결혼해 사랑하는 아내와 어린 자식까지 둔 스물다섯 살 남성이다. 중학교를 졸업하고 회사에 다녔지만 지금은 실직 상태다. 아내와의 사랑도 남부럽지 않았다. 그런데 두세 달 전부터 결혼 전 중학교 시절에 사귀었던 첫사랑이 수차례 "옛날에 속삭였던 사랑을 못 잊겠다."라는 편지를 보내 마음을 흔들어 놓았다. 아물었던 첫사랑의 상처가 덧난 함흥 일 청년은 "옛사랑을 잊고 현재 사랑을 계속할지, 현재 사랑을 잊고 뜨거웠던 옛사랑의 불을 다시 붙일지" 고민한다.[3] 답변을 맡은 일 기자는 당연하게도 어지러운 꿈에서 깨어나 현재의 가정에 충실하라고 조언한다.[4]

함흥 일 청년과 같은 상황은 오늘날에도 일어날 수 있다. 누구에게나 첫사랑의 추억은 있고, 인생의 어느 순간 그 추억이 되살아나 마음을 흔들어 놓곤 한다. 그러나 오늘날에는 함흥 일 청년처럼 첫사랑이 처자식과 행복하게 사는 줄 알면서도 다시 사귀자는 편지를 보내는 여성은 드물다. 또 설령 그런 편지를 받는다고 가족을 버리고 옛사랑을 찾아 나설 남성은 없을 것이다. 사회적으로 남성의 외도가 폭넓게 용인되다 보니, 1930년대 남성들은 하지 않아도 될 고민까지 떠안았던 셈이다.

요즘의 삼각관계는 당사자 중 두 사람이 결혼하면 끝나는 것이 일반적이다. 과거야 어찌되었건 일단 결혼하면 이혼하지 않는 한 배우자와 가정에 충실해야 한다는 사회적 합의가 뿌리내렸기 때문이다. 그러나 1930년대에는 결혼 후에 예전 연인과의 관계가 이어지더라도 이상할 것이 없었다. 자유연애라는 신문화가 도입된 후에도 결혼이라는 제도에 대한 사회적 합의가 아직 이루어지지 않은 탓이었다. 이런 경향은 신문화의 세례를 받은 지식 청년과 신여성 사이에서 오히려 두드러졌다.

시내 일 노처녀의 사연은 자유연애라는 신문화와 결혼이라는 제도 사이의 충돌에서 빚어진 외도의 양상을 잘 보여 준다. 시내 일 노처녀는 30세 미혼 여성이다. 5년 전 어떤 사람의 소개로 S란 남성을 알게 되었다. 그와 혼담이 있었지만, 인연이 아니었는지 서로 뜻이 맞지 않아 헤어졌다. 그녀는 해외로 가서 학교를 마치고 작년에 귀국했다.

그 후 어느 날 S가 시내 일 노처녀에게 찾아와 어떤 신여성과 결혼한다는 청첩장을 건넸다. 그녀는 그의 가정을 축복한다는 내용의 글을 보냈다. 그 후 자주 S에게서 편지가 왔고, 방문도 잦아졌다. 그러는 사이 시내 일 노처녀는 S를 다시 사랑하게 되었다.

S는 결혼하고 이미 아이까지 생겼지만, 시내 일 노처녀를 만나면 가정이라고는 머리가 아프다거나 지금 아내는 우발적인 감정에서 결혼한 것이니 문제가 되지 않는다는 등 핑계를 대며 결혼해 달라고 졸랐다. 시내 일 노처녀는 S의 집요한 구애에 결혼을 약속해 주었다.

그러나 S의 아내도 만만한 여성은 아니었다. 남편과 시내 일 노처녀와의 관계를 알게 된 S의 아내는 시내 일 노처녀에게 편지를 보내고, 숙소로 찾아와 "생명을 내어놓고라도 싸워 보자."라며 남편을 포기할 의사가 없음을 분명히 했다. 시내 일 노처녀는 싸워 볼 마음도 있었지만, "싸울 생각은 없으니 나로 인해 근심 말라."며 마음에 없는 말로 S의 아내를 달래 돌려보냈다. 하지만 그녀와 S는 S의 아내가 저항한다고 헤어질 수 있을 만큼 가벼운 사이가 아니었다.

S는 아내에게 꼭 쥐어 사는 모양이었다. 시내 일 노처녀는 창피해서 싸울 수도 없고 싸워도 승리하지 못할 상황임을 깨닫고 해외로 떠나려고 S에게 여비를 청구했다. 그러나 "순 프롤레타리아"인 그는 그녀를 해외로 보내 줄 만한 경제적 여유가 없었다. 시내 일 노처녀는 "지금 생각하면 S는 색마"였다며, 색마에 짓밟힌 몸을 어찌할지 물었다.[5]

시내 일 노처녀는 S가 아내에게 쥐어 지내기 때문에 가정을 포기하지 못한다고 이해했으나, 아내로서는 남편과 가정을 지키기 위해 정당한 행동을 취했을 뿐이었다. 시내 일 노처녀도 알고 있었던 것처럼 그녀는 S의 아내와 싸울 수도, 싸운다고 이길 수도 없는 상황이었다. 결혼을 코앞에 두고 옛 애인에게 다시 나타나 관계를 회복하고, 결혼한 후까지 부적절한 관계를 지속한 S의 행동은 어떤 이유에서든 정당화될 수 없었다.

더욱이 시내 일 노처녀가 무고한 피해자인 것은 아니었다. 두 사람의 부적절한 사랑은 S만의 책임이 아니었다. 기혼 남성과는 애초에 연애를 시작하지 말았어야 했다. 그녀가 해외로 나갈 여비를 지급하지 못한 것도 그럴 만한 돈이 없었기 때문이었다. 그녀는 그 사실을 너무도 잘 알고 있었다.

H 기자는 "아내 있는 남자인 줄을 알면서도 그 남자에게 30년이나 고이 지킨 정조를 바쳐 놓고 그 남자와 결혼하지 못해서 고민하는 당신은 한편으로 가여우면서도 또 한편으로는 얄밉다."라는 질책으로 답변을 시작한다. 그는 "삼각연애 관계가 되어 두 사람이 한 남자를 놓고 다툴 때 같으면 물론 연애의 승리를 위해 싸울 것이나 남의 잘 사는 가정에 졸지풍파를 일으켜 아내 있는 남자를 자기가 빼앗으려 한다면 이야말로 큰 죄인"이라며 "S란 남자만 원망할 것도 아니고 그 아내에게 욕할 것도 아니니", S를 그만 단념하고 자신의 앞길을 개척하라고 조언한다.[6]

이처럼 기혼 남성의 외도에서 일차적 책임은 남성에게 있었지만, 그에게 처자식이 있는 줄 알면서 구애를 받아 준 여성에게도 잘못은 있었다. 사랑은 언제나 남녀의 뜻이 맞아야 이루어진다. 남성중심주의는 흔히 남성과 여성 사이의 갈등보다 여성과 여성 사이의 갈등을 더 크게 조장한다. 기혼 남성의 외도는 그의 아내와 애인 사이의 갈등을 낳았고, 그 때문에 두 여성 모두 불행해졌다. 외도한 남성도 괴로웠겠지만 그 때문에 불행해진 두 여성에 비할 바가 아니었다.

2 참고 또 참아도

🔒 믿고 살던 남편이 딴 여자와 만주로 갔어요 (부산 여성)

금년 삼십 된 여자인데 19세에 결혼하여 10여 년 동안 남편의 박봉으로 살아왔습니다. 결혼한 이듬해 딸 하나를 낳았는데 그도 팔자에 없는지 두 살 먹어 죽고 그 후에는 도무지 생산을 못합니다. 본래 남편은 경성 태생이고 저는 부산 태생인데 남편이 부산에 왔다가 결혼했습니다.

5년 전에 남편은 다시 경성으로 왔습니다. 오나가나 생활 곤란은 면치 못합니다. 그런데 남편이 작년부터 마음이 변해서 어느 돈 있는 여자와 알게 되어 나를 구박합니다. 갈수록 이 짓은 심해서 결국은 한집에서 그 여자와 4~5개월 살기도 했습니다.

홀로 계신 시어머니, 그분 역시 아들의 편을 들어 돈 있는 며느리를 좋아하고 나를 구박하니 어쩔 도리가 어디 있습니까.

4~5개월 갖은 풍파를 다 겪다가 부득이 방 하나를 얻어 따로 나왔습니다. 그래서 생활비나 대 달라고 했더니 3~4개월간은 죽지 않을 만큼 주더니 그만 둘이서 어디로 달아났습니다. 풍편에 듣자니 북지(北地)로 둘이서 가서 산답니다.

자식 하나 없이 외로운 몸이 친정이나 친척도 없고 겨우 목숨을 이어 가는데 약 3개월 전에 남편한테서 편지가 왔습니다. 별말 없이 그동안 어찌 지냈느냐고, 지금 고생을 모르는 것은 아니나 다 당신 팔자이니 앞날에 운명이나 기다리라고 하고 다른 별 도리는 없습니다. 그래도 곧 회답했더니 다시는 편지도 없고 주소도 알 수 없습니다.

단지 남편 하나 믿고 살다가 서울 천지에 와서 이 지경이 되었으니 이를 어쩌잔 말입니까. 좀 가르쳐 주십시오.

📑 꿋꿋한 생각으로 독립해 나가시오 (이숙종)

10여 년 동안 아내로서의 직책과 부덕(婦德)을 다하여 꾸준히 모든 고로(苦勞)를 감내하여 왔으나 결국에는 당신의 남편이 당신의 모든 공과 정성을 잊고 반역한 사정은 즉 남편 되는 분의 몰정(沒情)과 불의에서 나오는 조선 가정에 많은 비극입니다. 당신을 여지없이 박차고 간 곳조차 감추어 버린 박정한 사정은 당신 남편의 그 인품이 남성으로 보아 대단히 소졸(小卒)한 남편인 것과 또 양심으로 가책을 받아 불안한 생각이 있는 것은 사실입니다.

언제든지 자기네 꿈같은 이상은 그대로 실현되지 못하는 것이 인생 도덕의 원칙인 즉, 반드시 당신의 무릎 아래 꿇어 사죄할 날이 있는 것이 고생한 조강지처를 박대한 남편의 예법입니다. 당신은 아직 여망(餘望) 없는 일생이 아닙니다. 당신이 뜻 두는 곳, 즉 정신 가진 대로 다시 개척할 수 있으니 당신 남편이 정신병으로 병원에 입원한 줄만 생각하시고 그 병이 나을 때까지 당신의 기운과 건전한 육신을 마음대로 써서 당신 일신을 양생토록 하시고, 남편에게 의뢰하는 마음을 버리시고 나는 나를 위하여 나온 즉, 인생에 내리는 이상을 저버리지 마시고 당신 처지대로 정신노동도 좋고 육체노동도 좋습니다. 힘껏 나를 살려 보십시오.

따라갈 바도 아니요, 싸우고 권할 바도 아닙니다. 당신 남편은 지금 심경에 흑백이 없는 때인즉 가만 두고 당신은 현부(賢婦)의 지조와 덕을 그대로 보강하시고 육신을 다하여 살다가 당신 남편의 정신병이 나으면 다행한 일이요, 끝내 불치의 난병이라면 그대로 당신의 꾸준한 노력으로 깨끗이 살아가도록 하시기 바랍니다.

—「어찌하리까」 1939. 7. 30.

부산 여성은 남편 하나만 믿고 5년 전 고향을 떠나 서울로 이주한 여성

　　　　　　　　　　　　　　　3장 바람난 가족

이다. 딸 하나가 어려서 죽은 후 더는 아이도 태어나지 않았고, 남편의 수입도 변변치 못해 생활의 어려움이 이만저만이 아니었다. 그런 남편의 마음이 변해 돈 있는 여자와 연애하고, 심지어 그 여자를 한집에 데리고 들어와 4~5개월 동안 동거하기도 했다. 첩과 함께 만주로 이주한 남편은 조강지처를 위로하기는커녕 "고생을 모르는 것은 아니나 당신의 팔자"이니 운명대로 살라고 훈계한다.

이런 경우 아내는 어떻게 대응해야 했을까? 남편을 간통죄로 고소하는 것은 불가능했다. 간통죄는 일제강점기에도 있었지만, 남편의 외도는 간통죄의 처벌 대상이 아니었기 때문이다. 1912년 4월 시행된 조선형사령은 일본 형법을 그대로 따르도록 했는데, 간통죄를 규정한 일본 형법 제183조에서는 유부녀가 간통하면 2년 이하의 징역에 처하고 상간자(相姦者)도 동일하게 처벌한다고만 규정하고 있다.[7] 즉 간통죄는 아내의 외도를 처벌하기 위한 법이었을 뿐, 남편의 외도에는 적용할 수 없었다.

부산 여성이 선택할 수 있는 가장 적극적인 대응 방법은 위자료와 생활비를 받고 이혼하는 것이었다. 당시 조선의 관습에는 이혼 자체가 존재하지 않는다고 보았기 때문에 조선민사령이 시행된 1923년 7월 전부터 이혼에 대한 법규는 일본의 민법을 따르고 있었다. 일본 민법 제813조에서는 배우자가 중혼 상태이거나 간통을 저질렀을때, 배우자가 형벌을 받아야 할 때, 배우자 혹은 그의 직계존속으로부터 함께 살 수 없을 정도의 학대나 중대한 모욕을 받았거나 배우자로부터 악의적 유기를 당한 경우, 3년 이상 배우자의 생사가 불분명할 경우 등에 대해서 이혼을 허락했다.[8]

부산 여성은 배우자로부터 함께 살 수 없을 정도의 학대와 모욕을 당했고, 배우자의 직계존속, 즉 시어머니로부터도 학대당했다. 따라서 법적으로 위자료를 받고 이혼할 수 있었다. 문제는 남편에게는 분할해 줄 재산도 생활비를 대 줄 능력도 없다는 것이었다. 따라서 부산 여성이 법에 호소해서 얻어 낼 것은 사실상 아무것도 없었다. 이런 상황에서 무턱대고 이혼한대야 남편 좋은 일만 시키는 격이었다.

답변을 맡은 이숙종은 도쿄제국대학교 미학과를 졸업한 엘리트 신여성으로 성신여학교를 설립한 여성 교육가였다. 이숙종은 부산 여성의 남편을 도덕적으로 힐난할 뿐, 남편에게 실질적으로 책임을 물을 방법에 대해서는 알려 주지 못했다. "인생 도덕의 원칙"으로 볼 때 만주로 도주한 남편과 애인의 꿈같은 이상이 실현되지 못할 것이라거나, 언젠가 조강지처를 박대한 남편이 무릎 꿇고 사죄할 날이 올 것이라는 근거 없는 기대로 남편에게 버림받은 아내를 위로할 따름이었다. 부산 여성을 보호해 줄 법은 적어도 1930년대 한국 사회에는 존재하지 않았다. 여성 교육가요, 여성 지도자라 할지라도, 남편에게 버림받은 여성을 위해 없는 법까지 만들어 낼 도리는 없었으리라.

이숙종의 조언에서 주목되는 것은 아내를 배신하고 애인과 함께 멀리 도주한 남편이 정신 차리고 돌아오는 것을 다행이라고 생각한 점이다. 도쿄 유학까지 다녀온 여성 교육가마저 남편의 외도를 용서할 수 있는 행동이라고 본 것이다. 외도가 용서할 수 없는 모독이자 패륜인 것을 이숙종이라고 모를 리 없었다. 그러나 가정에서 여성의 권리가 법적·제도적으로 보장되지 않았고, 여성의 자활(自活)과 개가가 쉽지 않았던 시대에 무작정 이혼하고 남편과의 관계를 끊는 것이 모든 여성에게 최선의 대안은 아니었다. 남편의 외도를 용서할 수 없지만 아내에게 무작정 이혼을 권유할 수도, 남편의 책임을 물을 현실적인 방법을 제시할 수도 없는 것이 1930년대 여성 운동가들이 직면한 딜레마였다. 이숙종이 소극적인 대책밖에 제시하지 못한 것은 그 자신이 전근대적 여성관에서 벗어나지 못한 탓이기도 했지만, 남성중심주의가 견고하게 자리 잡았던 당대의 현실에서 남편을 용서하고 그를 기다리는 것이 부산 여성처럼 지식도 재산도 능력도 없는 여성에게 가장 현명한 대안이라고 믿었기 때문이었으리라. 여성 지도자조차 남편의 외도로 고민하는 여성들에게 인내하고, 기다리고, 스스로 고쳐 나가라고 주문할 정도였으니, 남성 기자들이 노골적으로 여성의 희생을 요구한다고 이상할 것은 없었다.

진도 일 여성은 1년 전 아홉 살 연상의 남성과 결혼한 스물다섯 살 기혼 여성이다. 결혼 후에도 남편은 결혼 전 친하게 지냈던 여성과 가끔 편지를 주고받고, 또 자주 만났다. 근래에는 새벽 서너 시나 되어서야 귀가하는 일이 잦았다. 남편은 좀처럼 아내에게 속을 터놓지 않았다. 아내가 속이지 말고 터놓고 이야기해 달라고 애걸해도 돌아오는 말은 "나는 모른다."라는 말뿐이다. 남편은 아내에게 따뜻하고 정답게 구는 일도 없었다. 아내는 형식만 부부이지 보이지 않는 두꺼운 장벽이 부부 사이를 가로막고 있다고 느꼈다. 진도 일 여성은 이렇듯 차게 구는 남편이라면 차라리 아이가 생기기 전에 이혼하는 편이 서로에게 좋지 않겠느냐고 물었다.[9]

답변을 맡은 N 기자는 우선 결혼의 첫 번째 조건은 서로 성격이 맞는 것인데 진도 일 여성 부부는 그렇지 않은 것 같다며, 결혼 자체가 경솔했음을 지적한다. 그러나 이미 결혼한 이상 다소 불만이 있더라도 좀 참아야 한다고 이야기했다. 여기까지는 이해할 수 있는 수준의 답변이었다. 문제는 그 다음부터다.

N 기자는 남편이 집에 들어오기를 꺼리는 원인이 아내인 그녀에게 있지 않은지 반문해 보아야 한다고 충고한다. 그녀가 남편의 성격에 맞지 않는 까닭에 남편이 집 밖으로 나돌고, 그녀가 이해해 줄 것 같지 않으니 남편이 그녀에게 터놓고 말하지 못한다는 것이다. N 기자는 그녀가

지나치게 냉정하고 타산적이어서 남편이 정을 주지 못하는 것일 수 있다며, 부부 관계란 그렇게 간단한 것이 아니므로 이혼만을 꾀하지 말고 한 걸음 양보해서 남편의 눈에 들도록 하여 남편의 마음을 풀어 주는 동시에 평화스러운 가정을 하루바삐 회복하기를 바란다고 조언했다.[10]

진도 일 여성이 이혼을 생각한 것은 남편이 결혼 후에도 결혼 전 친하게 지내던 여성과 편지를 주고받으며 자주 만나고, 아무 설명도 없이 밤늦게 귀가하고, 늘 차갑게 대하며 대화까지 거부했기 때문이었다. 남편의 입장에서는 아내와 마음이 맞지 않아서 그런 행동을 했다고 변명할 수는 있겠지만, 그렇다 하더라도 제3자의 입장에서는 남편의 처신을 질책하는 것이 옳았다. 그러나 N 기자는 남편의 잘못은 참으라고 하면서 아내에게는 아무 근거도 없이 냉정하고 이해심이 부족하다거나 타산적이라는 등 직접적인 비판을 가했다. 남편이 가정에 충실하지 않다면 아내가 남편의 눈에 들도록 노력하는 것이 진정한 해법이라고 생각한 것이다.

물론 모든 답변이 이처럼 여성을 일방적으로 매도하기만 한 것은 아니었다. 그러나 여성의 처지를 동정하는 답변에서조차 여성에게 인내와 희생을 요구할 뿐, 남편의 외도에 실질적인 제재를 가할 방법을 제시하지 못하기는 마찬가지였다. 경성 일 여성의 사연에 대한 일 기자의 답변이 그랬다.

경성 일 여성은 26세 기혼 여성이다. 4년 전 지금의 남편이 그녀를 몹시 쫓아다녀 부모의 허락도 얻지 않은 채 억지로 결혼했다. 그녀는 남부럽지 않은 곳으로 출가할 수 있는 형편이었으나 남편의 사랑만 믿고 희생한 셈이었다. 그러나 지금에 와서 남편은 마음이 아주 변해서 그녀더러 친정에 가라는 등 별별 나쁜 소리를 해 가며 압박을 준다. 경성 일 여성은 "참으로 아니꼬워서" 견딜 수 없다. 친정으로 돌아간다고 먹고살기 어려운 것도 아니다. 단지 그처럼 몰인정한 남성에게 결혼 생활이 험상스럽게 짓밟힌 것이 억울할 뿐이다. 남편은 지금 여고보에 다니는 미인과 연애 중이다. 경성 일 여성은 남편이 돈 많은 여자한테 장가를 다시 들게 그녀더러 죽어 없어지라는 막말을 해 대니 어찌해야 하느냐고 물었다.[11]

일 기자는 경성 일 여성의 남편이 자기 마음대로 모든 것을 하려는 고약한 남성의 전형이라고, 그녀의 처지를 동정한다. 그리고 그런 남성에게 여성들이 절대로 굴복해서는 안 된다고 지적한다. 그렇게 만만하게 입에 달면 삼키고 쓰면 뱉을 수 없다는 것을 한번 똑똑히 가르쳐 줄 필요가 있다고 본다. 문제는 남편과 싸우는 방법이다.

> 가기는 어디로 갑니까. 결코 친정으로 쫓겨 가는 비겁한 행동은 취할 생각 마십시오. 보기 싫으면 자기더러 나가라고 하십시오. 돈 많은 여자를 취하는 그 남자의 사상은 벌써 더러운 벌레가 먹기 시작한 지 오랜 것 같습니다. 과연 미덥지 못한 남성과 일생을 길동무가 된다는 것은 가장 위험한 일이라고 아니할 수 없습니다.
>
> 그러나 아무리 생각해 보아도 두 사람 사이에 깊이 사랑이 회복될 가능성이 없다면 최후의 수단을 쓸 수밖에 없습니다만 그렇게 반문하고 그에게 편리하게 해 주지를 말고 어디까지나 버릇을 단단히 가르쳐 놓고 헤어져도 헤어지십시오.[12]

일 기자가 제시하는 남편과 싸우는 방법은 이혼하지 말고 버티는 것이다. 절대 친정으로 돌아가지 말고, 보기 싫으면 남편더러 나가라고 저항할 것을 주문한다. 일 기자가 경성 일 여성의 처지를 동정하고, 남편의 버릇을 바로잡고 싶어 하는 사실에는 의심의 여지가 없다. 남편의 마음을 돌리도록 힘써 보라는 답변보다는 적극적인 대응임에 분명하다.

남편의 온갖 구박과 박해를 견디면서 이혼하지 않고 버티면 남편에게 정신적인 고통을 가할 수 있겠지만, 그의 행동에 실질적인 제재를 가하지는 못한다. 남편에게 약간의 정신적인 고통을 주기 위해 아내가 감당해야 할 고통은 남편의 고통과 비교할 수 없을 만큼 크다. 결국 남성의 외도를 제재할 제도적 장치가 마련되지 않은 상태에서 여성들은 남편이 마음을 돌리기를 묵묵히 기다리거나, 이혼해 주지 않고 버티면서 남편에게 정신적 고통을 주는 것으로 위안을 삼을 수밖에 없었다. 어떤 경우건 남편의 외도에 대한 해법은 아내의 인내였다.

대부분의 여성은 남편의 외도에 대해 인내와 체념으로 일관했다. 그러나 일부 진취적인 여성들은 남성중심주의 사회와 가부장적 가정에 저항해 자신의 운명을 개척하기도 했다. 남편이 가정을 버리고 떠나면, 새로운 사랑을 찾아 재혼을 도모하는 것도 그중 한 가지 방법이었다. 하지만 시내 일 여성의 사연에서처럼 아내를 버린 남편은 그녀의 재혼마저 방해하기 일쑤였다.

🏠 살지도 않으며 이혼도 안 해줘 (시내 일 여성)

저는 29세의 기혼 여성입니다. 23세에 부모의 명령을 따라 생전 보지도 못한 사람에게 출가를 했더랬습니다. 처음에는 남편이 퍽 친절하고 위해주며 잘 굴었습니다. 그러나 3년째 되는 해부터 마음이 갑자기 변해가지고 나를 학대하기 시작했습니다. 술을 먹고 들어와서는 함부로 매질과 욕설을 하며 네 집으로 가라고 밤마다 야단을 쳤습니다.

그러나 제 친정으로 갈 수도 없는 일이고 해서 마음을 돌리기만 기다렸으나 박해는 점점 심해지고 몇 해를 참아도 효과가 없었습니다. 게다가 첩을 얻어 가지고는 나에게 말할 수 없이 못살게 굴더니 시부모님들까지 마음대로 하라고 하여 해를 거듭함에 따라 더욱 심해졌습니다.

하는 수 없이 친정으로 와서 몇 해를 홀로 지내는 중 요새 와서 제 이런 과거를 용서해 주고 맞아 주겠다는 분이 있어서 친정에서 재혼을 시키려고 말이 다 되어 가는데 남과 같이 지내던 전남편이 이혼도 안 해 줬는데 재혼을 하는 날에는 어디까지나 망신을 시키겠다고 하며 간접으로 이렇게 위협을 하고 다닙니다. 그래서 우리 집에서는 어찌할 줄 모르고 있습니다. 도리를 좀 알려 주십시오.

답 법에 호소해서 이혼할 수밖에 (일 기자)

오늘까지 자기 마음대로 모든 일을 하고, 가라고 해서 와 가지고는 수년을 있다가 새삼스럽게 지금 와서 정식으로 이혼을 안 했느니 어쩌니 하고 위협을 하고 다닌다는 것은 너무나 심한 남성의 전형적인 행동이라고 아니할 수 없습니다.

어쨌든 지금에 있어 여성의 법적 지위라는 것이 남성에 비하여 얼마나 억울한 것이 많으며 불리한 점이 많은 것은 새삼스레 운운할 필요가 없으며 당신의 지금 경우 역시도 억울한 실례입니다. 그런데 그 남자가 자기의 과거를 청산하고 당신을 맞을 마음이 있다면 모르지만 그렇지 않고 다만 먹기 싫어 버린 떡도 개가 먹으면 아깝다는 격으로 공연히 당신에게 방해만 하려는 것이라면 차라리 이 기회에 그와 정식으로 이혼을 하고 갈라선 후 양연을 만나 새 생활을 시작하는 것이 좋겠습니다.

—「명암의 십자로」 1935. 1. 30.

만일 아내가 결혼했다면? 남편 있는 여성이 다른 남성과 결혼하려다가 남편에게 들켰다면? 결과만 놓고 보면 그런 여성은 도저히 용서할 수 없는 부정을 저지른 것 같다. 그러나 시내 일 여성의 사연에서 용서할 수 없는 쪽은 오히려 남편이었다.

시내 일 여성의 남편은 결혼 후 3년째 되는 해부터 밤마다 술을 마시고 들어와 폭력과 욕설을 써 가며 아내에게 친정으로 돌아가라고 야단이었다. 시내 일 여성은 그런 학대를 받으면서도 "죄 없이 친정으로 갈 수도 없는 일"이라 남편이 마음을 돌리기를 몇 해 동안 기다렸다. 그러나 남편은 마음을 돌리기는커녕 첩을 얻고, 아내를 지속적으로 괴롭혔으며 시부모까지 아들 편을 들고 나섰다.

사실상 시집에서 쫓겨난 시내 일 여성은 친정에서 몇 해를 쓸쓸히 지내다 자신을 사랑해 주는 남자를 만났다. 그녀는 새로 만난 애인을 "이런 과거를 용서하고 맞아 주겠다는 분"이라고 소개했다. 오늘날이라면 시내 일 여성의 과거는 동정과 위로의 대상이 될지언정 용서의 대상이 될 수는 없다. 그러나 1930년대에는 피해 여성 스스로가 남편에게 학대받은 불우한 결혼 생활을 용서받을 과거로 인식할 만큼 남성중심주의가 견고했다. 몇 해 동안 아내를 친정에 방치한 남편은 아내가 재혼을 준비하자 뒤늦게 "망신을 시키겠다."라며 위협했다.

법적으로 이혼하지 않은 여성이 재혼한다고 정상적인 가정을 이룰 수 없는 것은 예나 지금이나 같았다. 이혼 절차를 마무리 짓지 않은 상태에서 재혼한 경우, 법적인 효력이 전혀 없을뿐 아니라 그 자체가 엄연한 간통으로 여겨졌다. 그러나 이는 모두 여성에게만 해당되는 이야기였다. 그 시대에는 법적으로 이혼하지 않은 남성이 제2부인을 얻어 결혼하는 것이 드물지 않았다. 남성은 이혼하지 않고도 제2부인을 얻어 당당히 결혼하는데, 남편에게 쫓겨난 여성은 재혼마저 할 수 없는 현실은 공평하지 않았다.

답변을 맡은 일 기자는 시내 일 여성의 사연이 당시 여성의 법적 지위가 남성에 비해 얼마나 부당한지 보여 주는 실례라고 지적하면서 그녀의 처지를 동정한다. "먹기 싫어 버린 떡도 개가 먹으면 아깝다."라는 속담까지 인용해 가며 남편의 행동을 혹독하게 비판하기도 했다. 일 기자가 제시하는 대책은 이 기회에 정식으로 이혼하고 새 출발하라는 것이었다. 하지만 부부 양쪽의 동의가 없으면 협의이혼이 불가능하던 그 시대의 현실에서 일 기자의 조언처럼 시내 일 여성이 원한다고 쉽게 이혼할 수 있을지는 불분명했다.

1930년대에 아내의 외도가 아내의 허영과 방종으로 시작된 경우도 있었지만, 시내 일 여성처럼 남편에게 버림받았으나 법적인 이혼 절차를 밟지 않아 부득이 외도 혹은 간통이라는 혐의를 받게 된 경우가 적지 않았다. 남편이 가정을 버리면 아내는 마음이 떠난 남편을 기다리는 것보다 새로운 사랑을 찾아 자신의 미래를 개척하는 것이 훨씬 건전한 대응일 것이다. 따라서 답변을 맡은 기자들은 이처럼 이유 있는 아내의 외도에 대해 대체로 동정적이었고, 이혼하고 새 출발하라고 조언했다. 그러나 정작 그런 여성과 사랑하는 남성에게는 사랑을 딴 데서 찾으라고 조언하는 이중성을 보였다. 원산 해안 일 독자의 질문에 대한 C 기자의 답변이 그러했다.

21세의 미혼 청년인 원산 해안 일 독자는 4년 전 우연한 기회에 네 다섯 살 연상의 기혼 여성과 알게 되어 남몰래 열정적으로 사랑하다 장래를 굳게 맹세한다. 애인의 남편은 아내를 친척 집에 가둬 놓고 5~6년 동안이나 방치했다. 생활비도 일절 주지 않았고, 1년에 몇 차례 다녀가는 게 고작이었다. 근래에는 아내를 더 냉정히 대했다. 원산 해안 일 독자는 애인과 자신은 의사가 꼭 맞다며 단념해야 좋을지, 만일 동거한다면 사회도덕이 용서할지 물었다.[13]

답변을 맡은 C 기자는 "남편 있는 여자와 사랑을 하게 된다는 것은 사랑하는 남자 된 당신에게나 몰래몰래 사랑을 속살거리는 그녀에게는 둘도 없는 재미스러운 일"이겠지만, 비록 남편이 처에게 냉정하게 대했더라도 "아무것도 모르고 있는 남편이 이러한 사실을 알게 되면 얼마나 분한 일이며 당신과 그 처에게 미치게 될 여러 가지 일은 이루 말할 수 없을 것"이라고 지적한다. 그가 기혼자인 애인과 함께 산다면 "도덕상으로 좋지 못한 행동"이라 단정한다. 남편 있는 여성을 사랑하게 된 것을 행복이 아니라 불행한 일로 생각하고, 애인을 좋은 말로 타일러서 "현재 남편을 사랑하도록" 설득하는 것이 "남자 된 당신이 할 바"라며, "아직 결혼치 않은 여성에게서 사랑을 구하라."라고 조언한다.[14]

원산 해안 일 독자의 사랑은 C 기자의 지적처럼 사회적 금기를 깬 비밀 사랑이기 때문에 "재미스러운 일"이었던 것은 아니었다. 그들의 사랑에는 충분히 이해하고 동정할 만한 부분이 있었다. 남편이 아내를 친척 집에 데려다 놓고 5~6년 동안이나 방치했다면, 법적인 이혼 절차를 밟지 않았을 뿐, 부부 관계는 이미 끝났다고 볼 수 있다. 물론 미혼 남녀가 사랑하고 결혼하는 것이 이상적이기는 하다. 그러나 여성이 아직 이혼하지 못한 탓에 애틋한 사랑이 불륜, 외도, 간통으로 전락했다면, 그것을 정상적인 사랑으로 만들기 위한 이혼 절차를 밟으라고 하는 것이 옳았다. 기성도덕이 용납하지 않는다고, 불행한 결혼 생활로 신음하는 여성을 남편에게 돌려보내고 미혼 여성과 새로운 사랑을 시작한다면, 불평등한 기성도덕을 더욱 견고히 하는 것에 지나지 않았다.

장연 일 생의 누님처럼 남편의 학대는 아내의 외도뿐만 아니라 아내의 가출로 이어지기도 했다. 장연 일 생의 누님은 출가한 후 남편의 구타와 박대가 심해 3년을 하루같이 불평과 싸움으로 지냈다. 석 달 전 누님은 두 살 난 아들을 버리고 어디론가 자취를 감추었다. 장연 일 생은 각 방면으로 사람을 보내 찾아보았지만, 누님의 흔적을 찾지 못했다. 그는 누님이 평소 자살하겠다는 말을 자주했다며, 누님을 찾을 방법을

물었다.[15]

답변을 맡은 R 기자는 누님이 자살했는지 아닌지는 알 수 없으니 일단 최선을 다해 찾아보라고 위로한다. 누님을 찾을 방법은 경찰에 수사원을 제출하는 방법과 누님과 친한 친구들에게 수소문해 보는 방법, 두 가지밖에 없는데 경찰이 과연 적극적으로 활동해 줄지는 단언할 수 없다며, 스스로 찾는 수밖에 없다고 조언한다.[16]

그 시대에 남편의 학대가 견디기 어려울 경우 아내가 선택할 수 있는 대안은 남편을 폭행죄로 고소하거나 위자료를 받고 이혼하거나 가출하거나 아니면 자살하는 방법 정도였다. 그러나 고소나 이혼 등은 그 당시 여성이 실행하기 어려운 방안이었고, 설령 실행한다 하더라도 기대했던 결과가 나온다는 보장이 없었다. 남성중심주의 사회에서 법은 어디까지나 남성들 편이었다.

학대받는 아내로서는 장연 일 생처럼 가출이나 자살 같은 극단적인 선택을 하거나 시내 일 여성이나 원산 해안 일 독자의 애인처럼 다른 사랑을 찾아 나서는 수밖에 없었다. 하지만 가출은 근본적인 해결책이 될 수 없었고, 자살은 그 자체로 또 다른 죄악이었으며, 다른 사랑을 찾는다고 해도 법적인 이혼 절차를 밟지 않으면 합법적인 재혼이 불가능했다. 답변자들이 남편의 외도와 폭력으로 고민하는 여성들의 사연에 아내에게 인내를 요구한 것은 궁색했지만, 당시로서는 최선의 대안이었다.

강요된 결혼 역시 아내를 이유 있는 외도로 내몬 원인 중 하나였다. 삼청동 고민생은 4년 전 부모의 명령에 못 이겨 마음에 없는 결혼을 한 22세 기혼 여성이다. 그녀는 "말만 내외지 저도 남편을 사랑하지 못하고, 남편도 저를 사랑하지 않아 피차에 개가 닭 보듯 하나마 만 2년 동안은 한이불 속에서 뒹군 것이 사실"이라고 털어놓았다.

그 후 남편이 중학교에 입학하게 되어 부부는 따로 살게 되었고, 그녀는 우연한 기회로 한 남자를 만나 "육교(肉交)"까지 맺었다. 단 한 번의 관계에 지나지 않았지만, 그 후로는 원래부터 재미없는 남편이 더욱 싫고 미워졌다. 삼청동 고민생은 단 한 번의 관계로 수태될 수 있는지, 해산까지 얼마나 걸리는지, 차라리 남편과 이혼하는 것이 어떨지 물었다.[17]

답변을 맡은 기자는 단 한 번의 관계라도 수태되지 말란 법은 없으며, 만일 수태되었다면 280일 정도 후에 해산하게 된다고 설명한다. 삼청동 고민생은 교육받은 신여성으로 보이는데 그런 여성이 성에 대해서는 기본적인 상식조차 알지 못했다. 그만큼 사회적 차원에서 성 교육이 제대로 이루어지지 않았던 것이다.

기자는 가능하다면 이혼하는 게 좋지만, 이혼하기 전까지는 남의 아내라는 것을 잊어서는 안 된다고 지적한다. 한 남자의 아내로서 외간 남자와 비밀의 관계를 맺는다는 것은 어느 시대 어느 사회의 도덕으로도 용서치 못할 범죄이며, 그 관계가 단 한 번에 그쳤더라도 그것이 범죄라는 사실은 변하지 않는다는 것이다. 기자는 삼청동 고민생이 외도는 범죄라는 것을 인식조차 못하고 있다고 질책하면서 남편이 싫다면 외도가 드러나거나 혼외 임신을 걱정하기에 앞서 이혼부터 했어야 한다고 지적한다. 기자는 삼청동 고민생이 대단히 비겁한 여성이요, 부정직한 아내이며, 그녀와 같은 아내를 통탄해 마지않는다고 질타한다.[18]

기자가 삼청동 고민생의 외도를 범죄라고 단정한 것은 당시 기혼 여성의 외도는 간통죄라는 엄연한 실정법 위반이었기 때문이었다. 강제 결혼과 사랑 없는 부부 생활 등, 그녀가 외도에 이르게 된 원인에 대해서 동정하지 않은 점은 아쉬우나 그녀가 "비겁한 여성"이요, "부정직한 아내"라는 판단 자체가 틀린 것은 아니었다.

기자는 삼청동 고민생의 외도를 호되게 질타했던 것과는 달리 이혼

3장 바람난 가족

문제는 신중하게 결정하라고 조언한다. 만일 수태를 했거든 남편에게 사죄하고, 남편이 양해해 주지 않는다면 그때 이혼하는 것도 늦지 않다고 본다. 만약 수태하지 않았거든 과거를 뉘우치고 정직한 아내가 되기 위해 힘쓰는 것이 좋다는 의견이다. 남편과 도저히 살 수 없다면 이혼하는 수밖에 없겠지만, "오늘날 여자의 사회적 환경으로서" 이혼한다고 반드시 행복해지리라는 보장이 없다며, 굳이 이혼하는 것은 오히려 무모한 일이라는 것이었다.

그 시대의 이혼녀에 대한 사회적 편견과 차별을 고려하면 기자의 조언이 틀리지는 않았다. 그러나 기자는 부부 간의 애정을 싹트게 할 방법을 제시하지는 못했다. 외도를 반성한다고 애초부터 없었던 사랑이 생기지는 않는다. 정상적인 부부 관계를 만들기 위해서는 두 사람의 각성과 노력이 필요한데, 삼청동 고민생 부부에게 그러한 노력을 기대하기는 어려웠다. 사랑에 목말라 외간 남자와 하룻밤 관계까지 맺은 여성이라면, 이혼녀에 대한 사회적 편견과 차별이 아무리 심했다 하더라도 이혼을 진지하게 고민해 보아야 했다.

부모의 강요로 사랑하는 애인을 두고 마음에도 없는 남성과 결혼해 시작부터 파국을 맞은 경우도 있었다. 신공덕리 일 독자는 한 달 전 지인의 소개로 회사에 다니는 여성과 결혼한 27세 청년이다. 아내는 결혼 전부터 사랑하는 사람이 있었지만, 부모가 우기는 바람에 마지못해 그와 결혼했다. 결혼 후에도 아내는 애인과의 사랑을 포기하지 않았다. 결혼 후 삼일을 치른 뒤로 아내는 한방에 있으려고도 하지 않았다. 집을 나가면 사나흘에 한 번씩 와서 보곤 했다. 신공덕리 일 독자는 그런 아내와 이혼을 해야 하는지 물었다.[19]

답변을 맡은 B생은 "당신과 같이 그러한 경우에 있는 이가 이 세상에 오죽이나 많겠습니까. 모두가 옛날 인습이나 부모를 잘못 둔 관계"라며 신공덕리 일 독자의 처지를 동정한다. 아내에게 "손찌검 같은 것 말고 정중하고 인자하게 그리고 같은 인생으로서의 그 사랑 가운데" 애인과의 사이가 얼마나 깊은지, 그와의 결혼 생활을 어떻게 할 생각인지 물어 보고, 깊이 생각해서 처리하라고 조언한다.[20]

신공덕리 일 독자의 아내는 그와 결혼한 것 자체가 잘못이었다. 도저히 애인과 헤어질 수 없다면, 부모가 아무리 강요해도 끝까지 결혼을 거부했어야 했다. 하지만 이미 결혼한 이상 B생의 조언처럼 부부가 젊잖게 담판을 지어 아내가 애인과 남편 중 한 사람을 선택하도록 하는 것이 최선의 대안이었다.

여성의 희생을 강요하는 불평등한 법, 제도, 관습, 도덕이 중첩돼 있었던 1930년대 한국 사회에서는 아내의 외도를 결과만 놓고 매도하기는 어려웠다. 게다가 어떤 제재도 없이 공공연하게 자행된 남편들의 외도와 달리, 아내의 외도는 당사자 스스로가 심각한 윤리적 갈등을 겪었다. 남편이 마음만 먹으면 아내를 간통죄로 형사 처벌하는 것도 어렵지 않았다. 실정법과 기성 윤리에 의해 여성들은 남편에게 아무리 심한 학대를 당해도 이혼하지 않는 한 인내하고 순종하는 수밖에 없었다.

3 아내, 반란을 일으키다

📖 남의 아내로서 애인이 생겼어요 (시내 유영애)

저는 올해 28세 된 여자이온데 직업부인으로 활동하고 있습니다. 그런데 그곳에 있는 24세 된 청년과 뜻 아닌 사랑을 속삭이게 되었습니다. 그런데 저는 남편이 있는 몸으로 그 청년의 씩씩한 점에 그만 일시적으로 흥분을 참지 못하여 그 어떤 날 퇴근하고 돌아오는 길에 그만 그와 불의의 관계를 맺게 된 것입니다. 그러나 남편에게 성적 불만을 느낀 저인지라 그리된 것도 일시적인 탈선이라 본다면 괜찮겠으나, 그 남자를 도저히 잊을 수 없고 그 남자도 죽을 둥 살 둥 나를 잊지 못합니다. 이 일을 어찌하면 좋습니까?

🄰 단연코 청산하시오

직업부인은 때때로 이런 탈선을 하기 쉽습니다. 그것은 남녀가 자주 만나는 사이 아는 듯 모르는 듯 수양이 부족한 이는 탈선하기가 쉬운 까닭입니다. 그러나 당신은 남편이 있으면서 그런 행동을 하였으니 그것이 첫 번째 잘못이요, 또 일시적 탈선으로 인지하고 마음을 돌이켜야 할 터임에도 불구하고 그런 철면피적인 행동을 한다는 것은 큰 잘못이오니 속히 회개를 하여 가정에 충실하십시오.

아무리 좋은 물건도 자기가 소유하게 되면 그렇게 좋아 보이지는 않는 것이 사실이니 당신도 남편에게 일시 권태를 느낀 모양입니다. 그러니 그런 허영적 심리를 청산하시고 충실한 아내가 되십시오.

—「어찌하리까」 1934. 11. 28.

오늘날 직업여성이라는 단어는 일정한 직업을 가진 여성이라는 뜻과 함께 유흥업에 종사하는 여성이라는 뜻으로도 사용된다. 사용 빈도는 후자가 더 높다. 이는 아마도 여성의 사회 참여가 제한적이던 시대에 직업을 가진 여성의 태반이 유흥업 종사자였기 때문일 것이다. 그러나 1930년대까지만 해도 직업부인이라는 단어에는 유흥업에 종사하는 여성이라는 뜻이 전혀 없었다. 따라서 사연의 주인공 시내 유영애는 문자 그대로 직업을 가진 기혼 여성이었다.

스물여덟 살 직업부인 유영애는 기혼 여성으로서 직장에서 만난 네 살 연하의 청년과 사랑을 속삭이고 "일시적 흥분을 참지 못하여 불의의 관계"까지 맺는다. 그럼에도 불구하고 그녀는 "남편에게 성적 불만"을 느꼈으므로 "일시적 탈선"에 그친다면, 자신의 외도가 윤리적으로 문제 될 것이 없다고 본다. 그녀가 고심하는 것은 경솔한 행동에 대한 후회나 불륜에 대한 죄의식이 아니라 그 남자와의 관계를 도저히 끊지 못하겠다는 것이었다.

결혼이라는 제도를 인정하는 한, 기혼 여성이 배우자 이외의 남성과 "잊을 수 없는 사랑"을 하고 있다는 것은 윤리적으로 정당화될 수 없다. 그 남성과의 사랑이 소중하다면 현재의 남편과 이혼한 후 그 남성과 새 출발해야 한다. 자신의 외도가 "일시적 탈선"이라면 괜찮다고 본 것은 윤리적으로 매우 위험한 태도다. 일시적이건 지속적이건 윤리적으로 용납되는 외도는 없으며, 남편에게 성적 불만을 느꼈다는 것도 외도의 변명이 될 수는 없다. 성적 불만이 있다면 부부 사이의 사랑으로 극복해야 한다. 만일 사랑으로 극복할 수 없다면, 다른 남자를 만나기 전에 이혼 절차부터 마무리해야 한다.

물론 당당하게 제2부인을 들였던 당대 남성들에 비해 유영애의 외도는 훨씬 가벼운 수준이었다. 그러나 남편들의 외도가 더 심각했다고 아내의 외도가 정당화되는 것은 아니다. 남편이건 아내건 결혼 관계가 지속되는 한 배우자에게 충실해야 한다. 문제는 남성의 외도는 거의 무제한적으로 용인된 반면, 여성의 외도는 용서할 수 없는 패륜으로 치부되는 이중성에 있다.

청년과의 관계를 청산하고 가정에 충실하라는 기자의 답변이 부당한 것은 아니었다. 그러나 그러한 결론을 도출하는 과정에서 기자는 남성 중심주의적 편견을 강하게 드러냈다. 우선 그는 직업부인이 "이런 탈선",

곧 외도를 하기 쉽다고 전제한다. 여성이 직업을 가지면 남자와 자주 만나게 되고, 그러다 보면 수양이 부족한 이는 탈선하기 쉽다는 것이다.

어느 사회건 외도하는 아내는 있게 마련이다. 아내의 외도를 처벌하는 간통죄는 일찍이 고조선 시대부터 존재했다.[21] 직업을 가진 여성이 전업주부보다 외간 남성과 만날 기회가 많은 것은 사실이지만, 그 때문에 외도의 가능성이 더 커진다는 증거는 없다. 이 답변에서처럼 유영애의 외도를 직업 탓으로 돌리면, 자칫 한 사람의 방종을 근거로 전체 여성의 사회 참여를 윤리적으로 폄하하는 논리로 비약될 우려가 있다.

또 기자는 아무리 좋은 물건도 자기가 소유하게 되면 그렇게 좋아 보이지 않는다는 것을 근거로 남편에 대한 일시적 권태를 극복하라고 조언한다. 유영애는 남편에게 성적 불만을 가지고 있다고 토로했다. 그 것이 자기가 소유했기 때문에 생긴 불만이고, 일시적 권태라고 보기는 어렵다. 유영애의 성적 불만은 시간이 지나면 저절로 해결될 문제가 아니며, 기자의 지적처럼 여성의 "허영적 심리"가 될 수도 없다.

이 사연에서 볼 수 있듯, 남성의 외도가 법적·윤리적으로 폭넓게 용인되던 시대에 아내라고 조신하게 가정을 지키고만 있지는 않았다. 1930년대 신문 독자문답란에는 기혼 여성의 외도에서 비롯된 고민도 더러 게재되었다. 이 경우 외간 남자와 사랑에 빠진 기혼 여성이 직업부인이었을 것으로 생각하기 쉽지만, 실제로는 대부분 평범한 전업주부들이었다.

스무 살 미혼 청년 개성 야다리생은 2~3년 전부터 한동네에 사는 이 모라는 남자의 아내와 사랑을 속삭여 지금은 끊으려야 끊을 수 없는 깊은 관계가 되었다. 처음부터 딴마음을 품고 유부녀에게 접근한 것은 아니었다. 형제가 없었던 그는 한동네에 사는 유부녀와 친한 오빠 동생 사이로 지내다 그만 연인 관계로 발전하고 만 것이었다. 그도 한때는 유부녀와 사랑을 나누는 것이 잘못된 일이라고 생각하고, 그녀를 잊으려고 노력했다. 하지만 잊으려고 하면 할수록 그녀가 더욱더 그리워졌다. 그는 사회의 비난이 두렵고, 양심의 가책에 괴로워하지만 그녀와 관계를 끊을 수 없으니 어쩌면 좋은지 물었다.[22]

사연대로라면 개성 야다리생은 열일고여덟 살에 연하의 유부녀와 사랑에 빠진 것으로 보인다. 한동네에 사는 10대 소년 소녀가 사랑에 빠지는 것은 자연스러운 일이었다. 다만 사랑에 빠진 소녀가 이미 다른 남자와 결혼한 유부녀라는 것이 비극의 시작이었다.

X 기자는 당시 신세대 젊은이들 사이에서 광범위하게 퍼졌던 연애지상주의를 전면 부정하는 것으로 답변을 시작한다. 사랑이 인생의 전부라거나, 사랑을 위해서는 자기의 모든 것을 희생하여도 좋다거나, 사랑은 이기적이지 않고 맹목적이라는 등 "이따위 소리는 가장 어리석고 불쌍한 인간들의 잠꼬대인 줄" 알라는 것이다.

연애지상주의가 오랜 세월 인습에 억눌린 인간의 감정을 해방시킨 순 기능이 있었지만, 지식인이라고 모두 연애지상주의를 옹호한 것은 아니었다. 다른 모든 윤리적 규범처럼 연애 역시 일정한 윤리적 제약이 불가피하다는 것이 그들의 입장이었다. X 기자는 개성 야다리생의 사랑이 조선의 현실에서는 결코 용납될 수 없으며, 인생을 파멸에 이르게 할 것이라고 경고한다. 만일 우유부단한 태도를 지속한다면 "저들 연애지상주의자들에게서 많이 볼 수 있는 참혹한 결과"를 당할 우려가 있으니 사랑을 과감히 단념하라며 답변을 마무리한다.[23]

기혼 남성의 외도와 달리 기혼 여성의 외도는 2년 이하의 징역에 처해질 수 있는 엄연한 실정법 위반이었다. 간통한 유부녀와 상간자를 향한 윤리적 제재는 법적 제재보다 훨씬 가혹했다. 개성 야다리생과 애인의 부적절한 관계가 동네에 알려지기라도 한다면, 두 사람은 물론 가족들까지 마을에서 얼굴을 들고 살아가기 어려웠을 것이다. 우유부단한 태도를 지속한다면 참혹한 결과를 당할 우려가 있다는 X 기자의 경고가 과장은 아니었다.

연애건 외도건 축첩이건 1930년대 한국 남편들은 무제한적인 사랑의 자유를 만끽했으나 아내의 외도에 대해서는 강경한 입장을 취했다. 그들은 심지어 아내가 다른 남자를 마음에 두고 있는 낌새만 보여도 이혼하겠다는 둥 죽이겠다는 둥 흥분을 주체하지 못했다. 제 눈에 들보는 보지 못하고 남의 눈에 티끌을 탓한 셈이었다. 계동 일 청년이 그런 사내였다.

계동 일 청년은 16세 때 부모의 강요로 두 살 연상의 여성과 결혼한 23세 남성이다. 아무것도 모르고 결혼했지만 지금은 어느덧 두 딸의 아버지다. 5년 전 아내는 신병으로 친정에 가서 8개월가량 요양하다 돌아온 일이 있었다. 그때 아내가 친정에서 부정한 행실을 한다는 소문이 들렸다. 아내는 고향의 어떤 청년이 잘났다는 말도 했다. 계동 일 청년은 아무래도 아내는 그를 흠모하는 것만 같다고 생각했다. 그러나 아내가 요양을 마치고 돌아왔을 때, 그는 반가운 마음으로 아내를 맞았다. 언젠가는 아내에게 소문이 사실인지 묻기도 했다. 아내는 그렇지 않다고 부인했고, 그는 그런 아내의 말을 믿었다. 그런데 근래에 아내의 행동이 수상해졌고, 귀에 들려오는 소문이 5년 전 일을 다시 떠오르게 했다. 처가에 가면 동네 청년들이 그를 이상한 눈으로 쳐다보는 것 같아 견딜 수 없었다. 결국 그는 아내가 5년 전에 부정한 일을 저질렀다고 단정하고, 5년이나 지난 일이라도 이혼 사유가 되는지, 이혼한다면 아이들의 처지는 어떻게 되는지 물었다.[24]

사연에 나타난 대로라면 5년 전 아내가 부정한 행동을 했는지 하지 않았는지 확실하지 않다. 그러나 계동 일 청년은 5년이나 지난, 진위 여부가 불확실한 소문 때문에 번민하고 또 괴로워하다가 이혼까지 생각했다. 남편의 외도가 무제한적으로 용인된 사회에 살면서 정작 남편들은 아내가 부정한 행동을 했다는 소문만 들려도 이혼하겠다고 야단이었던 것이다.

답변을 맡은 일 기자는 계동 일 청년에게 남편의 허물을 잰 자로 아내의 허물을 잴 것을 요구한다. 그는 먼저 아내가 남편의 부정에 대한 풍설을 들을 때 기분 나쁜 것과 마찬가지로 아내가 좋지 못한 행동을 했다는 말을 들었을 때 그 남편의 기분이 나쁜 것은 당연한 이치라고 전제한다. 그러나 그 시대 남성들을 보건대 자기네는 외도를 아내에게 다시 없이 미안한 일로 생각지 않고 태연히 범하면서 여성들에게는 절제를 요구하는 모순된 태도를 취한다며 이는 "너무나 난폭한 행동인 동시에 양심이 흐릴 대로 흐려 버린 뻔뻔한 짓"이라고 비판한다.

일 기자는 계동 일 청년에게 확실히 잘 알지도 못하면서 풍설만 가지고 아내와 이혼하겠다는 당신은 과연 양심에 거리끼는 일이 없느냐고 되묻는다. 자식을 낳고 사는 아내를 믿지 않고 무책임한 사람들의 풍설을 믿는다는 것 자체가 남편으로서 신의를 잃은 것이니, 오히려 아내에게 사죄해야 한다고 본다. 일 기자는 또한 계동 일 청년이 제기한 아내에 대한 의혹을 조목조목 반박한다. 병을 치료하러 간 아내가 연애할 기력이 있었을 리 없다. 실제로 아내에게 좋아하는 남성이 있었다면 남편 듣는 데서 대놓고 칭찬하지는 못했을 것이다. 일 기자는 아내가 외도를 했을 리 없지만, 설령 5년 전에 그러한 일이 있었다 하더라도 말 없이 아내를 용서해 주는 것이 가장 현명한 태도라고 조언한다.[25]

일 기자의 답변은 외도에 대한 남성들의 이중적 태도를 비판했다는 점에서 아내의 외도 문제를 해결할 수 있는 단초를 제시했다. 심각한 정도로 따지자면 여성의 외도는 남성의 외도에 비할 바가 아니었다. 따라서 남성부터 반성하고, 남성의 외도를 막을 법적·제도적 장치를 모색해야 여성들에게도 떳떳하게 외도의 책임을 물을 수 있었다.

계동 일 청년처럼 아내에 대한 막연한 의심으로 공연한 고민을 한 경우도 있었지만, 뒤늦게 나타난 사랑을 찾거나 돈을 쫓아 혹은 경박한 허영심에서 남편과 가족을 저버린 아내가 없지는 않았다. 많은 경우 아내의 외도는 남편의 잘못으로 아내가 부부 생활에 만족을 느끼지 못한 데서 시작되었지만, 아내가 방탕하거나 이기적이어서 남편과 이혼하지도 않은 채 다른 남자와 딴살림을 차리는 경우도 있었다.

평양 일 소녀는 스스로를 "지금 가련한 처지에 있으며 앞길이 막막하다."고 밝힌 19세 소녀다. 당시 19세는 소녀라고 불리기에는 과년한 나이였음에도 스스로 그렇게 밝히고 있는 것이 흥미롭다. 그녀의 부친은 3년 전 모 사건에 연루돼 감옥에 들어갔다가 2개월 전 출소했다. 부친이 사상가라고 한 것이나 예심만 2년을 끌다 결국 기소를 면했다는 것으로 보아 그녀가 말한 모 사건은 사상 사건이나 시국 사건이었으리라. 1930년대에 사상가는 사상을 이해하고 실천하는 사람이라는 뜻보다는 사회주의자라는 뜻으로 더 자주 사용되었다.

평양 일 소녀의 부친이 수감된 동안 그녀의 모친은 정 모라는 남성과 동거하고 있었다. 출소 후 아내의 부정을 알았지만 아직 옛정이 남아 있었던 소녀의 부친은 아내에게 마음을 돌려 같이 살자고 청한다. 그러나 아내는 남편이 사상가요, 직업을 잃어서 먹을 것이 없다는 이유로 남편의 설득을 냉정히 거절한다. 평양 일 소녀는 부모가 결국 이혼했는데, 어느 부모를 따라가야 하는지 물었다.[26]

남편이 사회주의자인 데다 사상 사건에 연루돼 투옥되었고, 그 때문에 직업까지 잃었다면, 사상적 동지가 아닌 아내로서는 그런 남편을 믿고 평생을 살 일이 막막했을 것이다. 그런 상태에서 자신을 사랑해 주는 남성이 생기면 마음이 흔들릴 수도 있다. 그러나 남편이 신념을 지키기 위해 싸우다 투옥된 상황에서 이혼 절차를 밟지도 않은 채 외간 남성과 딴살림을 차린 것은 너무도 이기적인 행동이었다. 도덕적으로 비난받더라도 변명의 여지가 없었다.

답변을 맡은 일 기자는 "눈이 시퍼렇게 살아 있는 내 아버지를 먹을 것 없다고 버리고 다른 남편을 얻어 가는 그 어머니를 따라간다는 데 있어서는 주저할 여지가 없다."고 본다. 다소 격양된 어조로 "직업 없고, 돈 없다고 해서 여편네가 버리고 달아나는데 딸자식까지 그 아버지를 버리고 정부를 따라가는 어머니를 따른다는 것은 오장육부가 없는 인간이 할 짓"이라 지적한다.[27] 모친을 "보기 드문 냉랭한 여자" 정도로 비판한 것까지는 좋지만, 그런 모친을 따른다고 "오장육부가 없는 인간"이라고 한 것은 다소 지나친 느낌이다. 여성의 허물로 외도한 경우 사회의 인식은 이처럼 차가웠다.

아내를 외도로 내몬 주요한 원인은 남편의 무능과 아내의 허영이었다. 시내 딱한 사정생의 가정불화도 여기서 시작되었다. 시내 딱한 사정생은 3년 전 연애결혼 한 스물네 살의 젊은 가장이다. 결혼한 지 1년 만에 아들을 낳았지만 아내는 생활난으로 자식을 데리고 친정으로 돌아가 취직을 했다. 아내가 취직한 후로는 "극도의 허영심" 때문에 가족이 다시 모여 살 수 없었다. 그 동안에도 그는 아내와 자식을 하루도 잊은 적이 없었다.

얼마 후 시내 딱한 사정생 일가는 모두 서울로 올라오고, 아내도 지난해 겨울 서울로 올라와 바에서 여급 노릇을 한다. 그는 술집에서 일하는 어머니 아래에서 자식을 키우게 할 수 없어, 1개월 전쯤 자식을 몰래 데려왔다. 그로부터 일주일 후, 그는 아내를 만나 자식을 위해 다시 살자고 청했으나 아내는 시부모와 함께 살지 못하겠노라며 거부했다.

시내 딱한 사정생의 부모는 방종한 아내를 포기하고 새장가를 가라고 보챈다. 자식 내외가 이혼만 하지 않았을 뿐 2년 동안 별거해 왔으니 부모 입장에서는 어쩌면 당연한 요구였다. 그러나 그는 자식을 계모 밑에서 자라게 하는 게 딱하기도 하고, 아내에 대한 미련이 남기도 해서 새장가 들라는 부모의 요구를 거절한다.

그러다 얼마 전 그는 부모의 성화에 못 이겨 결국 젊은 미망인과 결혼했다. 결혼 후에도 그는 자식이 울 때마다 가슴에 못을 박는 것 같아 한없이 눈물만 흐른다. 시내 딱한 사정생은 지금 결혼한 여자와는 이때까지 관계를 가지지 않았다며, 어떻게 해야 자식에게 불만 없이 해결되겠는지 물었다.[28]

얼핏 보면 시내 딱한 사정생의 사연은 아내에게 버림받은 젊은 남편의 슬픈 순애보인 것처럼 보인다. 그러나 따지고 보면 꼭 그렇지만도 않다. 그가 아내를 찾아가 동거를 요구한 것은 3주 전의 일이고, 그 후 아내와 이혼했다는 설명도 없이 대뜸 부모의 성화로 미망인과 결혼했다고 털어놓는다. 따라서 그의 재혼은 정상적인 결혼이 아니라 제2부인 혹은 첩을 얻은 것에 가깝다. 전처에 대한 사랑 때문에 재혼한 여자와 이때까지 관계를 못 맺고 있는 것처럼, 그리고 그것이 아주 큰 희생인 것처럼 기술했지만, 관계를 맺지 않은 기간은 기껏해야 2주 남짓에 불과했다. 전처를 위한 희생 치고는 아주 보잘것없는 일이었다.

답변을 맡은 소설가 이태준은 자신을 위한 길과 아이를 위한 길 두 가지로 나눠서 생각해 볼 것을 권한다. 이태준은 그가 전처를 사랑하지 않았으니 재혼을 했을 것이며, 그의 힘으로 여급 노릇을 하는 전처를 구해 낼 수 없는 한, 자신의 장래를 위해서는 새로 얻은 부인과 사는 게 좋다고 본다. 또한 카페 여급으로 일하는 친어머니보다는 계모라도 현숙한 어머니 밑에서 자라게 하는 것이 아들의 장래를 위해서도 낫

다고 조언한다. 결국 이태준은 자신을 위해서든 자식을 위해서든 아내를 버리는 수밖에 없다는 것이다.[29]

사연의 내용만 가지고는 시내 딱한 사정생 부부가 파국에 이른 근본 원인이 남편의 무능에 있었는지, 아내의 허영심에 있었는지 판단하기 어렵다. 아내가 돌도 지나지 않은 아이를 데리고 친정으로 돌아가 취직하게 된 이유는 단지 생활고 때문만은 아니었으리라. 아내가 시부모와 동거할 수 없다고 재결합을 거부한 것을 보면 시부모와의 갈등도 상당했을 것 같다. 물론 이 사연의 경우 남편과 자식이 있는 몸으로 바의 여급이 된 아내의 잘못이 더 커 보인다.

남편과 아들을 버리고 바에서 여급 노릇을 하고 있는 아내가 돌아오기를 기다리는 시내 딱한 사정생의 처지는 남성중심주의 사회에서 집 나간 남편을 기다리는 아내의 처지와 흡사했다. 이러한 의미에서 아내의 가출과 외도는 남성중심주의에 대한 저항의 성격도 지니고 있었다. 그러나 모든 남편이 시내 딱한 사정생처럼 아내에게 집으로 돌아와 달라고 읍소하지는 않았다. 흔히 남편들은 애인과 눈이 맞아 도주한 아내를 끝까지 추적해 간통죄로 형사처분을 받게 하거나, 폭력으로 분풀이한 후 이혼하거나, 다음 사연의 주인공처럼 아내와 정부를 찾아내 죽이고자 했다. 남성중심적 질서를 교란시킨 아내에 대해 남편들은 지극히 남성중심적인 방식으로 대응한 것이었다.

사연의 주인공은 몇 해 전 김 모라는 여자와 결혼한 서른한 살 남성이다. 그는 생활이 어려워 아내를 고향인 평북 삭주에 두고 자신만 황해도에 나가 돈벌이를 하고 있었다. 그런데 근래 아내는 동네에 사는 이 모라는 자와 눈이 맞아 어디론가 도주해 버렸다. 사연의 주인공은 "분함을 참지 못하고 두 사람의 행방을 찾아 모두 죽여 버리려" 하는데 어찌해야 하는지 물었다.[30]

언제 돌아올지 모르는 남편을 기다리기에 아내는 너무 젊었을 수 있다. 물론 그렇다고 가정을 위해 돈 벌러 간 남편을 버리고 외간 남자와 도주한 아내의 행동이 정당화될 수는 없었다. 여기까지는 남편의 처지를 동정할 만하다. 하지만 아무리 냉정한 아내라고 죽이겠다는 말은 지나친 반응이었다.

답변을 맡은 E 기자는 사연의 주인공이 처한 기막힌 사정은 동정하지만, 그의 계획에는 절대로 찬성할 수 없다고 지적한다. 변심한 아내의 행방은 찾아서 무엇하며 더구나 죽여 버린다는 것이 가당한 말이냐는 것이다. 사랑하는 아내를 위해 생명을 바치는 것도 생각할 여지가 있거늘 남편을 배반한 부정한 아내를 위해 인생을 망칠 이유가 없다며 아내의 행방조차 찾지 말라고 조언한다. 그는 "이 세상은 아내도 사랑도 모두가 돈"이라며, 모든 것을 냉정히 생각해서 새로운 생활을 위해 힘차게 준비하라고 당부한다.[31]

이 사연의 경우 정부와 도주한 아내의 책임이 더 크지만, 아내를 돌보지 않은 남편의 책임도 없지는 않다. 아무리 생계를 위한 것이었다고 해도, 교통과 통신이 발달하지 않은 시절에 아내를 고향에 무작정 방치한 것은 현명한 처신이 아니었다. 집 나간 아내에게 복수할 방법을 강구하기 전에 스스로의 허물을 반성해 봄 직도 했지만 사연의 주인공은 아내의 행동에 분노할 뿐이었다. 남성중심주의적 가족 문화 탓에 남성이 불행해지는 역설적 상황에 직면한 셈이었다.

1930년대 신문 독자문답란에는 아내의 외도나 가출로 고민하는 남편들의 다양한 사연이 등장한다. 앞의 사연처럼 변심한 아내를 죽이겠다고 덤비는 남편도 있었지만, 평양 일 독자처럼 용서하고 싶지만 주위의 이목이 두려워 이혼을 고민하는 남편도 있었다.

평양 일 독자는 3년 전 김 모라는 여인과 결혼한 스무 살 청년이다.

조혼 연령을 갓 넘긴 어린 부부치고는 금슬 좋게 지냈다. 그러나 반년 전 아내가 친정에 다녀온 후 가정에 파란이 일어난다. 우연히 아내의 반지 그릇을 뒤지던 평양 일 독자가 외간 남자의 사진을 발견한 것이다. 수상하게 생각한 그는 아내를 족치고 묻는다. 아내는 "부득이한 사정"으로 친정 근처의 어떤 남자와 불의의 관계를 맺었고, 그 이후 친정을 갈 때마다 줄곧 관계를 맺어 왔다고 고백한다.

평양 일 독자는 "그런 말을 듣고 그냥 그를 데리고 살 수는 없는 일이라" 아내를 친정으로 쫓아 버린다. 얼마 후 아내는 장인과 함께 찾아와서 전연 그런 일이 없었다고 변명하며 돌아와 함께 살게 해 달라 애걸한다. 그는 "결코 그 청을 들어 주려고는 생각지 않으나 그 역시 인정상 딱 거절하기 어려운 것이 사실"이라며 어찌해야 좋은지, 이혼을 한다면 어떤 수속을 밟아야 하는지 물었다.[32]

사연에 기록된 내용만 가지고는 진실이 무엇인지 판단하기 어렵다. 외간 남자의 사진을 보관하고 있었던 점으로 보아 아내가 그 남자를 마음에 품고 있었던 것은 사실이라고 생각된다. 그러나 그 남자와 불의의 관계를 맺었다거나 그 관계가 지속적으로 이어졌다는 등 아내를 "족치고 물어서" 얻은 고백을 전적으로 신뢰하기는 어렵다. 설령 아내의 고백이 사실이었다 하더라도, 아내가 "불의의 관계"를 맺은 것은 불과 6개월 전이었고, 그 당시 아내들의 친정 나들이가 빈번하지 않았음을 고려하면 외도의 횟수 자체도 그리 많지는 않았을 것이다.

평양 일 독자는 주변 사람들의 조소가 두려워 이혼하겠다고 허세를 부리고 있지만, 속으로는 용서할 마음이 없지 않았다. 장인까지 데려와 재결합을 애걸하는 아내의 청을 들어 주고 싶지 않았다면, "인정상 딱 거절하기 어려운 것"이라고 고민을 토로하지는 않았으리라. 아내의 외도에 대한 남편의 대응은 남성중심주의적 사회의 제약을 받을 수밖에 없었다. 아내의 부정은 남편이 용서해 주고 싶다고 혼자 결정할 수 있는 문제는 아니었다.

답변을 맡은 기자는 평양 일 독자의 아내가 불륜을 저지르고도 수시로 말을 바꿔 가며 변명을 늘어놓을 뿐, 과거를 진심으로 뉘우치고 사죄하지 않는다고 비판한다. 남편 있는 여자가 딴 남자와 "불의의 관계"를 맺는 것은 올곧은 태도가 아니며, 의좋은 남편을 저버리고 "오입을 한다."는 것은 미더운 태도가 아니라는 것이다. 그러나 아내에 대한 비판은 남편의 반성을 끌어내기 위한 전제에 불과했다.

기자는 남편에게 아내가 정조의 의무를 저버린 것을 비난하려거든 남편 역시 정조의 의무를 저버리지 않았는지 반성해 볼 것을 주문한다. "오직 여자의 정조만을 강제한다는 것은 옛 시대의 썩은 도덕"일 뿐이라는 것이다. 그는 "어째서 당신 부인의 오입은 죄로되 당신의 오입은 죄가 아니라고 봅니까?"라고 물으며, 남자가 오입하듯이 여자도 오입할 수 있다는 의미가 아니라, 여자의 오입이 죄라면 남자의 오입도 죄요, 남자의 오입을 용서할 수 있다면 여자의 오입도 그와 같이 용서할 수 있다고 주장한다. 기자는 사연에 나타나지도 않은 남편의 외도 경험을 환기시키며 아내를 용서할 것을 당부한다. 간통의 증거가 명백한 만큼 법적으로 이혼할 수 있을 뿐만 아니라 간통죄로 아내와 그의 상간자를 처벌할 수도 있지만, 법대로만 살 수는 없으니 용서하라는 것이었다.[33]

평양 일 독자는 사연에서 자신이 아내를 위해 정조의 의무를 지켰는지 그렇지 않은지에 대해 어떤 암시도 하지 않았다. 그럼에도 불구하고 기자는 너무도 당연히 그가 정조의 의무를 지키지 않았을 것이라 단정하고 논리를 이어 간다. 그 시대에 한국 남성은 그가 비록 약관의 어린 남편이라 할지라도, 남편으로서 정조의 의무를 지키지 않았다고 단정해도 좋을 만큼 남성의 외도가 당연시되었던 것이다.

때로는 친정에서 돌아오지 않겠다고 버티던 아내가 뒤늦게 찾아와 함께 살자고 요구해 고민하는 남성도 있었다. 황주 일 독자는 2년 전 결혼한 스무 살 기혼 남성이다. 결혼한 후 1년 동안은 아내와 재미있게 지냈다. 그러나 결혼 1년째 되던 겨울, 친정에 간 아내는 이듬해 봄이 되어도 돌아오지 않았다. 그가 찾아가서 돌아가자고 재촉하자, 아내는 "나는 너와는 살 수 없으니 못 가겠다."라고 했다. 그는 그러라고 하고 혼자 집으로 돌아왔다. 아내는 한동네에 사는 남자와 정을 통해 집으로 돌아가지 않겠다고 버텨 왔던 모양인데, 지금은 그 남자와도 헤어진 모양이었다. 이혼 수속을 밟지 않아 아내는 여전히 그의 호적에 이름이 올라 있는 상태였다.

1년 동안 소식이 없었던 아내는 최근 병이 들어 죽게 되니 그를 찾아와 같이 살겠다며 병을 고쳐 달라고 요구했다. 황주 일 독자는 "더럽기가 창기보다 더한" 아내와는 도저히 같이 살 수 없다며, 아내의 약값을 자신이 물어야 하는지, 집으로 돌아오겠다는 아내를 못 오게 해도 상관없는지, 간통한 남자가 확실히 있는데 이혼해야 할지, 같이 살아야 할지 물었다.[34]

답변을 맡은 C 기자는 그런 부정한 아내와는 살 수가 없을 것이라며 황주 일 독자의 처지를 동정한다. 아내가 별거 기간 동안 다른 남자와 동거한 사실이 확실하다면 아직 호적에 남아 있다고 하더라도 어렵지 않게 이혼할 수 있다고 지적한다. 또 아내의 약값을 물어 주지 않아도 되고, 동거 요구를 거절해도 상관없다며 "그 여성과 살고 안 사는 것은 당신이 결정에 하기에 달린 것이므로 이 문제는 당신이 스스로 잘 처리하라."고 조언한다.[35]

아내가 친정에서 돌아오기를 거부하는 순간 이혼이라는 법적 절차를 마무리 지었다면 이 같은 고민은 불필요했으리라. 그러나 1930년대 한국 사회는 결혼에 대한 인식이 사실혼에서 법률혼으로 이행되는 과도기였다. 남녀를 막론하고 결혼의 권리와 의무에 대한 혼란을 겪었다. 많은 경우 남성이 그런 제도적 혼란을 악용했지만, 황주 일 독자의 아내처럼 여성이 그렇게 하는 사례도 없지 않았다.

아내의 요구로 정식으로 이혼했는데, 이혼한 아내가 다시 나타나 함께 살자고 요구해 고민하는 남성도 있었다. 인천 일 청년은 5년 전 A라는 여자와 정식으로 결혼해 다섯 살 난 사내아이와 세 살 난 딸을 얻은 기혼 남성이다. 형편이 넉넉한 편이라 별다른 어려움 없이 지내 왔다. 문제는 아내였다. 아내는 그가 아무리 사랑하여도 받아 주지 않고, 언제나 불만을 품고 언행을 함부로 하며, 해마다 달아나는 버릇이 있었다. 그러나 그는 아이들을 위해 모든 것을 참아 왔다.

2년 전 아내는 사소한 일로 다투고 딸을 데리고 집을 나갔다. 그가 백방으로 찾으려고 노력했지만 행방이 묘연했다. 아내는 주소도 없는 엽서를 보내 이혼해 달라고 요구했다. 알아보니 아내는 어떤 남자와 동거하고 있었다. 인천 일 청년은 아내와 이혼해 주고 자신의 사정을 누구보다도 잘 이해해 주는 C라는 여자와 재혼해 생활의 안정을 찾고 있었다. 그런데 A는 동거하던 남자에게 버림받고 다시 그의 가정에 들어와서 아내에게 행악하며 가정에 풍파를 일으켰다. 인천 일 청년은 전처가 아이들의 친어머니라 함부로 대할 수 없지만, 전처와는 일생을 원만히 지낼 수 없는 것을 잘 안다며, 그래도 자식을 위해 전처를 용서하고 맞아 들여야 하는지 물었다.[36]

답변을 맡은 기자는 그의 전처는 과연 주책없는 여자인 동시에 정조 관념이 전혀 없는 딱한 여성이라고 단정한다. 그러나 전처가 이유 없이 자주 가출했다는 것은 납득하기 어렵다고 말한다. 인천 일 청년이 기술하지 않은 부부 갈등이 존재했을 것이라는 추측이었다. 하지만 그가 이미 C라는 여성과 재혼한 이상, 아들을 위해서 전처를 다시 맞아들인댔자 원만한 가정을 건설하기는 어렵다고 지적한다. 그의 말처럼 전처가 방종한 여성이라면 아이들에게도 진실한 사랑과 교양을 줄 수 없을 것이며, 전처를 다시 맞는다면 이미 재혼한 후처는 어떻게 하느냐는 것이었다. 결국 기자는 전처를 그릇되지 않은 길로 인도해 주고, 후처와 결혼 생활을 계속하라고 조언한다.[37]

1930년대 한국 사회에서 아내의 외도에 대한 법과 제도, 윤리와 관습은 남성에게 절대적으로 유리했다. 남성들은 외도한 아내를 윤리적으로 매장해 버릴 수도 있었고, 간통죄로 형사처분을 받게 할 수도 있었다. 그러나 남성중심주의 사회에서 아내가 외도를 했다는 것은 남성으로서 엄청난 수치였다. 아내의 외도로부터 남편을 보호할 법과 제도가 충분히 갖추어졌다 하더라도, 남성으로서의 수치심 때문에 외도한 아내를 공개적으로 제재하기 어려운 처지였다. 더욱이 그 아내가 아들을 낳았다면, 아내의 허물을 공개하는 것은 아들의 장래를 위해서도 조심스러울 수밖에 없었다. 그 때문에 아내의 외도가 드러나면 남편들은 남성성을 과시하며 과장되게 허세를 부리거나, 주위에 알려질까 두려워 남몰래 고민하는 수밖에 없었다. 남녀에게 불공정한 가족 문화는 남성에게도 크나큰 고민거리를 안겨 주었던 것이다.

"외도를 하면
배우자에게 더
충실할 수 있다."

1930년대 한국 사회는 조혼, 축첩, 가부장제 등 구시대 인습과 자유연애, 연애지상주의, 남녀평등 등 서구에서 도입된 신문화가 혼재돼 가정윤리가 몹시 혼란스러웠다. 급격한 사회변동 과정에서 종래의 규범은 힘을 잃었고, 새로운 규범의 체계는 아직 확립되지 않아 규범이 혼란에 빠진 전형적인 아노미(anomie) 상태였다. 이러한 상황에서 아내의 외도를 남성중심주의 사회에 대한 저항으로 간주하며 윤리적으로 정당화하려는 극단적인 사례도 있었다. 이를 나혜석의 「이혼 고백장」(1934)에서 확인할 수 있다.

나혜석은 1927년부터 2년 동안 남편 김우영과 함께 유럽과 북미 지역을 여행했다. 여행 중 나혜석이 파리에 머무는 동안 남편은 독일을 방문해 넉 달 남짓 부부가 떨어져 지낸 적이 있었다. 나혜석은 파리 유학생 모임에 나갔다가, 역시 유럽과 북미 지역을 시찰 중이던 천도교 지도자 최린을 만났다. 가벼운 데이트에서 시작된 두 사람의 관계는 육체적 관계로까지 발전했다. 남편이 독일에서 돌아온 후 나혜석은 최린과의 관계를 정리했다. 그 후 독일 쾰른에서 최린과 조우했을 때 두 사람은 이런 대화를 나눴다고 한다.

> "나는 공을 사랑합니다. 그러나 내 남편과 이혼은 아니 하렵니다." 그는 내 등을 툭툭 두드리며 "과연 당신의 할 말이오. 나는 그 말에 만족하오." 하였사외다.[38]

최린을 사랑하지만, 남편과 이혼하지 않겠다는 말은 무슨 뜻이었을까? 최린도 사랑하고, 남편도 사랑한다는 뜻일까? 아니면 사랑과 결혼을 분리하여 사랑은 최린과 하고, 결혼 생활은 남편과 하겠다는 뜻이었을까? 도무지 이해하기 어려운 말이다. 하지만 유부녀와 부적절한 관계를 맺은 최린이 나혜석의 말에 만족한 것은 이해하기 어렵지 않다. 종교 지도자로서 사회적으로 지탄받아 마땅한 불륜을 저질렀는데, 여자 쪽에서 먼저 덮어 두겠다고 하니, 최린으로서는 만족할 수밖에. 나혜석은 친구와 이런 대화도 나눴다고 한다.

> 나는 제네바에서 어느 고국 친구에게 "다른 남자나 여자와 좋게 지내면 반면으로 자기 남편이나 아내와 더 잘 지낼 수 있지요." 하였습니다. 그는 공명하였습니다. 이와 같은 생각이 있는 것은 필경 자기가 자기를 속이고 마는 것인 줄은 모르나 나는 결코 내 남편을 속이고 다른 남자, 즉 C를 사랑하려고 하는 것은 아니었나이다. 오히려 남편에게 정이 두터워지리라고 믿었사외다.[39]

"외도를 하면 배우자에게 더 충실할 수 있다."

오늘날에도 속된 남성들이 술자리에서 가볍게 주고받는 말이다. 이는 물론 외도를 합리화하기 위한 남성들의 왜곡된 인식일 따름이다. 그런데 똑같은 말을 80여 년 전, 한국을 대표하는 신여성 나혜석이 친구에게 했고, 친구 역시 그 말에 동의했다. 여기에 그치지 않고 나혜석은 남편과 정이 더 두터워지리라고 믿고 최린과 불륜을 맺었다고 잡지 지면에 공개적으로 고백했다. 불륜을 합리화하기 위한 변명으로 보기에는 너무나 확신에 찬 진술이었다. 적어도 나혜석은 진심으로 자신의 외도가 남편을 더 사랑하기 위한 방편이었다고 믿었던 것이다.

나혜석, 김우영 부부와 최린. 파리에서 불륜 사실이 드러난 후
나혜석은 이혼당하고 사회적 지탄을 받았지만, 상대방이었던 최린은
불륜에도 아랑곳없이 천도교 교단의 최고직인 도령에 올랐다.

나혜석이 이처럼 당당할 수 있었던 것은 그녀의 외도가 남녀 간의 불평등한 정조 의무에 대한 조소 내지 저항의 의미를 담고 있었기 때문이었다.

조선 남성의 심사는 이상하외다. 자기는 정조 관념이 없으면서 처에게나 일반 여성에게 정조를 요구하고 또 남의 정조를 빼앗으려고 합니다. 서양이나 도쿄 사람만 하더라도 내가 정조 관념이 없으면 남의 정조 관념 없는 것을 이해하고 존경합니다. 남의 정조를 유인(誘引)하는 이상 그 정조를 고수하도록 애호(愛護)해 주는 것도 보통 인정이 아닌가. 종종 방종한 여성이 있다면 자기가 직접 쾌락을 맛보면서 간접으로 말살시키고 저작(咀嚼)시키는 일이 불소(不少)하외다. 이 어이한 미개명(未開明)의 부도덕이냐.[40]

나혜석의 주장처럼 정조 관념이 없는 남성이 여자에게만 정조의 의무를 강요하는 것은 공평하지도 정당하지도 않았다. 그 시대가 여성 차별이 법적·제도적으로 고착된 시대였음을 고려하면, 나혜석의 주장에 어느 정도 공감은 간다. 그럼에도 불구하고 그것이 남성중심주의에 저항하는 바람직한 대안이 될 수는 없다. 일부일처제를 근간으로 하는 가족제도의 폐지를 요구하지 않는 한, 부부 간 정조의 의무는 지켜져야 한다. 사회가 부부 간 정조의 의무를 불평등하게 요구한다면, 남성의 외도를 막을 방법을 모색해야 한다. 남성의 외도를 용인하는 것처럼 여성의 외도도 용인해 달라고 요구하면 가족제도의 근간이 붕괴되고 만다.

나혜석이 여성의 외도에 대해서 왜곡된 인식을 가지게 된 근본 원인은 그 당시 한국 사회가 남성의 외도에 대해 지나치게 너그러웠기 때문이었다. 남편은 외도를 하고 다른 여자와 딴살림을 차려도, 심지어 첩을 두세 명씩 얻어도 문제 될 것이 없었다. 오히려 아내와 가정에 충실한 남성을 '처시하(妻侍下)'라 하여 어딘가 모자란 인간으로 취급했다. 이렇듯 남성의 외도가 광범위하게 용인된 사회에서, 아내가 외도를 한다면 남편들은 아내의 허물을 탓하기 전에 자신의 허물부터 돌아보아야 했다.

4장

여성 수난사

1 고부 갈등의 탄생

📖 남편이 외지 간 후 시부모 학대가 심해요 (평북 일 고민생)

저는 금년 22세 된 기혼 여자이온데 제가 열여섯 살 때 부모님의 뜻대로 결혼을 하였습니다. 결혼한 지 얼마 안 되어 남편은 만주와 천진, 상해 등지로 떠다니면서 집에는 1년에 한 달쯤밖에 있지 않습니다.

그런데 딱한 사정은 재작년에 딸까지 하나 낳았는데도 불구하고 시부모와 남편이 여러 가지로 말썽을 일으켜서 이혼하자고 야단입니다. 본래부터 혼인계는 않았지요. 이럭저럭 쓸쓸한 세월을 보내다가 친정아버지 제사에 왔더니 그 이튿날 나의 농이며 식기 등속을 모두 실어다 두고 오늘부터 이혼한다고 합니다. 그래 그 이튿날 시가로 가서 시비를 캐 보았으나 종시 끝이 안 나고 저는 그대로 친정에 돌아와서 작년 여름을 났지요. 그런데 작년 7월에 다시 남편이 찾아와서 또 살자고 하더군요. 어린 것을 업고서 기뻐서 남편을 따라가서 혼인계도 하고 재미있게 살았어요. 그러나 남편이 또 금년 정월에 석가장(石家莊)으로 가서는 도무지 소식이 없습니다. 시부모는 날마다 보기 싫다고 너 갈 데로 가라고 하오니 이런 딱한 일이 어디 또 있겠습니까.

🗨 친정 갈 생각 말고 남편 오길 기다리시오 (이태준)

지금 당신의 문제는 비교적 간단히 생각할 수 있습니다. 남편이 싫다고 전과 같이 친정으로 쫓는다면 그것은 큰 문제겠지만 지금은 혼인계까지 정식으로 하지 않았습니까? 더구나 한 번 싫다던 남편이 자진해서 데리러 왔고 또 혼인계까지 해 주었으니 남편과의 문제는 원만히 해결된 것입니다.

다만 지금 그가 객지에 간 것은 당신의 남편이 볼일이 있어서 출타한 것에 불과합니다. 그러니까 지금 당신 시집은 곧 당신의 집입니다. 법률상으로도 그 집 호적에 들었으니까 친정집을 당신 집으로 생각할 필요는 아주 없어졌습니다. 시집은 시부모의 집만이 아니라 당신의 집이기도 하니까 조금도 물러나거나 피할 생각 말고 당신의 위치를 끝까지 지켜야 합니다.

아들이 싫어하다가 다시 데려오는 바람에 몽매한 시부모면 전보다 더 당신을 미워하고 시기할지도 모릅니다. 그러니까 옆에 있으면서 잘못하는 일이 없어야지 친정에나 멀리 가 있으면 무슨 모함을 꾸밀지도 모릅니다. 결코 친정에 가지 말고 딸 잘 기르시고 시부모를 역시 웃어른으로 잘 섬기고 남편이 오기를 기다리십시오.

―「어찌하리까」 1939. 8. 2.

평북 일 고민생은 세 살 난 딸까지 둔 결혼 6년 차 주부였지만, 나이는 고작 스물두 살에 불과했다. 결혼 직후부터 남편이 해외로 떠돌며 일

년에 한 달 남짓 집에 들른 것을 보면 부부 사이에 정이 깊지는 않았던 것 같다. 남편 없이 시부모와 동거하다 보면 고부 갈등이 깊어지는 것은 불가피했다.

평북 일 고민생은 결혼하면서 혼인신고를 하지 않았다. 결혼 당시 남편 연령이 17세 미만이라 혼인신고가 불가능했을 수도 있고, 당시 시골에서 흔히 그랬던 것처럼 혼인신고의 중요성에 대해 무지해서 별 생각 없이 미뤄 왔을 수도 있다. 어떤 경우건 아들이 태어나면 아들을 호적에 올리기 위해서라도 혼인신고를 하는 게 일반적이었지만, 평북 일 고민생은 재작년에 딸을 하나 낳았을 뿐이다. 시부모로서는 대를 이을 손자가 태어나지 않았으니 손녀건 며느리건 서둘러 호적에 올릴 필요가 없다고 판단했으리라.

시부모가 평북 일 고민생에게 이혼을 통보하는 방식은 너무나 극단적이었다. 며느리가 아버지 제사를 지내러 친정에 간 사이, 시부모는 며느리의 가재도구를 사돈집까지 싣고 와서 이혼을 통보한다. 사연에 기술된 대로라면 평북 일 고민생은 못된 시부모 아래에서 가혹한 시집살이를 했던 것처럼 보인다. 그러나 행간을 들여다보면 꼭 그렇지만도 않았다.

"시부모와 남편이 여러 가지로 말썽을 일으켜서 이혼하자고 야단"인데, 며느리는 "이럭저럭 쓸쓸한 세월"을 보내다 친정아버지 제사 때에야 친정을 방문한다. 시부모와 남편의 집요한 이혼 요구를 무시한 채 한동안 시집에서 버틴 것이다. 시부모가 사돈집에 며느리의 가재도구까지 싣고 와 이혼을 통보했다는 것은 그처럼 극단적인 방법을 써야 했을 만큼 며느리가 시부모의 이혼 요구에 강하게 저항했음을 암시한다. 평북 일 고민생은 가혹한 시집살이를 한 며느리였다기보다는 시집살이를 시키려는 시부모에게 반항한 며느리였다.

평북 일 고민생은 작년 여름을 친정에서 보내고, 그해 7월 남편을 따라 시집으로 돌아간다. 그녀가 말한 7월이 음력 7월이라 하더라도 남편과 별거한 시간은 길어야 한두 달이다. 남편을 앞세워 시집으로 당당하게 귀환한 그녀는 혼인계부터 제출한다. 남편과의 사랑을 회복한 데다 혼인신고까지 마침으로써 아내로서 그녀의 지위는 확실해졌다. 그러나 역마살이 있는 남편이 항상 그녀 곁에 머물지는 않는다는 게 문제였다. 남편이 다시 중국으로 떠난 그해 정월부터 시부모는 그녀에게 날마다 "보기 싫다고 너 갈 데로 가라."고 구박한다. 평북 일 고민생은 "이런 딱한 일이 어디 있겠느냐."며 어떻게 해야 할지 물었다.

　　시집살이는 가부장제와 대가족제를 기반으로 했던 전통 한국 가정에서 여성을 억압한 대표적인 인습이었다. 결혼한 여성이 시집에 들어가서 살림살이하는 것이라는 시집살이의 사전적 정의에는 부정적인 의미가 포함되어 있지 않다. 그러나 "귀머거리 삼 년, 장님 삼 년, 벙어리 삼 년"이라는 속담이 암시하듯 며느리에게 무조건적인 순종과 희생을 강요한 시집살이는 젊은 여성들에게 실제적인 공포의 대상이었다. 이렇듯 반여성적인 시집살이 풍속이 언제 시작되었는지 정확히 알 수는 없지만, 삼종지도(三從之道), 칠거지악(七去之惡), 출가외인(出嫁外人), 남불언내 여불언외(男不言內 女不言外) 등 유교적 여성 윤리가 확립된 조선 시대에 한국의 특수한 가족 문화로 정착된 것은 분명하다.

　　넓은 의미의 갈등에는 어느 한쪽의 일방적인 학대도 포함되지만, 일반적인 의미의 갈등은 쌍방의 대립과 충돌을 의미한다. 따라서 시어머니가 며느리를 일방적으로 학대한 전통적인 시집살이를 고부 갈등으로 보기는 어렵다. 시어머니와 며느리가 한 남성을 두고 격렬히 대립한 고부 갈등은 여성의 권리에 대한 인식이 형성되기 시작한 근대 이후에 등장했다고 보는 것이 타당하다.

평북 일 고민생은 근대 여성으로서의 면모와 전근대 여성으로서의 면모를 동시에 지니고 있었다. 그녀가 시부모의 부당한 대우에 저항한 것은 근대 여성으로서의 면모였다. 조선 시대였다면 시어머니가 친정으로 내쫓으면 며느리는 잘못이 있건 없건 눈물로 사죄해야 했고, 그래도 용서받지 못한다면 시어머니의 화가 풀릴 때까지 친정으로 돌아가 근신해야 했다. 평북 일 고민생처럼 이혼을 통보한 시어머니를 찾아가 시비를 따진다는 것은 상상할 수 없는 일이었다. 처음 시집에서 쫓겨났을 때 법적인 대응 방법이 없었던 것을 교훈 삼아 시집으로 돌아와 잽싸게 혼인신고부터 한 것이나, 신문에 사연을 보내 고민을 상담한 것 역시 근대 여성으로서의 면모였다.

하지만 시부모와 합심해 자신을 내쫓은 남편이 친정으로 찾아와 다시 살자고 청했을 때, 남편을 원망하기는커녕 기쁜 마음으로 시가로 돌아가 재미있게 산 것은 전근대 여성으로서의 면모였다. 그녀는 여전히 남편의 사랑을 기다리고 남편의 그늘에서 보호받고자 하는 수동적이고 종속적인 존재였다. 평북 일 고민생은 시부모의 부당한 대우에 대해서는 근대 여성으로서 저항했지만, 남편에 대해서는 전근대 여성으로서 순종했던 셈이다.

답변을 맡은 이태준은 인간에 대한 따뜻한 시선과 서정적인 문체로 유명한 소설가이자 문예지 《문장》의 주간이었다. 진보적인 여성관을 가진 인물은 아니었지만, 그렇다고 보수적이라 할 수도 없는 인물이었다. 이태준은 그 시대의 평균적인 윤리 의식을 보여 주는 지식인이었고, 그의 답변에는 고부 갈등에 대한 그 시대 지식인들의 이중적인 태도가 드러난다.

이태준은 우선 정식으로 혼인신고를 했고, 부부 간의 갈등은 원만히 해결된 상태이므로 시부모의 의지만으로 평북 일 고민생을 쫓아낼 수 없다는 것을 지적한다. 호적에 정식 아내로 등재된 이상 시집은 그녀의 집이기도 하다며 시부모가 전보다 더 시기하고 미워할지도 모르지만 절대 시집에서 나오지 말라고 주문한다.

시부모의 부당한 요구에 저항하라고 조언한 점에서 이태준 역시 평북 일 고민생처럼 고부 갈등에 대해 어느 정도 근대적인 시각을 지니고 있다고 볼 수 있다. 하지만 그녀가 시집에서 버티는 방법으로 딸을 잘 기르고, 시부모를 잘 섬기며, 남편이 돌아오기를 기다리라는 등 전통적인 며느리의 미덕을 회복할 것을 권유한다. 고부 갈등의 해결 방식에 대해서는 전근대적 인식에서 벗어나지 못한 셈이었다. 그가 여성 권리에 대해 근대적 인식을 지닌 답변자였다면, 허심탄회한 대화를 통해 시부모와 문제를 해결하게 하거나 사회단체나 공공 기관에 중재를 요청하고 그래도 안 되면 남편에게는 이혼을 청구하고 시부모에게는 정신적·육체적 고통에 대한 위자료와 손해배상을 청구하라는 등의 조언을 들려 주었을 것이다.

이처럼 평북 일 고민생의 사연은 근대적 고부 갈등의 초기 양상을 보여 준다. 그 시대 며느리들은 완전히 근대적인 방식으로 시어머니에 저항하지는 않지만, 조선 시대의 며느리처럼 시어머니에게 무조건적으로 순종하지도 않았다.

그러나 가부장적 가족 문화에 저항하는 신세대 며느리가 등장한 후에도 고부 관계에 대한 사회적 인식은 과거와 큰 차이가 없었다. 고부 갈등의 일차적인 원인은 며느리의 부덕(不德)에 있다고 보고, 며느리에게 반성과 변화를 요구하는 것이 일반적이었다. 시내 일 여성의 사연에 답변한 C 기자 역시 그러한 인식을 지니고 있었다.

시내 일 여성은 4년 전 결혼한 21세의 기혼 여성이다. 결혼 후 시어머니는 매일같이 욕을 하고 심지어 때리기도 한다. 시어머니가 그러하니 남편도 덩달아 때리고 욕을 해 댄다. 시아버지는 매일같이 술을 마시고 주정을 부린다. 시내 일 여성은 시부모와 남편이 모두 그 모양이라 도저히 한집에서 살 수가 없어서 남편과 이혼하려 하는데 어떻게 생각하는지 물었다.[1]

오늘날 시어머니와 남편이 매일 욕설과 구타를 일삼고 시아버지마저 허구한 날 술주정을 부리는 집에서 시집살이하는 여성이 있다면, 위자료와 생활비를 받고 이혼하는 게 당연할 것이다. 폭행에 대해서는 형사처분을 받게 할 수도 있다. 시내 일 여성은 그런 시집에서 4년씩이나 버텼다. 그녀로서는 참을 만큼 참은 셈이었다. 그러나 답변을 맡은 C 기자는 엉뚱하게 그녀에게 반성을 요구했다. 그의 논리는 다음과 같았다.

여기에서 먼저 당신은 당신 자신을 돌아보아야만 되겠습니다. 가정 평화는 무엇보다도 한 가정의 주부가 된 아내가 좌우하며, 행복과 불행 역시 마찬가지입니다. 그러면 왜 현재 당신은 온 집안 식구며 또한 제일 믿는 남편에게까지 박대를 받게 되었는가 하고, 깊이 당신의 성격이며 그 농안 해 온 일체 행동을 돌아보십시오. 먼저 이혼하려고 생각지 말고 한번 방향을 전환하여 지금까지 취해 온 모든 것을 바꿔 집안 식구며 남편에게까지 사랑받도록 힘써 보십시오. 그래도 안 되면 그것은 그때에 취할 문제입니다.[2]

사연에는 시내 일 여성이 시집에서 어떻게 행동했는지 전혀 기록돼 있지 않다. 그럼에도 불구하고 C 기자는 지레 며느리가 방종하니까 시어머니가 학대했을 것이라 짐작했다. 사실 여부와는 상관없이 C 기자는 시어머니에 순종하지 않는 며느리를 못마땅하게 여긴 것이다.

1930년대 한국의 가족 문화는 가정에 따라 상당한 차이가 있었다.

조선 시대 가족 문화를 그대로 답습하는 구가정이 있었는가 하면, 이른바 스위트홈으로 상징되는 신가정도 있었다. 이러한 양극단을 사이에 두고 다양한 편차를 지닌 가족 문화가 스펙트럼처럼 펼쳐져 있었다. 이렇듯 서로 다른 환경, 서로 다른 가족 문화에서 살아온 시어머니와 며느리가 한집안에서 동거하다 보면 문화적 충돌이 일어나는 것은 불가피했다. 그것은 누구의 잘못도 아니었고, 어느 한쪽에만 책임을 물을 수도 없었다. 문제의 해결을 위해 필요한 것은 며느리의 반성이 아니라 시어머니와 며느리 상호 간의 대화와 이해, 그리고 배려였다.

며느리가 시집의 가족 문화에 적응하는 데 어려움을 겪는다면, 시어머니는 응당 며느리가 하루빨리 적응할 수 있도록 돕고 격려해야 했다. 하지만 시내 일 여성의 시어머니는 며느리가 마음에 들지 않는다고 폭언과 폭행을 일삼았다. 시어머니와 남편의 폭언과 폭행에 대해서는 침묵한 채 며느리에게만 반성을 요구하는 C 기자의 조언은 궤변에 지나지 않는다. 설령 며느리가 먼저 잘못을 저질렀더라도 반성해야 할 쪽은 그녀가 아니라 폭언과 폭행으로 문제를 해결하려 했던 시어머니와 남편이었다.

시어머니와 며느리의 관계가 적대적일 수밖에 없었던 이유는 삼종지도(三從之道)라는 유교의 여성 윤리에서 찾을 수 있다. 『예기(禮記)』에 의하면 "여자에게는 따라야 할 세 가지 도리가 있는데, 집에서는 아버지를 따르고, 출가해서는 지아비를 따르고, 지아비가 죽으면 아들을 따라야지, 감히 스스로 일을 이룰 수 없다."라고 한다.[3] 여성은 어려서는 아버지, 성장해서는 남편, 늙어서는 아들에게 의존해 한평생 남성을 따라야 한다는 의미였다.

삼종지도에 따르면 시어머니와 며느리는 동일한 남성에게서 삶의 의미와 자신의 정체성을 찾아야 했다. 따라서 고부 간에는 각자 자신의 삶을 대신할 주체인 한 남성을 놓고 우위를 확보하려는 적대적 관계가 형성될 수밖에 없었다. 다른 한편으로 남아선호와 효를 내세운 유교 윤리는 시어머니에게 상대적으로 높은 권한을 부여했다. 이런 이유에서 유교 윤리가 확고하게 자리 잡은 조선 시대에는 며느리의 무조건적인 순종을 요구하는 시집살이가 윤리적으로 정당화될 수 있었다.[4]

1930년대 한국 사회에도 여성 윤리로서의 삼종지도가 남아 있었다. 시어머니와 며느리에게 아들과 남편은 여전히 각자의 삶을 대신할 주체이자 존재의 의미였다. 그러나 여성 인권에 대한 인식이 형성되어 감에 따라 며느리는 더 이상 시어머니의 부당한 대우에 무조건 순종하지는 않았다. 그런 경우 시어머니와 며느리는 각각의 아들이자 남편인 한 남성을 자기편으로 만들기 위해 경쟁을 벌였다. 경쟁의 승패는 결국 그 남성이 누구의 손을 들어 주느냐에 달려 있었다. 그 시대 남성들은 대체로 아내보다 어머니 편을 드는 경우가 많았다. 개성 일 여성의 남편도 그랬다.

개성 일 여성은 시집살이를 하는 기혼 여성이다. 남편은 효성이 지극해서 어머니 말이라면 옳은 일이라도 하지 못하고, 그른 일이라도 하는 사람이었다. 부부 사이의 의가 좋았지만, 남편은 어머니가 나무라면 당치 않은 일도 곧이듣고 며칠씩 아내와 말도 섞지 않았다. 시어머니는 아들에게 며느리 모함을 자주 했는데, 그럴 때마다 남편은 아내에게 변명할 기회도 주지 않았고 어머니 편만 들었다. 개성 일 여성은 남편과 재미있게 지내다가도 시어머니만 끼어들면 정이 떨어지니 이런 폐단을 어떻게 극복할 수 있을지 물었다.[5]

답변을 맡은 B 기자는 문제를 근본적으로 해결하는 방법은 시부모와 별거하는 것이라고 지적한다. 하지만 그는 조선의 현실에서 분가가 쉽지 않을 것이라고 보았다.

B 기자는 시어머니와 남편을 설득하는 것이 차선책이지만, "그런 시어머니요, 그런 남편"을 붙잡고 설득한다고 소용이 있을 리 없고 도리어 반감만 살 가능성이 크다고 지적한다. 결국 그가 제안하는 현실적인 대안은 잠자코 바느질이나 빨래 같은 데 마음을 쓰다가 남편의 마음이 풀어진 때 좋은 말로 성낸 까닭을 묻고, 시어머니에게 빈정거리지 말고 변명하는 것이었다.[6]

분가라는 당시로서는 획기적인 해결 방식을 제시하기도 했던 B 기자였지만, 실현 가능한 대안이라며 제시한 것은 고작 전통적인 며느리의 도리를 다하라는 것이었다. 물론 효성이 지극한 남편과의 사랑을 회복하려면 그 방법밖에 없었을테지만 그것이 결코 바람직한 대안은 아니었다.

고부 갈등은 아내의 권리 이전에 어머니의 권리와 관련된 문제였다. 설령 어머니의 잘못이 크다 하더라도 효성이 지극한 아들이라면 어지간해서는 아내 편을 들어 주기 어려웠다. 고부 갈등은 중간에 낀 남성들에게도 크나큰 고민거리였다. 어떤 시어머니는 아들 부부 사이를 갈라 놓기 위해 며느리가 자신을 죽이려 했다고 모함하기도 했다. 대전 일 청년의 어머니가 바로 그런 시어머니였다.

대전 일 청년은 6년 전 부모의 강요로 결혼했다. 연애결혼이 아니라 부모에 의한 중매결혼이었다. 시부모가 직접 고른 며느리였건만 며느리는 순종하지 않고 시부모와 사사건건 충돌했다. 그는 아내의 나이가 어려서 그런 것으로 생각하고 시간이 가면 나아질 것으로 기대했지만 아내는 좀처럼 변하지 않았다. 부모는 아들에게 며느리가 일부러 순종치 않는다며, 이혼하지 않으면 부모 자식 간의 인연을 끊겠다고 으름장을 놓았다.

부모가 그처럼 완강하게 나오니 대전 일 청년도 이혼을 심각하게 고민했다. 기독교 신자인 그는 이 문제를 목사에게 찾아가 물었다. 목사는 아내가 간음하지 않는 한 이혼할 수 없다고 타일렀다. 결단을 내리지 못하고 고민하는 동안, 그는 회사에 취직해 잠시 집을 떠나 지내게 되었다. 그 사이에 엄청난 일이 벌어졌다. 아내가 어머니의 식기에다 독약을 넣은 것이다. 다행히도 어머니가 먼저 눈치채고 밥을 먹지 않아 아내의 독살 시도는 미수에 그쳤다. 대전 일 청년은 현재 아내에게 태기가 있지만 그렇더라도 아내가 시어머니를 독살하려 한 이상 이혼해야 하지 않겠느냐고 물었다.[7]

며느리가 시어머니를 독살하려 했다면 이혼할 것이 아니라 경찰에 신고해서 처벌을 받게 해야 한다. 그러나 아내가 어머니 식기에 독을 넣었다는 것도, 다행히 먹지 않았다는 것도 다 어머니의 주장일 따름이다. 학대를 못 이긴 며느리가 시어머니를 상대로 범죄를 저지르는 경우가 없지는 않았지만[8], 이 같은 경우의 태반은 시어머니의 자작극이었다.

답변을 맡은 일 기자는 대전 일 청년에게 중립을 지키고 주견을 가지라고 조언한다. "어머니의 밥에다가 치독(治毒)을 하였다는 것은 양편의 말을 들어 보고 신중히 조사해 보지 않고는 믿을 수 없는 사실"이라며 시어머니의 모함일 가능성을 강력히 시사했다. 그는 고부 간의 충돌이라는 고질적인 병폐를 해결하려면 한국의 가족제도를 고쳐야 하고, 여성의 수양 정도가 높아져야 하기 때문에 하루 이틀 내에 해결될 문제는 아니라고 보았다. 그때까지는 두 여성 사이에 낀 남성이 중심을 잡고 그때그때 갈등을 조율해 나갈 수밖에 없다고 지적한다.

일 기자는 "부인의 말만 들어도 안 되겠지만 내 어머니 말이라고 해서 무엇이나 다 곧이들어 가지고, 이랬다면 이런 줄 알고 이혼하란다고 또 이혼을 하려고 한다는 것은 너무나 부정견아(不定見兒) 같은 행

4장 여성 수난사

동"이라며, 고부 간의 갈등이 해소될 때까지 분가할 것을 권한다.[9] 분가가 갈등의 원인을 해소하는 효과적인 방법이었던 것은 사실이었지만, 그 당시 한국의 현실에서는 실행에 옮기기 쉽지 않았다는 게 문제였다.

일 기자는 대전 일 청년에게 "당신은 남편이란 것은 너무나 저버리고, 남의 자식이란 것만을 치중해서 생각하는" 경향이 있다고 비판한다. 하지만 가족 내 위계질서가 엄격했던 시대에 어머니는 섬기고 받들어야 할 웃어른이었지만, 아내는 남편의 아랫사람으로 간주되었다. 현실적으로 어머니와 아내를 공평하게 대할 수도 없었고, 그렇게 대하는 것이 윤리적으로 옳다고 생각하는 사람도 많지 않았다.

어떤 남편은 아내가 시부모에게 순종하지 않는 것을 시부모를 학대하는 것으로 확대 해석하기도 했다. 원산 일 독자는 5년 전 결혼한 25세 남성이다. 아내는 늘 시부모에게 말대답을 하고, 반항하기를 일삼았다. 그는 남의 집에서 일을 보는 관계로 일일이 눈으로 확인하지는 못했지만, 아내가 시부모를 학대한 것은 사실이라고 확신하고 있다. 원산 일 독자는 아내의 산달이 가깝지만 그녀를 친정으로 돌려보내고 싶은데, 어찌하면 좋을지 물었다.[10]

답변을 맡은 기자는 시어머니와 며느리는 옛날부터 견원지간이었다며, 오랜 역사를 두고 계속되어 온 고부 간의 싸움을 해결하기는 쉽지 않다고 지적한다. 절대로 아내와 같이 살 수 없다면 별거하는 것이 좋겠지만, 부부 사이가 나쁘지 않다면 아내가 부모와 뜻이 맞지 않는다고 이혼하는 것은 너무 지나치다고 본다. 기자는 "당신의 아내는 어떻게든지 시부모를 잘 공경하지 않는, 좋지 아니한 성질의 여자인 것만은 사실"이니 잘 타일러서 시부모를 공경토록 해 보고, 그래도 듣지 않으면 별거하라고 조언한다.[11]

원산 일 독자가 아내가 시부모를 학대했다고 생각한 이유는 부모가 그렇게 말했기 때문이었으리라. 그가 직접 기술한 아내의 허물은 시부모에게 말대답한다거나 반항한다는 것 정도였다. 시어머니의 질책이 부당했다면, 말대답이나 반항은 정당한 자기방어였을 수 있다. 기자는 당연히 진실을 따져보라고 조언했어야 함에도 불구하고 근거 없이 며느리의 인격부터 공격했다. 여기에는 어떤 이유에서든 시부모에게 순종하지 않는 것 자체가 잘못이라는 인식이 깔려 있다.

물론 그 시대에도 며느리 시집살이를 하는 시어머니가 없지는 않았다. 천안 답답생의 어머니도 그중 하나였다. 천안 답답생은 4년 전 결혼한 25세 남성이다. 가족이라곤 그와 그의 아내, 노령의 어머니 셋뿐이다. 그렇듯 단출한 가족임에도 가정불화는 끊이지 않았다. 살림살이는 원래부터 군색했으나 아내는 불평만 늘어놓았다. 아내가 친정에 가서 없는 말을 떠들어서 이제는 처가에 가기도 부끄러울 지경이었다. 아내는 시어머니를 공경하기는커녕 까닭 없이 싫어하며 식사조차 한자리에서 하지 않았다.

아내는 시어머니가 집에 있으면 불평이 더 심해졌다. 시어머니는 부득이 며느리가 철나기를 기다리며 일가친척 집을 전전했다. 그러던 중 갑자기 위중한 병을 얻어 부득이 집에 머물게 되었는데, 그런 상황에도 아내는 시어머니 병구완을 하거나 살림을 돌보지 않고 허구한 날 놀러다니고, 낮잠 자기를 일삼으며 마지못해 밥만 해 줄 따름이었다. 천안 답답생은 벌써부터 이혼을 생각했으나 「어찌하리까」를 보고 참아 왔다며, 어찌하면 좋겠는지 물었다.[12]

천안 답답생의 아내는 시어머니의 부당한 대우에 저항하는 차원을 넘어 시어머니를 구박하는 하는 단계에 이르렀다. 기성 윤리가 힘을 잃고 새 윤리는 아직 정립되지 않은 아노미 상태의 한국 가정에서 이처럼 극단적인 며느리도 등장했던 것이다.

답변을 맡은 B 생은 아내에게 몹시 화가 나겠지만, 가난한 집이 천안 답답생의 가정만이 아니니 희망을 잃지 말고 끝까지 애써 보라고 위로한다. 아내의 지나친 허영 때문에 생긴 일인 만큼 아내가 지각이 날 때까지 친정에 머물도록 하고, 그가 스스로 밥을 지어 먹으면서 "가난한 사람이거니" 하고 웃고 지내시면 그것이 좋겠다고 이야기한다. 언젠가 아내의 심신이 유쾌할 때 잘 타일러 보고, 부득이 헤어지게 되는 때라도 악다구니하며 점잖지 못하게 싸우지는 말고, 웃는 얼굴로 헤어지면 아내에게 깊은 인상을 주어 훗날 그에게 사죄할 날이 있을 것이라고 조언했다.[13]

천안 답답생의 아내처럼 시어머니를 구박하는 신세대 며느리가 있었던 것은 사실이었지만, 이는 매우 예외적인 경우였다. 여성의 권리가 제한적이던 시대였으므로 시집을 깔보고, 시어머니를 구박하는 며느리는 구박, 구타, 이혼 등 다양한 수단으로 제재할 수 있었다. 근대적 가족 문화의 등장 후에도 며느리는 여전히 시어머니에게 절대적으로 순종해야 할 운명이었던 것이다.

시어머니는 그 자신이 여성이면서 남성중심주의의 가장 충실한 수호자였다. 시어머니는 자신의 삶의 대리 주체인 아들을 매개로 며느리를 학대했다. 한국의 남성중심주의는 남성이 직접 여성을 억압했을 뿐 아니라 여성을 대리인으로 내세워 여성들 사이에 다양한 갈등을 부추기기도 했던 것이다.

1930년대 신문 독자문답란에서 고부 갈등의 해결책으로 흔히 제시된 처방은 가족제도를 고쳐야 한다는 것이었다. 그러나 오늘날의 상황을 보건대, 대가족에서 핵가족으로 가족제도가 바뀌어 따로 살게 된 고부 간에도 갈등은 여전하다. 가족제도의 변화만으로 고부 갈등을 해결할 수는 없는 것이다.

시어머니와 며느리는 동시에 한 남성을 사랑한 두 여성이다. 남성 중심주의 사회에서 어머니는 아들에게 의지하고 아들의 창으로 세상을 보고, 며느리는 남편에게 의지하고 남편의 창으로 세상을 본다. 이미 남녀평등이 실현된 것처럼 보이는 한국 사회에서 고부 갈등의 존재는 역설적으로 남성중심주의가 여전히 유효한 관념임을 보여 준다. 고부 갈등은 여성이 스스로의 눈으로 세상을 보고 자신의 운명을 개척해 나갈 수 있는 조건이 성숙해야만 완전히 해소될 수 있을 것이다.

2 매 맞는 아내

📰 병들어도 학대만 해요 (시내 급급생)

원대한 포부와 이상을 가지고 영화로운 졸업의 날을 손꼽아 기다리던 나는 어떠한 기회로 이성을 알게 되었습니다. 그 남자는 수차 연애편지를 보냈으나 천진한 나는 그 회답을 쓰기가 어려워 주저했습니다. 그를 잘 아는 동무에게 물어본 후 신임할 점이 있어 보통 인사의 답을 주었습니다. 그 후 그는 수차 편지를 하나 나는 신통한 반응을 주지 않았습니다. 그는 최후의 수단으로 자기 힘줄을 끊어 혈서로 진실하다는 표시를 하면서 나에게 결혼을 신청하였습니다. 그러나 어찌 어린 내가 혼자 처리하겠습니까? 부끄러움을 무릅쓰고 부모님께 아뢰었더니 거절하시는 동시에 저에게는 무서운 매가 내렸습니다. 그리하여 저는 그에게 모든 것을 단념하라고 누차 말하였으나 무효로 돌아갔습니다.

열렬히 구애하는 그의 성화에 그를 동정하게 되었습니다. 결국 부모의 양해를 얻어 그의 신분을 조사한 후 약혼 승낙을 얻었습니다. 그러나 그의 가정은 구도덕적인 인습에 파묻혀 자녀의 교양까지 부인하는 정도랍니다. 물론 신여성을 달가워하지 않는 시부모를 염려하여 장래의 불행을 예상하고 거절하였습니다. 그러나 그의 굴하지 않는 열변으로 만일 고부 갈등이 생기는 경우에는 분가하자고 약속해 주었습니다.

거침없이 세월이 흘러 저는 졸업하고 교편을 잡게 되었습니다. 그런데 그의 심리는 황급하게 결혼을 재촉하였습니다. 그리하여 교편을 잡은 지 몇 달이 안 돼서 그해 가을 화촉을 밝히고 결혼 생활을 시작했습니다. 그의 요구로 시가에 들어가니 구도덕에 봉건적 인습으로 봉쇄한 인정과 풍습이 다른 나라 같았습니다. 그러나 다만 믿고 있던 남편 하나 바라고 살았지요. 그런데 그 후 남편은 화류계에 몸을 던져 질탕하게 놀기에 그러지 말기를 충고하였더니 되지못하게 계집이 남편 하는 일에 간섭이냐고 폭언을 퍼붓고 폭행을 행사합니다. 그리하여 나에게는 무서운 병마가 찾아오게 되었습니다. 신경쇠약과 영양부족으로 인한 빈혈증, 남편으로부터 전염된 무서운 성병에도 걸리게 되었습니다.

슬프다 운명이여, 이다지도 나를 얽어매느냐.

1개월이나 신음하다가 겨우 도회지 병원에 입원하여 10여 일을 지나서 목숨만은 구하였습니다. 그는 성화같이 퇴원하기를 재촉하여 일장 비극에 싸움을 하게 되었습니다. 갖은 고초를 받아가면서 완치도 못한 몸으로 1개월 만에 퇴원하였습니다. 이 당시에 나의 마음이나 부모의 마음이 얼마나 쓰렸겠습니까? 친구의 충고에도 불구하고 그는 강제로 저를 퇴원시키고 병석에 둔 채 다른 여자와 관계를 맺고 마음대로 돈을 쓰면서도 치료비는 주지 않았습니다. 너무한 그의 몰인정에 분루를 참을 수 없었습니다. 그는 처를 인형이나 애완동물로 취급하니 아무리 지위를 상실한 일개 여자로도 묵인할 수 없었습니다.

그의 행동을 나무랐더니 그는 병석에 있는 이 몸에게 갖은 폭언과 폭행을 다 하고도 부족하여 인연을 끊고 헤어졌습니다. 결혼 후 3년 동안 그는 제게 고통을 주기 위해 일부러 이렇게 행동했던 것입니다. 나도 진정으로 살기 싫으니 차라리 세상을 떠날까 하나 부모의 사정이 애처롭고, 살자 하나 난잡한 이 사회에 염증이 나니 어찌하면 좋을까요? 죄악의 씨까지 있으니 어미의 마음이 진정치 못하겠나이다. 병상에서 신음하는 것을 위하여 정당한 처치를 지도하여 주시옵소서.

🗐 그 남자와 헤어지시오 (H 기자)

피로써 맹세한 그 남자와 결혼하고 보니 그 남자는 당신을 소유한 후에는 방탕한 생활만 하여 못된 병까지 전염시키고 그것도 모자라 갖은 폭언과 폭행으로 못살게만 군다니 너무도 못 믿을 사람의 마음을 원망치 않을 수 없습니다. 아무리 냉혈한 인간이기로서니 병상에 있는 아내에게 그렇게도 모진 폭행을 한다는 것은 너무도 심한 일이올시다.

이것의 근본 원인을 우리가 생각해 볼 때 그것이 한 남성의 잘못이라는 것보다도 조선 여성의 사회적 지위가 남성에게 예속되어 있다는 것입니다. 이 근본적 원인을 탐구하여 그의 근본적 해결책을 강구하려면 적어도 장구한 역사적 과정을 밟지 않고서는 해결할 수 없으므로 병상에 외로이 누워 번민에 타는 당신에게 급한 효과를 낼 수 없으니 그 방법은 그만두고 구급책으로의 방법은 그 남자와의 최후 담판입니다.

당신의 말씀에 의하면 도저히 두 분이 부부로서의 생활을 해 갈 수 없는 것이 역력히 보이므로 이제는 당신이 남편에게 남편으로서 너무도 혹독하게 아내에게 대한다는 것을 말하고 당신은 그 집에서 살고 싶으나 남편의 폭행에 도저히 견딜 수 없어서 못 살겠으니 이는 남편의 잘못이라는 것을 말하게 되면 남편에게서 이혼하자는 말이 떨어지게 될 터입니다. 그때 당신은 위자료를 받도록 하고 그것을 받은 뒤 이혼하고서 고요히 병부터 고치십시오. 그리고 용기가 있으시거든 가두로 나와 여성해방 운동에 힘쓰시고 그리할 용기가 없으시다면 그전 교원 생활도 하셨다니 직업부인으로 지내시는 것이 당면의 해결이 아닐까 생각됩니다.

—「어찌하리까」 1931. 10. 9.

전근대 한국 가정에서 가정 폭력이 공공연히 자행된 것은 잘 알려진 사실이다. "마누라와 북어는 사흘에 한 번씩 두들겨 패야 한다."라는 어처구니없는 속담이 생길 만큼 아내에 대한 남편의 폭행은 폭넓게 용인되고 있었다. 봉건적 인습이 완전히 사라지지 않았던 탓에 1930년대 한국 가정에서도 가정 폭력은 여전했다. 그렇다고 가부장적인 구도덕에 젖은 무지한 남성들만 가정 폭력을 행사한 것도 아니었다. 앞서 살펴본 사연들에서처럼 조혼한 지식 청년이 구여성 아내에게 이혼을 요구하며 폭력을 행사한 경우도 드물지 않았다.

그렇다면 지식 청년과 신여성이 연애결혼으로 맺어진 신가정에서는 어떠했을까? 자유연애는 근대 이후 새롭게 도입된 신문화이고, 인간 존중과 남녀평등을 전제로 한다. 따라서 연애결혼으로 성립된 신가정에서는 가정 폭력이 근절되었을 것이라고 생각하기 쉽다. 그러나 시내 급급생의 사연에서 드러나듯 신가정이라고 가정 폭력의 무풍지대는 아니었다.

1930년대 대다수의 여학생이 그랬던 것처럼 시내 급급생 역시 연애에 대해 보수적인 태도를 취했다. 우연히 알게 된 남자가 여러 차례 연애편지를 보내며 열렬히 구애했지만, 그녀는 답장조차 보내지 않았다. 남자에 대한 시내 급급생의 태도가 바뀐 것은 그가 결혼을 신청하는 혈서를 보낸 이후였다.

혈서는 개인의 결연한 의지를 보여 주는 데에는 적당할지 모르나,

내밀한 사랑의 감정을 전달하는 방편으로는 적절하지 않다. 구애의 방식치고는 너무나 폭력적이다. 만약 오늘날 어떤 남성이 애인도 아닌 여성에게 혈서를 보내 결혼을 신청한다면, 구애가 아니라 스토킹으로 간주될 것이다. 그러나 시내 급급생은 그것이 "진실한 마음"의 징표라고 생각하고 "무서운 매"까지 내리며 반대하는 부모를 설득해 결혼했다.

그러나 남자의 변심은 경이로웠다. 혈서까지 써서 구애했던 남편은 결혼 후 화류계에 몸을 던져 질탕하게 놀기 시작했다. 그녀가 그러지 말라고 충고하면, "되지못하게 계집이 남편 하는 일에 간섭이냐"라며 폭언과 폭력을 퍼부었다.

시내 급급생에게 결혼 생활에 대한 미련이 있을 리 없었다. 못난 딸을 키우느라 고생한 부모만 아니라면 목숨을 끊고 싶었다는 말은 아마도 진심이었으리라. 더욱이 현재 그녀는 임신한 상태다. 구가정에서의 시집살이만도 버거울 시기에 남편의 배신은 그녀를 신경쇠약에 빠뜨리기에 충분했다. 게다가 신교육까지 받은 지식 청년이자 혈서까지 쓸 만큼 그녀에게 열렬히 구애했던 남자가 그토록 몰인정하게 변해 버렸다는 사실은 그녀에게 또 다른 충격으로 다가왔을 것이다.

남편의 행동이 인격에 심각한 결함이 있는 한 개인의 예외적인 일탈 행위였다면, 시내 급급생의 사연은 그녀의 딱한 처지를 동정하고, 남편의 비열하고 잔혹한 인격을 비난하는 선에서 위로하고 넘어갈 수도 있었으리라. 그러나 남편의 행동은 개인의 인격적 결함이라기보다 "여성의 사회적 지위가 남성에게 예속되어 있"었던 조선 사회의 구조적 모순에서 비롯된 것이었다.

H 기자는 여성의 사회적 지위가 상승하여 남녀가 평등한 사회가 도래하지 않는 한 시내 급급생의 경우와 같은 시련은 반복될 수밖에 없다고 보았다. 그러나 그는 사회 구조적 모순을 해결하려면 긴 시간이

필요할 것이고, 그녀로서는 그때까지 마냥 기다릴 수만은 없으므로 임시방편으로나마 남편과 최후의 담판을 벌이라고 권유한다. 담판을 벌여 남편의 비행을 조목조목 비판하면 남편은 이혼하자고 할 것이고, 그 말이 떨어지면 위자료를 받고 이혼해서 그 돈으로 병부터 고치고, 여성해방운동에 뛰어들거나 직업부인으로 새 출발하라는 것이었다.

그러나 남편의 인간성이 시내 급급생의 사연에 기록된 대로라면 그가 먼저 이혼을 요구할지도 미지수였다. 오히려 자신을 비난하는 아내에게 폭언과 폭행으로 대응했을 가능성이 컸다. 또 병원비가 아까워 회복되지도 않은 아내를 억지로 퇴원시킨 것을 보면, 아내와 이혼을 한대도 흔쾌히 위자료를 주었을 것 같지도 않다. 무엇보다도 H 기자의 조언에는 시내 급급생의 배 속에서 자라고 있는 아이에 대한 고려가 없었다. 시내 급급생은 결국 여성해방운동에 뛰어들거나 직업부인으로 나설 수밖에 없었겠지만, 남편의 마수에서 벗어나 위자료로 병을 고치고 홀로 아이를 키우는 것이 그리 쉬운 일은 결코 아니었다.

이 시기 신문 독자문답란에서 가정 폭력의 가해자로 지목된 남성 중에는 시내 급급생의 남편처럼 중등학교 이상의 교육을 받은 지식 청년이 적지 않았다. 그것은 지식 청년이 다른 계층의 남성에 비해 가정 폭력을 더 자주 행사해서라기보다 인습 타파에 앞장서야 할 지식 청년의 폭력이 여성들에게는 더 큰 충격으로 받아들여졌기 때문일 것이다.

가정 폭력의 또 다른 예를 살펴보자. 시내 송월동 성준숙은 애인과 결혼하기 위해 부모와 인연을 끊고 학교까지 그만둔 여성이다. 3년 전 봄, 그녀는 신학기를 맞아 야간 급행열차를 타고 고향인 김천을 떠나 서울로 향한다. 찻간에서 그녀는 전문학교에 다니는 남학생의 옆자리에 앉게 되고, 그가 말을 걸어 서울역에 도착할 때까지 밤이 새도록 이야기를 나눈다. 헤어질 때는 아쉬움에 주소를 교환한다. 이튿날 기숙사로 "일요

일에 만나자."라는 편지가 날아오고, 그렇게 그들의 사랑이 시작된다.

그러던 어느 날, 고향에 있는 성준숙의 부친이 친구의 아들을 사윗감으로 정했으니 결혼하라는 편지를 보낸다. 성준숙이 그 이야기를 전하자, 전문학교 학생은 주먹을 불끈 쥐고 "연애는 생명이니, 연애는 국경과 절정이 없느니 하며 톨스토이니 괴테니 입센이니 하이네니 하며" 부친의 말을 따르지 말고 함께 살자고 요구한다. 성준숙은 기숙사를 나와 방을 얻어 그 전문학교 학생과 동거를 시작한다. 부친에게는 그가 정해준 사람과 결혼하지 않겠다고 편지한다. 부친은 그 길로 학비를 끊고 딸과 의절한다. 전문학교 학생과 동거하기 위해 성준숙은 학교도 그만두고, 부녀 간의 인연도 끊는 등 사실상 모든 것을 포기한 셈이었다.

스위트홈을 꾸민 지 서너 달 동안은 에덴동산의 아담과 이브도 부럽지 않을 만큼 행복했다. 그러나 그 후로 남편은 밤출입이 잦아지고 집을 비우는 시간이 길어지기 시작했다. 의심스런 마음에 뒤를 밟아 보니 놀랍게도 남편은 그녀의 동창생 최성×의 집을 드나들며 그녀와 연애하고 있었다. 우울과 번민으로 밤을 지샌 성준숙은 이튿날 남편이 들어오는 것을 확인한 후 최성×의 집을 찾아가 잘못을 따지고 그녀에게서 사과까지 받고 돌아온다. 남편은 그날도 저녁을 먹은 후 외출하여 10시가 되어서야 귀가한다. 하지만 남편은 용서를 구하기는커녕 그녀를 "독수리의 예리한 눈초리"로 노려본다. 성준숙은 눈물을 흘리며 남편에게 잘못을 따진다. 그러나 남편은 아내에게 "무서운 매"를 내린다. 그 후로 남편은 매일같이 나가라고 성화를 부리고 툭하면 매질을 해댄다. 참다못해 집을 나온 성준숙은 앞으로 어찌해야 하는지 물었다.[14]

답변을 맡은 S생은 "젊으신 당신이 사랑을 빼앗기고 거리로 뛰어나올 때 당신의 가슴은 얼마나 아프셨습니까."라며 성준숙의 처지를 동정한다. 그는 성준숙이 사랑을 한 것이 아니라 꿈을 꾼 것이라고 지적하면서, 그녀가 소위 하이칼라 여성인 만큼 더 이상 그녀와 같은 여성이 생기지 않도록 싸워 나가라고 조언한다.[15]

S생은 "그 남자는 색마"라며 성준숙의 처지를 위로할 뿐, 그 남자의 행동에 책임을 물을 방법에 대해서는 알려 주지 못했다. 시내 급급생과 달리 정식으로 결혼하지 않은 성준숙은 남편에게 버림받는대도 법적으로 구제받을 길이 없었다. 가정 폭력은 그 자체로 처벌해야 할 범죄였지만, S생은 반항하는 아내에게 폭력을 휘둘렀다는 이유만으로 남편을 처벌해야 한다고는 생각하지 않았다. 가정에서 일어난 일은 가정에서 해결해야 한다는 것이 그 시대의 상식이었다.

가정 폭력의 피해 여성을 보호하고 구제할 방법은 개인적인 차원이 아니라 사회적인 차원에서 모색되어야 했다. 가정 폭력도 엄연한 폭력이므로 가정 폭력을 행사한 남편은 폭행죄로 처벌하는 게 당연했다. 하지만 가정 폭력이 폭넓게 용인된 1930년대에는 남편이 아내를 폭행했다는 이유만으로 처벌받은 경우는 드물었다. 가정 폭력의 피해 여성을 보호하고 구제할 법적·제도적 장치가 사실상 전무했기 때문에 피해 여성 스스로 해법을 찾는 수밖에 없었다.

지식 청년들조차 공공연히 가정 폭력을 행사하던 시대였던 만큼 교육받지 못한 남성들은 아무런 죄의식 없이 아내에게 폭력을 휘둘렀다. 때문에 봉건적 인습에 젖은 구가정에서 남편은 두려움의 대상이 되기도 했다.

양수리 일 여성은 3년 전 열네 살 때 부모의 강요로 스무 살이 넘은 남편과 결혼한 여성이다. 어린 마음에 남편을 대하면 무섭고 울음만 나왔다. 언젠가는 "무서운 남편"을 피해 친정에서 며칠 머물었는데, 남편은 분개해서 아내에게 매질을 하기 시작했다. 그녀는 남편의 매를 이기지 못하고 몸에 병까지 얻었다. 그러던 중 남편이 6~7개월 동안 일본에 머물게 되었고, 그 덕분인지 그녀도 건강을 찾을 수 있었다. 그러나 여전히 "남편 생각만 하면 몸서리가 처지고 무서움을 참지 못할 지경"이다. 그녀는 지금 친정에서 하루하루 한숨과 걱정으로 지내고 있다. 양수리 일 여성은 일본 간 남편이 시집으로 간간이 편지를 보내는 모양인데, 편지가 왔다는 말만 들어도 가슴이 내려앉고 죽고 싶으니 어찌해야 하는지 물었다.[16] 답변을 맡은 C 기자는 어머니 품에서 어리광 부릴 나이의 어린 딸을 스무 살도 넘은 억센 청년에게 시집보낸 부모의 잘못이 크다고 본다. 남편이 그처럼 거칠다면 열일곱 살이 되어서도 남편이 무서워서 살 수 없다고 생각할 만하다며 양수리 일 여성의 처지를 동정한다. 그러나 이왕에 결혼한 만큼 남편을 사랑하는 마음을 가지고 행복한 가정을 꾸미는 것이 좋겠다고 조언한다. "여성이라는 것은 남성과 달라서 현대 사회제도 하에서 한 번 시집갔다가 다시 결혼을 하게 되면 타락된 여성으로 보게 되며, 자연히 또한 타락이 되기가 쉽다."라는 현실도 고려해야 한다는 것이다. C 기자는 일본 간 남편이 돌아오면, 평화롭게 살기 위해 노력해 보고, 그래도 살 수가 없다면 그때 가서 "최후의 결정"을 내릴 것을 주문한다.[17]

C 기자는 이혼녀에 대한 사회적 편견을 전제로 해법을 모색했다. 그러나 이혼녀가 타락하기 쉽다는 것이 그 시대의 현실이었다 하더라도, 사회적 편견이 두렵다고 여성에게 불행한 결혼을 유지하라고 강요할 수는 없었다. 더욱이 C 기자는 남편의 사랑을 얻기 위해 노력하라고만 할 뿐 구체적인 방법을 제시하지는 못했다. 이는 남편의 사랑을 얻으려면 남편이 폭언을 하건, 폭력을 행사하건 인내하고 굴종하라는 말에 지나지 않는다. 남성중심주의가 낳은 병폐의 해법으로 남성중심주의를 인정하고 받아들이라는 조언을 한 셈이었다.

이처럼 1930년대 한국 사회에서 가정 폭력은 구가정, 신가정 가릴 것 없이 광범위하게 존재했고, 지식인조차 그것을 범죄로 인식하지 않았다. 가정 폭력은 부부가 함께 살다보면 언제든 생길 수 있는 일로 가볍게 다뤄지기 일쑤였고, 그 해법으로 아내의 인내와 순종을 요구하는 게 일반적이었다.

전근대 한국 사회에서는 남존여비 관념이 견고하게 뿌리내렸고, 갈등을 해결하는 수단으로 폭력이 폭넓게 용인되었다. 가정 폭력은 이러한 두 가지 인습이 교차되는 지점에 위치했다. 남성중심주의와 폭력에 의한 갈등 해결이라는 두 가지 인습이 해소되지 않는 한, 아내들은 남편이 폭력을 가하더라도 오히려 자신의 태도를 반성하며 참고 견디는 수밖에 없었다.

3 아들을 낳아 대를 이어야 할지니

📋 아이 못 낳는 아내 이혼할까요 (박천 불안 독자)

저는 지금 29세 된 남자이온데 11세 때 부모의 강제로 나보다 4년이나 위의 여자에게 장가를 들었습니다. 그러나 그때부터 여자가 보기도 싫고 동침도 하기 싫으나 부모의 엄명이 무서워서 한자리에도 들곤 하였습니다. 그 후에 철이 들면서부터는 부모의 근심이 될까 하여 같이 살아오던 바 9년 전에 여자가 복병(腹病)으로 인하여 평양 모 병원에서 해부도 하였습니다. 그런 중 자녀 성태(成胎)까지 못하니 보기 싫은 중에 더 보기 싫어집니다.

그러다가 친척의 권고로 개취(改娶)를 하였더니 금년 봄에 여아를 낳았습니다. 개취한 후부터는 억지로 참고 욕설도 전보다 아니하나 항상 불평을 품고 중얼댑니다. 그러다가도 자기의 소원대로 하여 줄 터이니 속에 있는 대로 말을 하라면 입을 꼭 다물고 유구무언입니다. 그러므로 협의 이혼을 하려고 자기 부모와 물어도 절대 승낙지 않습니다. 금전도 얼마간 주마 했지요. 법적 이혼이라도 하려 하오니 어찌함이 좋을까요? 법률상 혼인도 되었습니다. 이혼 법을 가르쳐 주세요.

🗂 당신에게 달렸소

이혼 법을 가르쳐 달라 하오니 대답하기가 딱합니다. 첫째 보기 싫고 또 어린애도 낳지 못해 다른 아내를 맞이해 사신다 하오니 아무래도 이혼은 하셔야겠습니다. 세 사람이 같이 살 수는 없으니까요. 그러나 당신이 그 방법을 잘못하지 않았을까요? 이제 그 잘못된 것은 지적할 필요가 없지만 재취를 하기 전에 이혼을 했던 것이 좋았을 것 같습니다. 그러나 지금은 말해도 소용이 없는지라 더 길게 말할 필요가 없지만 이제라도 처음 얻은 아내에게 사정을 잘 이야기하여 협의이혼 하십시오. 법적으로는 관습법에 의하여 여자의 잘못으로 애를 못 낳으면 이혼할 수는 있습니다. 여하간 이는 당신의 의사니 처리는 당신에게 맡깁니다.

—「어찌하리까」 1934. 12. 25.

이혼 법을 가르쳐 달라. 박천 불안 독자의 질문은 직설적이다. 그는 시종일관 당당하게 억울함을 호소한다. 코흘리개 시절에 부모의 강요로 조혼해 무려 18년간 보기 싫은 아내를 데리고 살았는데, 그 정도면 할 만큼 한 것 아니겠는가. 아내가 병으로 아이를 낳을 수도 없고, 새장가를 든 후로는 욕설도 줄였으며, 위자료까지 준다는데 이혼을 거부하는 아내가 너무한 것이 아닌가. 소원대로 해 주겠으니 원하는 것을 말해 보라고 해도 묵묵부답이면서 장모까지 허락한 이혼을 한사코 거부하는 아내가 이상한 것이 아닌가. 오늘날의 관점에서는 터무니없는 억지처럼 들리겠지만, 폭언과 폭력까지 써 가며 이혼을 요구하던 남편이 드물지 않은 시대였던 만큼 박천 불안 독자로서는 사신의 행동 을 떳떳하게 여길 만도 했다.

새 부인이 딸을 낳음으로써 18년 결혼 생활 동안 아이가 생기지 않은 원인이 아내에게 있다는 것이 명확해졌다. 단지 아이를 낳지 못한다는 이유로 이혼을 요구하는 것은 야속한 일이었지만, 박천 불안 독자는 아내를 사랑하지도 않고 이미 다른 아내까지 얻은 상태였다. 답변을 맡은 기자가 지적한 것처럼 "세 사람이 같이 살 수는 없으니" 이혼은 불가피했다.

기자는 아내를 설득해 협의이혼 하는 것이 좋지만, 부득이 이혼 소송을 하더라도 관습법에 따라 이혼할 수 있다고 조언한다. 실제로 그러했을까?

국권피탈 이후 조선총독부는 조선민사령(1912)을 반포해 민사에 관련된 사항은 일본 민법을 의용(依用)하되, "능력, 친족 및 상속에 관한 규정은 조선의 관습"에 따르도록 했다. 이혼에 대한 규정은 친족 관련 규정에 포함되어 조선의 관습법이 적용되었다.[18] 조선민사령 제2차 개정(1923) 이후 "혼인 연령, 재판상의 이혼, 상속 등에 대한 규정은 일본 민법"을 의용하기로 변경되었지만, 그 후로도 이혼 재판에서 조선의 관습은 존중되는 편이었다.

일본 민법에서 인정한 이혼 사유는 배우자가 중혼 상태이거나 간통을 저질렀을 경우, 배우자 혹은 그의 직계존속으로부터 중대한 모욕과 학대를 받은 경우, 배우자가 나의 직계존속에게 중대한 모욕이나 학대를 가한 경우, 마지막으로 배우자가 처형되었거나 3년 이상 행방불명된 경우 등[19]이다. 여기에 배우자의 불임은 포함되지 않았다. 그러나 조선의 관습에서 자식을 낳지 못하는 허물인 무자(無子)는 아내를 내쫓을 수 있는 일곱 가지 중대한 과오[七去之惡] 가운데 하나였다. 박천 불안 독자가 법원에 이혼 소송을 제기하면 기자의 예측처럼 승소할 가능성이 컸다.

이렇듯 1930년대 신문 독자문답란에는 아내가 아이를 낳지 못해 이혼하거나 첩을 얻을 것을 고려하는 사연이 적지 않았다. 박천 불안 독자처럼 당당하게 이혼을 요구하는 남편도 있었지만, 아내를 사랑하면서도 아내가 아이를 낳지 못해 부득이하게 이혼을 생각하는 안타까운 남편의 사연도 있었다.

신천읍 답답생은 결혼한 지 8년 된 27세 남성이다. 아내와는 결혼 직후부터 지금껏 금슬이 좋았다. 아내는 시부모와 갈등도 없었다. 다만 한 가지 고민은 아내가 결혼한 지 8년이 지나도록 아이를 낳지 못한다는 것이었다. 4년 전 병원에서 진찰을 받았는데, 의사는 부부 어느 쪽에서도 불임의 원인을 찾지 못했다.

신천읍 답답생은 아내의 연령이 어느덧 서른을 바라보니 시간이 지날수록 아이를 낳아 가문을 이를 희망이 줄어든다며 초조해 했다. 가문을 생각하면 아내를 다시 얻어야 하겠지만, 인간의 도의상 그러기도 어려운 처지였다. 신천읍 답답생은 이혼하지 않고 대가 끊어지는 것을 지켜봐야 하는지, 양심의 가책을 받더라도 재취해서 대를 이어야 하는지 물었다.[20]

유교에서 가문을 보존하고 빛내는 것은 윤리적 의무를 넘은 일종의 종교적 계율이었다. 대를 이을 아들을 낳지 못하는 것은 내 가정에 닥친 불행을 넘어 누대에 걸쳐 가문을 보존해 온 조상에게 심각한 죄를 짓는 일이었다. 공적 영역에서 근대적 제도와 문화가 차츰 자리 잡아 간 1930년대였지만, 사적 영역에서 유교의 윤리와 문화는 여전히 강력한 힘을 발휘하고 있었다. 신천읍 답답생이 아내와 이혼해서라도 아들을 보려 한 것은 개인적인 욕심 때문만은 아니었다.

신천읍 답답생의 고민에 명쾌한 해답이 있을 리 없었다. 재취해서 대를 이으라고 하면 아내에게 죄를 짓는 것이요, 아이를 못 낳은 아내와 살라고 하면 조상에게 죄를 짓는 것이었다. 답변을 맡은 일 기자는 거의 가능성이 없는 제3의 길을 제시함으로써 이 같은 모순을 피해 간다. 결혼한 지 10년이 지나서야 아이를 낳는 사람도 있고, 서른이 훨씬 넘어서 초산하는 경우도 있으니 너무 초조해 하지 말라는 것이었다. 그는 4년 전 진찰을 받았을 때 남편과 아내 모두 아무런 이상이 없다고 했으니 조금도 염려할 필요가 없다며, 한 병원만 다니지 말고 여러 의사에게 진찰을 받아 보고 병이 있다면 병을 고치기 위해 노력하라고 조언한다.[21]

불임의 원인을 찾지 못했다고 시간이 지나면 저절로 임신이 되는 것은 아니다. 인공수정, 시험관 시술 등으로 난임이 대부분 극복된 오늘날에도 임신에 어려움을 겪는 부부가 적지 않다. 1930년대의 의료 수준을 고려할 때, 신천읍 답답생이 여러 병원을 찾아다닌다 해도 의학의 도움으로 아들을 얻을 가능성은 희박했다.

일 기자가 신천읍 답답생 부부의 이혼에 반대한 것은 양쪽의 생식 능력에 이상이 없다고 전제했기 때문이었다. 그는 아이를 "병으로 못 낳는다면 모르지만 그렇지 않은 한, 이혼을 한다는 것은 어느 점으로 보든지 옳지 못한 일"이라고 하여, 아내의 몸에 이상이 있어 아이를 낳지 못한다면 이혼을 고려할 수도 있음을 암시했다. 일 기자의 조언에 따라 신천읍 답답생이 결단을 잠시 미룬다 하더라도, 언젠가는 아내와 대를 이을 자식, 둘 중 하나를 선택할 수밖에 없으리라. 유교적 윤리와 문화가 견고히 유지되고 있었던 1930년대 한국 사회에서 대를 이을 자식 대신 아내를 선택할 남성은 많지 않았다.

새 아내를 얻어서라도 자식을 볼 수 있었던 남편은 그래도 행복한 편이었다. 불임으로 더 큰 고통을 받는 쪽은 아이를 낳지 못하는 아픔과 남편에게서 버림받을지도 모른다는 걱정을 동시에 떠안아야 했던 아내였다.

경성 일 여성은 결혼한 지 6년이 지나도록 아이를 낳지 못해 고민하는 26세 여성이다. 아이를 못 낳는다고 집안 어른들이 야단을 부리니 그녀의 고민도 깊어만 간다. 처음에 남편은 자신이 오래 전에 임질을 심하게 앓았는데 그 탓으로 아이가 생기지 않는 모양이라고 그녀를 위로했다. 실제로 그녀는 산부인과 여러 곳을 다니며 진료를 받았는데, 아무런 이상도 발견하지 못했다.

그러나 요사이 남편은 마음이 변해 첩을 얻어 한집에서 살자고 조른다. 첩을 얻어 아이만 낳아 달라고 하면 설령 셋이서 함께 산대도 가정의 평화가 깨어지지는 않을 것이라는 궤변으로 아내를 꾄다. 그녀는 남편이 첩을 얻는다고 "그다지 가정불화는 클 것 같지 않으나", 깊이 생각해 보니 장래에 걱정거리가 될 것 같아 고민한다. 경성 일 여성은 첩을 얻어 한집에 살자는 남편의 요청을 흔쾌히 승낙해야 할지, 남편이 몰래 첩을 얻든 말든 승낙하지 말아야 "후에 혹시 말할 때라도 떳떳할 것"인지 물었다.[22]

의학적으로 불임의 원인이 어느 쪽에 있었는지는 단언하기 어렵지만, 여러 병원에서 진단을 받고 원인을 찾지 못한 아내보다는 오래전 성병을 심하게 앓았던 남편에게 원인이 있었을 가능성이 컸다. 그럼에도 불구하고 아내의 불임을 구실로 첩을 얻을 궁리를 하는 것은 파렴치한 행동이었다. 이해하기 어려운 것은 이에 대한 경성 일 여성의 태도였다. 그녀는 남편이 첩을 얻는다고 당장 가정불화가 생길 것 같지는 않다고 전망했다. 그녀가 우려하는 것은 첩을 들이는 것 자체가 아니라 훗날 그녀가 순순히 동의했던 것을 구실로 남편과 첩이 그녀를 구박하면 어쩌나 하는 것이었다.

사연에 기록된 내용만으로는 경성 일 여성이 남편의 축첩에 그처럼 관대했던 이유를 알기 어렵다. 축첩이 폭넓게 용인되던 시대적 배경 때문일 수도 있고, 첩을 얻는다고 특별히 달라질 것이 없을 만큼 남편의 외도가 잦았기 때문일 수도 있다. 그도 아니면 책임의 소재와 상관없이 아이를 낳지 못한 여성으로서 남편의 축첩을 막을 명분도 염치도 없었기 때문이었을 수도 있다.

사연에 드러나지는 않았지만 결혼 당시 아내가 스무 살이었던 것을 고려하면, 남편의 나이 역시 그 정도였을 것이다. "오래 전에 임질을 몹시 앓았다."라는 고백에 따르면, 남편은 10대부터 이미 성적으로 문란한 생활을 하고 있었던 셈이다. 어려서부터 방탕하게 살았던 남편이 결혼 후 마음을 고쳐먹고 아내만 사랑하며 살지는 않았으리라.

답변을 맡은 일 기자는 경성 일 여성에게 병이 없다는 사실이 증명되었고, 남편에게 성병 병력이 있다는 것을 근거로 불임의 책임이 남편에게 있다고 단언한다. 그런 상황이라면 아내의 불임이 법적인 이혼 사유가 될 수 없다는 것이다. 남편이 첩을 얻겠다는 것은 공연한 핑계에 지나지 않고, "첩을 얻어 가지고 평화롭게 한집에서 산다는 것은 근본부터 모순된 일"이라며 절대 남편의 꾐에 넘어가지 말라고 조언한다.[23]

당시에는 아이를 못 낳는 것만큼 아들을 못 낳는 것도 심각한 고민이었다. 남아선호가 만연했던 시대에 아이를 못 낳는 것과 아들을 못 낳는 것은 하등 다를 것이 없었다. 딸이 있다고 해도 대를 잇거나 봉제사 할 수 없기는 마찬가지였으니 말이다.

일 고민생은 25세 된 기혼 남성이다. 딸만 둘 있고, 아들은 없다. 아내가 4년 전부터 자궁병에 걸려 지금까지 고생하는데 약도 쓰고 수술도

했으나 효과가 없었다. 의사는 아내가 더 이상 아이를 낳을 수 없다고 진단했다. 일 고민생은 "다시 결혼하여 자식을 구할까요? 절제하여야 옳을까요? 좋게 끝낼 수 있는 방법을 가르쳐" 달라고 물었다.[24]

일 고민생의 질문은 명료한 것 같으면서도 모순된다. 그는 한편으로 아들을 보기 위해 현재의 아내와 이혼하고 새 아내를 구하는 것이 좋을지 물으면서도, 다른 한편으로는 아내와 좋게 끝낼 수 있는 방법을 알려 달라고 한다. 그가 두 번째 질문을 하는 순간 처음 질문의 답은 정해진 셈이다. 아마도 일 고민생은 딸만 낳은 아내가 자궁병으로 아들을 낳을 수 없는 상황이라면, 누구든 이혼하고 새 아내를 구하라고 조언하리라 생각했던 것 같다.

실제로 그렇게 생각하는 남성들이 적지 않았으리라. 그러나 편집자는 이례적으로 두 명의 여류 명사에게 조언을 구해 남아선호가 구시대의 인습이며, 남녀평등이 새로운 시대정신임을 보이고자 했다.

이 문제는 사상이 급격히 변화되고 있는 조선에 있어서 여러 사람을 괴롭히고 있는 문제의 하나입니다. 김활란, 길정희 양 선생의 답을 청하여 특히 이런 문제로 고민하고 있는 분의 참고로 드리고자 합니다.[25]

편집자는 남아선호 사상에 젖은 사람들을 설득하자면 자신이 직접 이야기하는 것보다 여류 명사들의 입을 빌리는 편이 낫다고 판단했던 것 같다. 답변자가 두 명이나 필요였다는 것은 남아선호 사상이 일상에 그만큼 견고하게 뿌리내리고 있었음을 방증한다.

딸자식도 자식, 하필 아들이오 (이화여전 부교장 김활란)
나는 남녀를 차별하는 관념을 절대 반대합니다. 대를 잇는다는 것이 반드시 남자가 아니면 안 될 이유가 어디 있습니까? 딸자식이건 사내자식이건 부모의 이상을 그들에게 잘 계승시켜서 그것을 달성하게 하여 사회에 유익한 일을 하게 되면 가문을 위해서나 조선을 위해서나 이보다 영광스러운 일이 또 있겠습니까? 만약 꼭 사내자식이 있기를 소원하거든 어디 고아원 같은 데라도 가서 낳은 지 얼마 안 된 아이를 얻어다가 잘 기르면 자기가 낳은 아들과 조금도 다름없을 것이외다.

딸이 있으니 대가 안 끊어지오 (여의사 길정희)

딸이 둘이나 있다면서 무슨 걱정입니까? 왜 대가 끊어진다고 하시오. 딸자식은 자식이 아닌 것같이 생각하는 그 부패한 관념부터 타파하고 교육을 잘 시켜서 훌륭한 사람을 만드시오. 남자보다 조금도 못할 바 없습니다. 다른 나라에서는 서양자(壻養子) 제도도 있지 않습니까? 조선도 앞으로 장차 그렇게 될 걸요. 하등 문제 삼을 바 못 됩니다.[26]

오늘날의 편집 관행대로라면 답변자 가운데 한 명은 이혼에 찬성하는 인사를 두고, 다른 한 명은 이혼에 반대하는 인사를 내세웠을 것이다. 편집자가 공정성을 고려하지 않고 이혼에 반대하는 여성 인사 두 명을 답변자로 선택한 것은 남아선호를 당장 폐기해야 할 인습이라고 판단했기 때문이리라.

딸자식도 자식이고 딸과 아들을 차별할 이유가 없다는 결론에는 누구나 동의한다. 그러나 김활란의 조언에는 다소 억지스러운 부분이 없지 않다. 그녀는 대를 잇는다는 게 남자가 아니면 안 될 이유가 어디 있냐고 묻는다. 하지만 대를 잇는다는 유교적 인식 틀을 받아들이는 한, 대를 잇는 주체는 남자여야만 한다. 남아선호 인습을 타파하려면 대를 잇는다는 관념 자체를 넘어서야 한다. 대를 잇는다는 관념은 그 자체가 가부장제의 산물이기 때문이다. 그녀는 딸자식도 잘만 가르치면 "가문을 위해서 영광스러운 일"을 할 수 있을 것으로 보았다. 하지만 가문이라는 유교적 인식 틀을 인정하면 딸자식이 훌륭한 업적을 남기더라도 그 영광은 고스란히 사위 집안으로 넘어가게 된다.

딸이 둘이나 있으니 대가 끊어지지 않는다고 본 길정희도 유교적 인식 틀에 매어 있기는 마찬가지였다. 대는 성씨와 함께 남자를 중심으로 이어진다. 딸이 아무리 많아도 아들이 없다면 대는 끊어진다. 딸도 아들만큼 소중한 자식이라는 사실을 논증하려면 딸로도 대를 이을 수 있다고 억지를 부릴 것이 아니라 대를 잇는다는 관념을 대신할 새로운 가족관을 제시했어야 했다.

김활란과 길정희는 아들이 꼭 필요하지는 않지만, 그래도 아들이 필요하다면 아내와 이혼할 것이 아니라 양자를 얻을 것을 권유한다. 김활란은 고아원에서 태어난 지 얼마 안 되는 어린아이를 데려다 기르라 하고, 길정희는 다른 나라, 즉 일본의 서양자 제도의 도입을 주장한다. 서양자 제도란 사위를 아들로 입양하는 제도를 말한다. 실제로 시대를 앞서 간 부부 가운데 일부는 대를 잇는 문제를 해결하기 위해 이혼하거나 첩을 얻는 대신 입양하는 것을 진지하게 고민했다.

1930년대는 개구멍받이라는 말이 있을 정도로 기아(棄兒)가 넘쳐나던 시대였다. 입양을 활성화하면 불임 가정과 아들 없는 가정의 고민과 기아의 보육 문제를 동시에 해결할 수 있었다. 그러나 1930년대에 입양은 조선의 관습에 따라 원칙적으로 양부(養父)의 동성동본인 혈족 가운데 조카 항렬의 남자에 국한되었다. 양부와 같은 항렬에 해당하는 남계 혈족자의 경우 차양자(次養子)로 입양이 허용되기도 했지만, 양부와 혈연관계에 있는 남자가 아니라면 호적에 올리는 것이 아예 불가능했다.[27]

양자로 입적이 불가능했음에도 불구하고 김활란과 일 기자가 고아나 기아의 입양을 권한 이유는 무엇이었을까? 그들이 말한 양자는 양부의 호적에 올라 조상의 제사와 재산을 승계하는 정식 양자가 아니라 혈육이 아닌 아이를 임의로 데려다 기르는 수양자(收養子)였다. 수양자는 성(姓)이 다른 남자나 여자를 자식으로 삼아 양육하여 노후에 봉양하게 하는 조선의 풍속이었다. 수양자는 원칙적으로 원래의 성씨를 썼지만, 3세 이하의 기아를 데려다 기른 경우에는 양부의 성을 따를 수 있었다. 물론 그런 경우에도 친족 관계가 발생하지는 않았다. 수양자는 호적에 들 수 없었고, 양부의 제사를 지내거나 재산을 물려 받을 수도 없었다. 말하자면 수양자와 양부는 한집안에서 가족처럼 지냈을 뿐 법적인 가족은 아니었다.[28] 김활란과 일 기자의 권유대로 고아나 기아를 입양하더라도 실질적인 의미에서 대를 잇게 할 수는 없었던 것이다. 아들을 얻기 위해 이혼까지 생각하는 남성에게 수양자의 입양은 고민을 해결할 수 있는 적절한 대안은 아니었다.

결국 대를 잇지 못해 고민하는 남성들은 아내와 이혼하고 새장가를 들거나, 첩을 얻어 서자라도 보지 않으면 친척들에게 사정해 조카뻘 되는 아이를 입양하는 수밖에 없었다. 하지만 일 고민생처럼 4대 독자일 경우 조카뻘 되는 아이가 아예 없을 가능성이 컸다. 입양으로 대를 이을 아들을 얻기가 그만큼 어려웠던 것이다. 남아선호 인습, 축첩의 용인, 조카 항렬의 혈족에게만 허용된 경직된 입양 제도 등이 어우러져 불임과 무자(無子)는 한 가정을 붕괴 위기로 내몰았다.

미신과 사교(邪敎)

1930년대 가정을 위기로 내몬 중요한 원인으로 미신과 사교를 빠뜨릴 수 없다. 종교는 내밀한 정신적 영역에 속하는 만큼 사회와 제도가 근대화되더라도 전근대적 미신은 좀처럼 근절되지 않았다. 일상과 가정에 미신이 견고히 뿌리내린 가운데, 국권피탈 후 어수선한 사회 분위기를 틈타 신흥종교가 우후죽순 생겨났다. 동학계의 천도교·시천교·상제교, 증산계의 보천교·흠치교·태을교, 단군계의 단군교·대종교·칠성교·관성교 등 조선총독부가 파악한 것만 해도 70여 개에 달했다. 밀교의 형태로 운영되어 통계에 잡히지 않은 신흥종교는 그보다 몇 배나 많았다.[29]

조선총독부는 신도, 불교, 기독교만을 종교로 인정하고, 나머지는 모두 유사종교로 분류했다. 종교는 학무국 종교과의 관리 대상이었지만, 유사종교는 경찰서 보안과의 단속 대상이었다. 신흥종교 중에는 동학을 계승한 천도교, 단군 신앙에 뿌리를 둔 대종교 등 민족 사상을 전파하고 독립운동을 주도하는 등 건전한 민족종교로 발전한 교단도 적지 않았다. 하지만 대부분의 신흥종교는 혹세무민, 경제적 착취, 부녀자 유린 등 심각한 사회문제를 야기했다. 조선총독부의 유사종교 단속을 단지 종교 탄압이라고 보기는 어려웠다.

1930년대 신문 독자문답란에는 미신과 사교에서 비롯된 가정 위기에 관한 사연이 다수 게재되었다.

군산 일 독자는 아내가 선도(仙道)라는 신흥종교에 정신을 빼앗겨서 부모 공양이나 자녀 교육에 소홀하고, 가사도 돌보지 않아 고심하는 32세 남성이다. 아내는 선도를 믿으면 행운이 찾아올 것이라는 교주의 감언이설에 속아 가족들의 만류에도 불구하고 교단에 재산을 바쳤다. 군산 일 독자는 그대로 두면 재산을 모두 탕진하고 연로하신 부모와 어린 자식들이 굶어죽게 될 것이라며 대책을 물었다.[30]

답변을 맡은 R 기자는 귀신을 섬긴다며 그릇만 잔뜩 쌓아 두고 가사를 돌보지 않아 집안을 풍비박산되게 한 마누라님을 본 적이 있다며 자신의 경험담을 소개했다. 그는 미신에 빠진 아내를 말리기는 매우 어렵겠지만, 그 정도 문제로 이혼할 필요는 없다고 보았다. R 기자가 이혼 대신 제시한 해법은 재산과 관련된 권한을 남편 명의로 돌려놓고, "남편의 권리"로 금지하라는 것이었다. 하지만 남편에게 아내의 종교를 금지할 권리가 있는지는 논란의 여지가 있었고, 지금껏 가족들이 아무리 말려도 듣지 않았던 아내가 남편이 금지한다고 하루아침에 마음을 돌릴 리도 만무했다. 이런 경우 남편이 할 수 있는 일이라고는 아내가 미신에서 헤어날 수 있도록 시간을 두고 설득하는 수밖에 없었다.

미신과 사교는 흔히 인간의 힘으로 해결할 수 없는 극한의 시련에 처한 사람들을 유혹했다. 미신과 가족 사이에서 갈등하는 전라도 일 여성의 사연은 우매한 민중이 미신에 빠지는 과정을 잘 보여 준다.

전라도 일 여성은 36세의 기혼 여성이다. 남편은 수년 전 일본 유학을 떠났다. 이후 그녀는 고향에 혼자 남아 너덧 명의 자녀를 키웠다. 여러 가지로 마음 상하는 일이 많은 데다가 열여섯 살 된 맏아이가 불치병에 걸려 고민이 많았다. 그때 이웃에 사는 ○○교의 중심인물이 찾아와서 "차세(此世)의 행복이나 내세의 행복을 위해서, 더욱이 자식의 병을 위해서라도 자기가 믿는 ○○교를 믿으라고" 간곡히 권유했다. 그녀는 그의 집요한 권유에 혹해 ○○교를 믿기 시작했고, 1년 반 동안 적지 않은 돈을 교단에 바쳐 가며 아이의 병이 낫고 가정이 행복해지기를 기다렸다. 그러나 "믿음이 부족한 탓"인지 그녀는 아직 "시원한 효과"를 보지 못했다.

한 달 전 남편이 돌아와서 그녀를 여지없이 꾸짖고 "즉시 걷어치우라고" 하면서 ○○교를 반대하는 여러 가지 이유를 설명했다. 그녀는 그런 사정을 교회에 털어놓았다. 교회는 중도에 믿음을 배반하면 가정에 여러 가지 불행한 일이 생긴다며 남편의 말을 듣지 말고 신앙을 계속하라고 설득했다. 전라도 일 여성은 이런 딱한 처지를 어떻게 해결해야 하는지 물었다.[31]

현세와 내세의 행복, 병의 치유를 약속하며 신도(信徒)를 모으고 그들의 재산을 사사로이 취해 교단을 유지·확장해 나가는 것은 사교(邪敎)의 전형적인 수법이었다. 1930년대에 사교가 그처럼 성행한 것은 이성적이고 합리적으로 살아가기에 당대 민중들 앞에 놓인 현실이 너무도 고단하고 불행했기 때문이었다.

전라도 일 여성이 ○○교에 빠진 원인은 남편과의 별거, 불우한 가정생활 그리고 불치병에 걸린 자식 때문이었다. 이렇듯 답답한 문제를 해결할 수 있다고 약속했으니 무지한 여성으로서는 미혹될 만도 했다. 그녀는 "적지 않은 재산을 바치고"도 "시원한 효과"를 보지 못했지만, ○○교를 의심하기는커녕 자신의 믿음이 부족한 탓으로 돌릴 만큼 사교에 깊이 빠져 있었다.

답변을 맡은 X 기자는 종교를 배반하면 가정에 불행이 온다는 "그따위 말"은 신경 쓰지 말고, 두말없이 남편의 말을 따르라고 충고한다. 사람이란 일생을 살아가는 동안 병을 앓기도 하고, 상처도 생기고, 가정에 풍파도 일게 마련인데, 그때마다 종교의 힘으로 행복을 구하는 것은 어리석은 행동이라는 것이다. 병은 "귀신의 장난" 따위가 아니라 원

4장 여성 수난사

인이 있어서 발생하는 것이며, 병이 들면 의사에게 치료를 받아야지 종교로 물리치겠다고 들면 오히려 불행만 커질 뿐이다. 귀한 돈을 그녀 자신이나 가정, 사회를 위한 일도 아니고 오히려 그와 반대되는 곳에 탕진하는 것은 잘못이다. X 기자는 그녀가 자신의 잘못을 당장 깨닫기는 어려울 것이니 우선 남편 말을 믿고 ○○교에서 벗어나라고 조언한다.[32]

X 기자의 조언이 전라도 일 여성에게 최선의 대안이었던 것은 분명했다. ○○교와 같은 사교는 하루라도 빨리 청산하는 것이 현명했다. 그러나 사교가 그녀 앞에 놓인 문제를 해결해 줄 수 없었던 것과 마찬가지로 남편의 말을 따라 사교에서 벗어나더라도 그녀가 사교에 발을 들이게 된 근본적인 원인이 없어지는 것은 아니었다. 그녀가 사교에서 헤어나기를 바란다면, 그녀가 불행하다고 느꼈던 원인을 해결해야 했다. 그런 의미에서 남편은 아내에게 ○○교를 믿지 말라고 강요하기 전에, 몇 년 동안 아내를 방치한 자신의 허물을 반성하는 게 옳았다.

아내가 남편과 별거하면서 겪은 외로움은 남편의 노력으로 극복될수도 있으나, 맏아들의 불치병은 인간의 힘으로는 어찌할 수 없는 문제였다. 따라서 불치병 치료의 마지막 수단으로 미신에 매달린 사람들을 설득하기는 더 어려울 수밖에 없었다. 미신은 흔히 의료의 혜택을 받지못하는 계층이나 당대의 의술로 치료하기 힘든 병을 앓고 있는 환자들과 그 가족들을 유혹했다. 신천 답답한 일 독자의 아내도 신병의 치료를 위해 미신에 빠진 여성이었다.

신천 답답한 일 독자는 3년 전 두 살 아래 여성과 결혼한 25세 남성이다. 지난봄부터 아내는 식욕을 잃고 시름시름 앓기 시작했다. 양약과 한약을 다 써 보았지만, 아내의 병은 좀처럼 낫지 않았다.

약이 듣지 않자 아내는 무꾸리(무당과 판수)와 점쟁이를 찾아다니며 병을 물리칠 방법을 물었다. 처가는 원래부터 "귀신 노름"을 많이 하는 가정이었다. 점쟁이는 자기가 하라는 대로 귀신을 섬겨야지 그렇지 않으면 병이 낫지 않음은 물론 설령 병이 낫는다 하더라도 가족에게 또 다른 불행이 찾아오리라고 위협했다.

"본래 무식하고 이해성 없는 아내"는 점쟁이의 말을 곧이듣고 매일 굿을 하자고 졸라 댄다. 그가 완강히 반대하며 말렸지만, 아내는 벌써 한 차례 굿을 했고, 또 다른 굿판을 벌이겠다고 야단이었다. 아내는 더 이상 병원 약을 쓰지 않겠다고 치료조차 거부한다. 이대로 동거하다가 는 남편인 그에게까지 해를 끼칠지도 모른다며, 별거까지 하겠다고 조른다. 신천 답답한 일 독자는 아내의 말대로 별거를 해야 할지, 하지 말아야 할지 물었다.[33]

사주건 관상이건 신점이건 점괘는 맞을 수도 있고 맞지 않을 수도 있다. 절박한 마음에 점집을 찾는 사람들도 그 사실을 모르는 것은 아니다. 사람들은 그렇게라도 불안한 마음을 위로받고 싶어서 점집 문을 두드린다. 이 정도에 그친다면 무속이나 미신에도 순기능은 있는 셈이다.

그러나 신천 답답한 일 독자의 아내가 믿는 점쟁이는 그녀의 불안한 심리를 악용해 금전을 취하고자 한다. 심지어 그는 병으로 신음하는 아내에게 약도 먹지 말라고 강요한다. 최악의 경우 아내는 재산뿐 아니라 목숨까지 잃을 수도 있다. 이런 경우 무속과 미신은 환자의 정신마저 해치는 사회적 병폐가 된다.

무속이 바람직한 해법이 아니었던 것은 사실이지만, 신천 답답한 일 독자에게 다른 대안이 있었던 것도 아니었다. 양약이든 한약이든 약은 모두 소용이 없었다. 효험도 없는 약을 무작정 복용하는 것이나 점쟁이의 협박대로 큰돈을 들여 굿판을 벌이는 것이나 결과는 마찬가지였다. 물론 아무것도 하지 않는 것이 현명한 대응이랄 수도 없었다. 이처럼 인간의 의지로 해결할 수 없는 문제 앞에서 인간은 한없이 무기력

백백교 사건 수사 결과를 보도한 호외(《조선일보》 1937년 4월 13일).

1930년대 세계 10대 사건에 선정되기도 한 백백교 사건.

교주 전용해가 신도의 재산을 갈취하고 교단의 비밀 유지를 위해

교도 수백 명을 살해·암매장했다. 전국 20여 곳의 비밀 아지트에서

314구의 시신이 발견되었다.

한 존재였다.

신천 답답한 일 독자로서는 아내를 설득하여 병원 치료를 받게 하는 것이 최선책이었겠지만 현실적으로 그럴 가능성은 거의 없었다. 아내의 마음을 돌리지 못한다면 남은 대안은 아내의 요구대로 굿판을 벌이고 별거하거나 그대로 아내와 헤어지는 것뿐이었다. 어느 쪽도 바람직한 해결 방법이 아니었다. 답변을 맡은 소설가 이태준은 이에 대해 비교적 현실적인 대책을 일러 준다.

> 병을 아는 것은 물론 의사뿐이겠습니다. 그러나 병을 고치는 데는 의사뿐이 아닙니다. 환자의 심리를 이용해서는 의사 아닌 사람들도 더러는 병을 고칩니다. 지금 신의(新醫)들 중에도 환자에겐 약보다 간호가 더 필요하다고 주장하는 사람도 있습니다. 그러니까 환자와 더불어 세상의 상식을 의논하는 것은 도리어 어리석습니다. 그 환자가 꼭 믿고 굿이라도 하면 자기 병이 낫겠다고 완고히 믿고 있고 그것을 못 해 보는 것을 한으로 여긴다면 환자를 위해 간호하는 의미로 그것을 해 주는 것이 옳다고 생각합니다. 그리고 미신에 대한 설명은 이다음에 그 사람이 건강을 회복했을 때 얼마든지 할 수 있는 것입니다.[34]

미신에 빠진 아내를 설득해서 병원 치료를 받게 하라는 답변은 누구나 할 수 있다. 그러나 미신에 빠진 아내를 이성적으로 설득하기는 사실상 불가능하다. 원칙적인 답변을 실천하려면 병든 아내를 억지로 병원에 데려가 치료받게 하는 수밖에 없다. 의사를 믿고 약을 복용해도 효험이 없는데, 억지로 복용한 약으로 병이 치유되기를 기대할 수는 없다. 이는 남편에게 합리적인 방법으로 아내를 치료했다는 심리적 위안을 줄 뿐이다.

소설가 이태준이 아내의 소원을 들어주라고 조언한 것은 그 때문이었으리라. 어느 쪽도 좋은 결과를 장담할 수 없다면 환자의 마음이라도 편하게 해 주는 것이 인간적인 방법이라 생각했을 것이다. 상식과 이성을 따지는 것은 그다음 문제였다. 이는 이상적인 대안은 아니었으나 인간의 본성에 대해 깊이 고민한 끝에 얻은 사려 깊은 대안이었다. 과학이나 합리성이 인간의 모든 문제를 해결할 수 없는 한 미신에 의지하는 마음은 계속될 수밖에 없었다.

종교는 그 자체가 믿음과 맹목의 영역에 속해서 사교와 미신에 빠진 가족을 이성과 논리로 설득하는 데에는 한계가 있었다. 미신을 극복하기 위해서는 이성과 합리성이라는 근대적 인식이 일상에 뿌리내려야 했고, 기독교, 불교, 유교 등 기성종교가 미신을 완전히 대체할 수 있어야 했다. 무엇보다도 사교나 미신에 빠지게 만든 현실의 문제가 해결되어야 했다. 1930년대에 사교와 미신으로 위기를 겪는 가정이 많았다는 것은 아직 합리적 사고가 일상에서 뿌리내리지 않았고, 기성종교가 민중들의 영적 갈증을 제대로 해결해 주지 못했으며, 민중들이 직면한 현실이 그만큼 지리멸렬했음을 보여 준다.

5장
과도기의 성

1 전근대 성 윤리의 그림자

🔖 간통한 처를 어찌하리까 (속 타는 김생)

1개월 전입니다. 소생은 당년 26세 청년이온데, 소생의 처가 타인과 간통하였습니다. 본인은 보지 못하였으나 동네에 소문이 났습니다. 20일 전에 집을 일일이 뒤져 보니 뜻밖에 의복 하나를 발견했습니다. 처에게 엄중히 따져 보니 의외로 간통한 전말을 자백합니다. 간통한 남자는 본인의 집에 들어와서 여자 혼자 있는 기색을 알고 여자에게 몸을 요구했답니다. 여자는 강력히 거절하다가 힘이 부쳐 어쩔 수 없이 강간을 당했다 합니다. 이 사실을 알고, 저는 간통한 여자와 살 수 없으니 너는 가서 간부와 동거하라고 말했습니다. 아내는 잘못했으니 용서해 달라고 애걸합니다. 저는 "간부인 너와 살 수 없다. 그러니 혼인 비용을 내라."고 했는데 아내는 이번만 용서하여 달라고 애걸을 합니다. 어떻게 해결할까요? 속히 하교해 주십시오.

🔳 옛일은 물에 씻어 보내고 부인을 용서하오 (변호사 신태악)

남의 처가 되어 남편이 아닌 다른 남자와 정을 통하였다 하는 것은 법률 상으로 보든 도덕상으로 보든 도저히 용서할 수 없는 일임은 물론이지만 당신의 처가 한 번 실수로 그와 같이 실행한 뒤 지금 와서는 과거의 잘 못을 후회하고 당신에게 그처럼 전후사를 자백한 뒤 다시는 그런 비행을 하지 않겠다고 맹세하는 이상 이제 구태여 지나간 일을 들추어 문제를 삼는 것은 당신을 위해서든 당신의 처를 위해서든 하지 않을 일인가 합 니다. 당신은 처의 과거 모든 잘못을 용서하고 또한 모든 것을 전부 깨끗 이 씻어 버린 뒤에 처에게 다시는 그러한 일은 눈치라도 보이지 말고 살 아 나가도록 하십시오. 그렇게 하는 것이 도량 있는 남자의 도리입니다.

—「어찌하리까」 1933. 10. 15.

스물여섯 살 청년 속 타는 김생은 부정한 아내 때문에 고민한다. 아내 가 간통을 했다는 소문을 듣고 집을 뒤져 보니 외간 남자의 의복이 있 었다. 아내에게 엄중히 따지니 아내는 간통한 사실을 자백한다. 아내가 다른 곳도 아니고 집 안에서 간통을 했고 외간 남자의 의복까지 보관 하고 있었다면 남편은 분개할 만했다.

그러나 간통을 했다는 아내의 자백은 사실이 아니었다. 어떤 남자 가 집에 들어와 혼자 있는 여자에게 몸을 요구했고, 여자가 강력히 거 절했지만 힘이 부쳐 어쩔 수 없이 관계를 맺었다면 이는 간통을 한 것 이 아니라 "강간을 당한 것"이었다.

아내가 강간을 당했다면 성폭행을 저지른 흉악한 범죄자를 찾아 처벌해야 했다. 또 정신적·육체적으로 극심한 상처를 입은 아내를 위 로하고, 아내를 보호하지 못한 자신을 책망하며 반성해야 했다. 그러나 속 타는 김생은 강간과 간통을 같은 것으로 보고 간통한 여자와 살 수 없으니 가서 간부와 동거하라고 윽박지른다. 이쯤 되면 남편이 아내에게 행사한 언어적·정신적 폭력은 성폭행만큼이나 가혹한 것이 된다. 오늘날에는 이러한 행위를 2차 성폭행이라 부른다.

간통과 강간을 혼동하기는 아내 역시 마찬가지였다. 아내는 성폭력의 피해자였지 간통을 저지른 간부(姦婦)가 아니었다. 그럼에도 불구하고 아내는 오히려 윽박지르는 남편에게 용서를 구하고, 남편은 한발 더 나아가 간부와 살 수 없으니 새장가 들 비용까지 대라고 억지를 부린다.

아내에게는 이처럼 가혹했던 남편이지만 그는 정작 성폭행 가해자에게 아무런 대응도 하지 않는다. 성범죄의 대부분이 친인척이나 가까운 이웃 사이에서 일어난다는 사실을 고려하면 아내를 성폭행한 범인은 속 타는 김생의 지인이었을 가능성이 크다. 자신의 친지나 이웃을 고소할 수 없으니 애꿎은 아내에게 화풀이한 것이리라.

속 타는 김생 부부가 간통과 강간을 구분하지 못한 것은 무엇 때문이었을까? 단순히 무지해서 그랬던 것일까? 그러나 답변을 맡은 변호사 신태악도 둘 사이의 차이를 인식하지 못했다. 따라서 이는 개인의 무지 탓이 아니라 사회적 통념에서 비롯된 오류였던 것이다.

변호사 신태악은 1919년 경성공업학교 재학 중 3·1운동에 학생 대표로 참가하여 6개월간 옥고를 치렀고, 이후 변호사 개업 후에도 신간회 재건을 위해 활약하는 등 활발한 사회 활동을 벌였다. 사상이 불온하다는 이유로 변호사 정직 처분을 받기도 했던 그는 대한민국 건국 이후 대한변호사협회장을 지냈을 만큼 명망있는 사람이었다. 사상적으로도 진보에 가깝지 결코 보수적이라고는 볼 수 없었다. 그러나 신태악의 답변은 전제부터 논거와 결론까지 모두 오늘날의 상식으로는 도무지 납득하기 어렵다. 그의 지적처럼 아내의 간통이 용서할 수 없는 일인 것은 맞지만 속 타는 김생의 아내는 다른 남자와 정을 통한 것이 아니라 성폭행을 당한 것이었다.

변호사라면 성폭행 피해자인 아내를 법적으로 어떻게 구제할지 조언했어야 했다. 그러나 신태악은 아내의 간통을 기정사실화한 뒤 아내가 전후사를 자백하고 재발 방지를 약속한 이상 그녀를 용서하라고 조언한다. 변호사조차 명백한 성폭행을 간통과 혼동한 것이었다.

간통과 강간을 혼동한 것은 신태악의 일시적 착각이 아니었다. 또 다른 성폭력 피해자인 마산 일 여학생의 질문에도 신태악은 그녀의 허물을 책망할 뿐 가해자를 처벌할 방법에 대해서는 알려 주지 않는다.

마산 일 여학생은 여학교 4학년에 재학 중인 18세 미혼 여성으로, 3년 전 전문학교에 다니던 K라는 학생과 약혼해 여고보를 졸업하는 대로 결혼하기로 했다. 그녀는 두 달 전에 친구와 같이 극장에 영화를 보러 갔다가 우연히 약혼자 K를 만났다. 영화 관람을 마친 후 두 사람은 어두컴컴한 중국 요릿집 방에 들어가서 밤참을 먹었다. 그곳에서 K는 그녀를 성폭행하려 했다. 그녀는 힘껏 뿌리쳤으나 여자의 힘으로 막을 수 없어 어쩔 수 없이 정조를 잃고 말았다.

성폭행을 당한 후 약 1개월가량 되어서 K의 집에서 약혼을 취소해 달라고 요구했다. 사정을 모르는 그녀의 부모는 순순히 허락했다. 뒤늦게 사람들의 말을 들어 보니 K는 학교에서 대단히 불량한 청년으로 알려져 있었다. 그녀는 요릿집에서의 일을 대단히 후회하지만 돌이키기에는 이미 늦어버렸다. 마산 일 여성은 성폭행 사실을 부모에게 알려야 할지, 꾹 참고 졸업해 다른 남자와 결혼해야 할지 물었다.[1]

마산 일 여학생은 전형적인 데이트 성폭력 피해 여성이다. 데이트 성폭력은 한쪽의 일방적인 강요에 의해 일어나는 성폭력을 의미한다. 여기서 문제는 가해자와 피해자 모두 그것을 성폭력으로 인식하지 못하고 윤리적인 잘못이나 난폭한 성관계로 생각하는 경우가 많다는 것이다.[2] 마산 일 여학생도 성폭행 사실을 부모님께 말해야 할지 고민할 뿐 가해 남성을 강간죄로 고소할 생각은 하지 못했다. 오늘날이라면 그녀는 당연히 피해 사실을 부모에게 알리고 가해자를 고소해 처벌받게 해야 한다. 그러나 변호사 신태악의 생각은 달랐다. 그의 답변은 다음과 같다.

📑 혼자 숨기고 이후 조심하라 (변호사 신태악)

지금 후회한다니 다시 할 말이 없지만 아직 어린 처녀로서 아무리 약혼한 남자라고 할지라도 늦은 밤 요릿집 같은 데를 함께 들어간 것이 잘못입니다. 보통 생각할 때에 이미 약혼까지 한 남자니까 함께 다녀도 일이 없으리라고 생각할는지 모르나 그렇게 생각하는 것은 틀린 생각이외다. 약혼한 남녀일수록 더욱더 조심하여 서로 공경하고 교제를 엄격히 해야 합니다. 젊은 날 흥분되기 쉬운 기분에 끌려 일생을 그르칠 행동에까지 이른 것은 실로 유감이라고 아니할 수 없습니다.

결혼 전 남녀가 정도 이상의 교제에까지 들어가는 것은 흔히 그 약혼을 파란에 빠지게 하나니, 이러한 남자들의 방종한 심리 관계도 참작하여 교제할 필요가 있을 줄 압니다. 이제 당신도 다시는 그러한 일이 없도록 특별히 조심하셔야 할 것이며 구태여 부모에게까지 그러한 말씀을 올려 근심을 끼칠 필요는 없을 것이외다. 한 번 실수는 어쩔 수 없는 일이니 이번 그 일을 큰 교훈으로 하여 이후 행동을 조심할 것 같으면 도리어 화가 변하야 복이 될 것입니다. 조금도 낙심하지 마시고 이후 수양에 정진하십시오.

—「어찌하리까」 1933. 8. 15.

지금의 관점에서 보자면 아무리 늦은 밤이라 하더라도 영화 관람 후 약혼자와 중국 요릿집에서 밤참을 먹는 것이 윤리적으로 크게 문제되는 행동은 아니다. 그것마저 여성의 잘못이라면 밤 시간대에는 데이트 자체가 불가능하다. 여성이 미리 조심하지 않았다고 성폭행의 책임을 여성에게 물을 수는 없다. 그럼에도 불구하고 신태악은 성폭력 가해자에게는 어떠한 책임도 묻지 않은 채, 피해자인 마산 일 여학생만 일방적으로 힐난한다. 아직 어린 처녀로서 늦은 밤 요릿집에 남자와 함께 들어간 것 자체가 잘못이라는 것이다. 마치 혼자 늦은 밤길을 다니다가 성폭행당한 여성에게 왜 연약한 여성이 혼자 밤길을 걸어 다녔느냐고 꾸짖는 형국이었다.

조선형사령에서 의용한 일본 형법에도 강간죄(형법 제177조)는 있었다. 여성의 권익이 제대로 보호되지 않았던 시대였지만, 성폭력 피해 여성도 피해 사실을 입증하면 가해자를 처벌할 수 있었다. 그러나 신태악 같은 변호사조차 데이트 성폭력이 강간죄에 해당한다고 생각하지 않았고 피해 여성에게 책임을 돌리기에 급급했다.

변호사 신태악이 제시하는 해법은 다시는 그런 일이 발생하지 않도록 특별히 행동을 조심하라는 것과 수양에 전진하라는 것이었다. 구태여 부모에게 알릴 필요도 없다고 했다. 오늘날의 시각에서는 터무니없는 조언이지만 그 시대에는 어느 정도 현실적인 대안이었음을 부정하기 어렵다.

그 시대에는 변호사조차 성폭력이 여성의 조신하지 못한 처신에서 비롯된다고 여길 만큼 성폭력 가해자에게 관대했다. 성폭력 피해 여성은 성폭력을 유발할 만큼 행동이 방종한 여성으로 간주되었고, 정조를 잃은 것으로 손가락질당했다. 성폭력 피해 여성이 피해 사실을 공개한다면 2차 성폭력은 예정된 것이나 마찬가지였다. 마산 일 여성은 피해 사실을 입증하기 어려웠을 뿐 아니라 그 사실을 입증해 가해자를 처벌한다 하더라도 평생 부정한 여성이라는 편견을 벗을 수 없을 것이었다. 성폭력 피해 여성에 대한 당대의 사회적 편견을 고려할 때, 피해 사실을 폭로해서 가해자를 응징할 방법은 적었던 반면 피해 여성이 감당해야 할 2차 피해는 너무도 컸다.

아동 성폭행의 트라우마에 시달리는 경성 일 독자의 질문에 답변한 R 기자 역시 가해자를 응징할 방법을 제시하지 못하기는 마찬가지였다. 경성 일 독자는 일고여덟 살 때쯤 이웃집 남자에게 "몸을 더럽힌" 19세 여성이다. 그 일을 겪은 후 근심이 떠나지 않고, 나이가 들수록 점점 고통이 심해진다. 그 남자를 죽이거나 징역이라도 시키고 싶은 생각이 간절했다. 그러나 지금 그 남자가 어디 있는지도 알 수 없다. 그녀는 심지어 "만일 선생님께서 그 남자하고 같이 살라고 하시면 저는 죽겠습니다."라는 어처구니없는 상상을 하기도 한다. 하루 종일 죽고 싶은 생각이 머리에서 떠나지 않을 만큼 심각한 성폭력 후유증에 시달린다. 경성 일 독자는 일평생 독신으로 살아야 옳은지, "여자의 몸이 더러운지 깨끗한지 남자가 안다는 말"이 사실인지, "더러운 몸"이 출가를 해도 괜찮을지 물었다.[3]

어린 시절 성폭행을 당한 경성 일 독자는 결혼 적령기에 이를 때까지 그날의 트라우마에서 헤어나지 못했다. 지금이야 성폭행에 따른 정신적 피해를 심각한 문제로 인식하지만 1930년대 조선 사회에서는 그런 의식이 아예 존재하지 않았다. 사연에서처럼 피해 여성들은 혼자 고통받으며 방치되기 일쑤였다. 경성 일 독자는 어린 시절 성폭행당한 사실보다 정조를 잃은 것에 더 크게 절망했다. 사연의 제목도 어려서 '성폭행을 당했습니다'가 아니라 '어려서 정조를 깨트렸으니'였다. 누군가 그 남자와 살라고 할지도 모른다는 터무니없는 걱정을 한 것도 '열녀는 두 남편을 섬기지 않는다.[烈女不事二君]'는 낡은 정조 관념 탓이었다.

부부가 다른 이성과 부정행위를 저지르지 않고, 성적인 순결을 지켜야 한다는 정조의 의무는 오늘날에도 중요한 부부 윤리로 남아 있다. 따라서 지금도 정조의 의무를 깨는 외도는 이혼 사유로 인정된다. 그러나 봉건적 정조 관념에서는 오직 여성에게만 순결을 요구했고, 순결을 잃게 된 과정에 대한 고려 없이 결과에만 집착했다. 이로써 피해 여성들은 정조를 잃은 부정한 여성이라는 낙인으로 이중의 고통을 받아야 했다.

답변을 맡은 R 기자는 "어렸을 때에 모진 남자에게 유린을 당하고 정신적 고통을 받고 있는 당신의 사정을 들을 때에 그러한 종류의 남자에게 철봉을 내리고 싶다."라며 경성 일 독자의 처지를 동정했다. 하지만 죽인다고 문제가 해결되지 않으니 "지난 일은 지난 일로 돌리고 어떻게 하면 당신이 장래에 정신적으로 행복한 생활을 할 수 있으며 또 남편 되는 이와 금슬 좋게 지낼 수 있을지"만 생각하라고 조언했다.[4]

경성 일 독자의 트라우마는 본인의 의지로 극복할 수 있는 문제가 아니었다. 가해자가 응분의 처벌을 받게 하고, 자신은 정신과 전문의의 치료를 받는대도 그 상처를 극복할 수 있으리라는 보장이 없었다. 오늘날은 아동 성폭력 피해 여성을 위한 치료와 가해자 처벌이 모두 제도적으로 보장되고 있지만, 1930년대 한국 사회에서는 두 가지 모두가 불가능했다.

1930년대는 보건 의료가 낙후된 시대였던 만큼 성폭력 피해 여성의 정신 건강까지 돌볼 여유가 없었다. 설령 정신과 진료를 할 수 있는 의사가 있었다 하더라도, 아동 성폭력이라는 개념조차 확립되지 않은 시대에 피해 여성을 위한 효과적인 처방이 있을 리 없었다. 경성 일 독자의 말처럼 죽이는 것 외에는 가해자를 응징할 뾰족한 방법도 없었다. 비록 형법에 강간죄가 있다 하더라도, 10여 년의 세월이 지난 후 가해자의 범행을 입증할 방법이 없었다. 피해 사실을 입증할 방법이 없으니 가해자에게 윤리적 책임을 묻기도 어려웠다. 따라서 R 기자가 가해자를 응징하기 위해 경성 일 독자에게 제시할 수 있는 방법은 사실상 아무것도 남지 않았다.

대신 R 기자는 미래를 개척할 방법에 대해 장황하게 설명한다. 그는 우선 남편 될 사람에게 과거를 털어놓으라고 조언한다.

여기에 대해선 두 가지 말씀을 드리고 싶은데, 하나는 당신의 말씀을 들으면 만일 이제 결혼을 한다고 하면 당신이 유린당한 사실을 숨기고 살 눈치가 보이는데 이것은 정당치 못한 일이라 생각됩니다. 물론 그 사실을 숨김으로써 당신은 도리어 행복한 생활을 할 수 있으리라 생각하고 또는 그런 경우도 있을지는 모르나 만일 그렇게 당신이 남편 되는 분을 속이신다 하면 당신은 양심에 비쳐 볼 때 항상 고통을 받을 것입니다. 도리어 결혼하기 전에 정직히 남편 될 사람에게 고백하는 것이 좋을 듯합니다. 그러면 어떤 남자가 정조를 깨뜨린 여자와 결혼할 것이냐고 하실지 모르나 이것이 기자가 말씀하겠다고 한 또 한 가지입니다. 정조를 깨뜨린 것은 일생에 다시 구제할 수 없는 중대사라고 생각하지만 우리는 이런 관념에 속박되어 지낼 의무는 없다 생각합니다. 그러나 여기서 특별히 주의할 것은 그러면 정조가 무슨 소용이 있느냐 하고 정조 무용론을 주장하는 것은 아닙니다. 기자는 도리어 생각이 고루하여 그런지 모르나 여자에게 있어 정조는 귀하다고 생각합니다. 그러나 시대는 변하여 정조에 대한 생각은 달라졌습니다. 여기에 길게 말씀할 지면이 없으나 요컨대 만일 한 여자가 혹은 한 남자가 결혼을 한 후 다른 불의의 마음이 없이 서로 사랑을 하고 살아 나간다면 그것이 행복하다 생각되는 것 같습니다.[5]

R 기자는 진정으로 경성 일 독자가 행복해지기를 바라는 것 같다. 하지만 그녀가 그의 조언을 따를 경우 아동 성폭력 피해자로 불우한 유년기를 보낸 데 이어 결혼 생활마저 불행에 빠뜨리게 될 가능성이 컸다. 남편에게 과거를 숨기고 살면 양심의 가책으로 더 불행해질 것이라는 R 기자의 진단이 틀리지는 않았다. 여성에게 정조는 중요하지만, 정조 그 자체를 절대시하는 관념은 타파되어야 한다는 인식도 충분히 이해할 수 있다. 어느 정도 분별이 있는 지식 청년이라면 어려서 성폭행을 당해 순결을 잃은 여성을 정조를 지키지 못한 부정한 여성이라고 매도하지는 않았을 것이다.

그러나 이상과 현실은 달랐다. 경성 일 여성이 완전한 남이라면 그녀를 동정하고 위로할 남성도 있었겠지만, 그녀가 자신의 아내라면 순결을 잃은 그녀를 너그럽게 이해해 줄 남성은 흔치 않았다. 속 타는 김 생의 사연에서 확인했듯 1930년대는 간통과 강간마저 혼동되던 시대였다. 따라서 경성 일 독자의 경우 양심에 가책을 느끼더라도 남편에게 과거를 숨기고 사는 편이 현명했다.

R 기자는 그녀를 진정으로 사랑하는 남자를 만난다면, 과거의 일을 그리 문제 삼지 않을 것이라고 위로한다. 그는 "실제로 과거에 어떤 사정으로 정조를 깨뜨린 사실을 알고서도 잘 사는 이가 세상에는 상당히 많다."라고 지적하면서, 그렇게 고통스럽게 생각할 것이 아니라 이해심 있는 남편을 구해 행복한 가정을 이루라고 조언한다.

R 기자는 근거 없이 희망적인 전망을 제시했지만, 당대의 현실에서 경성 일 여성의 미래는 결코 밝지 않았다. "이해심 있는 남편"을 만나는 것 자체가 쉬운 일이 아닌 데다가 그런 남편을 만난다 하더라도 어린 시절 성폭행을 당한 트라우마가 성과 남성에 대한 공포심을 불러일으켜 정상적인 결혼 생활은커녕 정상적인 일상생활을 영위하기도 어려웠

을 것이기 때문이었다. 아동 성폭력 피해 여성을 구제하기 위해서는 법적·제도적 장치의 마련을 위한 사회적 합의가 필요했다. 하지만 한국에서 아동 성폭력의 폐해와 심각성이 공론화된 것은 아주 최근의 일이다. 어쩌면 R 기자처럼 근거 없이 희망적인 전망을 가지는 남성들이 많았기 때문에 아동 성폭력 문제가 반사회적 흉악 범죄로 인식되기까지 그처럼 오랜 시간이 필요했는지도 모른다.

성폭행이 범죄라는 인식조차 불분명했던 시대였던 만큼 성희롱은 개념조차 형성되지 않았다. 여성에게 성적 수치심을 느끼게 하는 남성이 없었던 것이 아니라 성희롱에 대한 사회적 차원의 문제의식이 존재하지 않았던 것이다. 성희롱 사건이 발생하면 피해 여성이 정숙하지 못한 처신을 했다고 책임을 전가하기 일쑤였다.

시내 일 소녀는 19세 미혼 여성이다. 그녀에게는 "현대적인 이모"가 한 명 있는데, 그 이모와 자주 외출을 한다. 이모도 상당한 미인이요, 그녀도 어여쁜 편이어서 길을 다니면 남자들이 "히야카시(희롱)"를 자주 한다. 그럴 때마다 그녀는 "거지 같은 것들에게 그런 소리를 듣는 것이 너무 분해서" 그들과 자주 싸웠다. 얼마 전 이모와 어디를 갔다가 늦게 돌아오는데 동네 청년들이 "고약하게 히야카시"를 해서 "아주머니와 같이" 또 싸움을 했다. 그랬더니 "이것들이 더 야단으로 성사를 삼고 야단"을 친다며, 어찌하면 좋을지 물었다.[6]

상당한 미모를 지닌 두 신여성이 1930년대 서울 거리를 걸어 다녔을 때 뭇 남성들의 시선을 끌었을 것임은 충분히 상상할 수 있다. 그러나 동네 청년들은 두 미인을 쳐다보는 데 그치지 않고 희롱을 한다. 사연에 나타난 어투를 보면 시내 일 소녀가 보인 행동은 봉건적 여성 윤리에서 요구한 정숙한 여성상과는 차이가 있다. 그녀는 말과 행동이 경망스럽고 허세가 심하다. 신문화의 혜택을 받지 못한 사람들을 깔보는 듯한 태도도 보인다.

그렇다고 동네 청년들의 희롱이 정당화되는 것은 아니다. 답변자는 응당 동네 청년들을 꾸짖은 다음 시내 일 소녀에게 성희롱을 예방할 방법을 알려 주었어야 했다. 그러나 답변을 맡은 일 기자는 청년들에게 희롱을 당한 것도, 희롱한다고 그들과 어울려 싸운 것도 모두 시내 일 소녀가 잘못한 일이라고 꾸짖는다.

당신은 아직도 세상을 모르고 덤비는 분입니다. 그만한 것을 일일이 다 탄(歎)해서 시비를 걸려고 했다가는 도리어 커다란 실패와 실수가 있지 않을까 하고 생각됩니다. 길에서 희롱을 한다고 같이 탄해 가지고 싸움을 건다는 것은 아주 아름답지 못한 행동인 동시에 당신 자신에게 더 불리하게 됩니다.

길가에서 그런 막돼먹은 사람들과 좋지 않은 욕설을 주고받으면 그 사람들에게는 하등 손해나 망신이 없습니다만 여기서 처신없이 굴게 되어 버리는 건 오로지 당신뿐입니다. 그러므로 길에서 그런 일을 당할 때에는 설혹 저편에서 어떤 흉악한 욕설을 하더라도 결코 탄할 것이 못됩니다. 그러면 점점 내게만 더 망신이 될 뿐입니다.

그뿐 아니라 길에 다니는 사람이 하도 많은데 가는 데마다 희롱을 당하는 데는 당신네들이 희롱을 당하도록 벗고 다니시지 않습니까? 냉정히 살펴보십시오. 옷 입은 것이나 또는 잠깐 동안이더라도 몸가짐이 어땠는지 살펴보십시오.

그리고 그렇게 하지 않도록 숙녀답게 점잖게 하고 다닐 것이며 쓸데없이 밤늦게 외출하는 일은 다 재미없는 일입니다. 그러므로 앞으로 점잖게 온몸을 단정케 한다면 그런 귀찮은 일이 다시 없으리라 생각합니다. (일 기자)[7]

일 기자는 남존여비 관념이 뿌리내린 현실을 전제로 답변을 풀어간다. 길가에서 막돼먹은 남성들과 욕설을 주고받으며 싸우면 그들에게는 하등 손해나 망신이 되지 않지만, "처신없이 군" 여성에게는 큰 망신이 된다고 단정한다. 동네 청년들이 어떠한 흉악한 욕설을 하더라도 함께 어울려 싸운 여성만 망신이라는 것이다.

물론 여성이 거리의 건달들과 악다구니 치며 싸우는 것이 "아름답지 못한 행동"인 것은 사실이다. 하지만 여성만 그런 것이 아니라 남성 역시 마찬가지다. 근대 사회는 사적 제재를 금지한다. 피해자가 범죄자를 직접 제재하는 것보다 법이나 제도, 공권력에 의지하는 것이 바람직하다. 그러나 일 기자는 아름답지 못한 행동이니 참으라고만 할 뿐, 희롱을 거는 거리의 건달들을 제재하거나 처벌할 방법에 대해서는 언급하지 않는다. 성희롱은 피해 여성이 직접 해결할 수 없는 문제인 만큼 법과 제도가 그녀를 보호해 주었어야 했지만, 그 시대에는 그런 제도 자체가 존재하지 않았다.

일 기자는 길을 오가는 하고많은 여성 중에 유독 그녀만 희롱을 당하는 데에는 다 이유가 있다며 도리어 시내 일 소녀를 꾸짖는다. 노출이 심한 복장을 하고, 몸가짐이 현숙하지 않고, 밤늦게 돌아다니니 희롱을 당할 수밖에 없다는 것이다. 오늘날이라면 여성의 복장, 몸가짐, 외출 시간을 언급하는 것만으로도 충분히 성희롱으로 간주될 수 있다. 그러나 남성중심주의가 견고하게 유지되었던 1930년대에는 신문지면에서 성희롱의 원인이 여성의 현숙하지 못한 행동과 복장 때문이라고 떠들어도 크게 문제되지 않았다.

성폭력은 여성에게 씻을 수 없는 상처를 주는 심각한 반사회적 범죄다. 그러나 1930년대 한국 사회에서 성폭력은 범죄나 여성의 인권 문제가 아니라 정조의 상실 문제로 인식되기 일쑤였다. 여성에게 정조를 요구한다면 그것을 위태롭게 하는 성범죄를 강력히 처벌해야 옳다. 그러나 1930년대 한국에서는 여성에게 엄격한 정조 관념을 요구하면서도, 여성에게서 그처럼 소중한 정조를 빼앗은 성폭력 가해자를 찾아 처벌하려는 노력은 등한시했다. 그 시대 남성들은 여성들에게 정조를 지킬것만 요구했을 뿐 여성들의 정조를 지켜줄 책임은 방기했던 셈이다. 남성중심주의는 성폭력 피해자에게는 가혹하고, 가해자에게는 너그러운 모순된 현상을 낳았고, 이는 성폭력을 방기하고 부추기는 결과를 초래했다.

問 과거를 깨끗이 고백하리까? (시내 S녀)

저는 당년 21세 된 기혼 여자입니다. 작년 봄 모 씨와 결혼하였습니다. 문제인 즉 제가 결혼하기 바로 2년 전 열아홉 살 때 어떤 청년과 소위 연애 비슷하게 교제를 하다가 당시 철없던 탓으로 그 남자에게 귀중한 정조까지 빼앗겼습니다. 저는 결혼한 지금도 남편이 저를 사랑하면 사랑할수록 그 일이 생각나서 가슴을 졸이며 후회하고 있습니다.

더욱이 남편 되는 이는 최근에 와서 제가 결혼 전에 연애 대상이 있었다는 것을 눈치까지 챈 것 같지는 않으나 다소 이상한 태도로 가끔가끔 저더러 농담 비슷하게 "과거의 모든 것을 털어놓고 이야기해 보라."라고 합니다. 이 일을 어찌할까요? 모든 것을 시원히 고백해 용서해 달라고 빌어볼까요? 어찌하리까?

答 당분간은 비밀을 지키십시오 (X 기자)

이러한 경우는 당신뿐만 아니라 요즘 세상에 흔히 있는 일이며 또한 그 결과는 자칫하면 커다란 일을 저질러 놓습니다. 물론 남편 되는 이가 당신을 참으로 사랑한다면 얼핏 생각에 문제가 안 될 듯하지만 소시민적 관념을 가진 청년들의 연애관이란 상대자를 사랑하면 사랑할수록 그 따위 것을 문제시하는 모양입니다. 당신은 이 점을 특히 주의해야 합니다. 남편이 나를 참으로 사랑하고 있으니 내가 모든 것을 고백한다고 한들 그이가 설마 그것을 문제시할 리야 있겠느냐고 생각하셨다가는 천만의외의 실패를 당하시게 될 것입니다. 물론 남편 되는 이가 그만한 것을 이해하고 용서할 만한 청년이라면 털어놓고 과거를 고백하는 것이 좋겠지만 그렇지 못한 경우에는, 비밀은 죄악이라는 말도 있습니다만, 비밀을 지키지 않을 수 없을 것입니다.

더욱이 당신은 스스로 그것을 때때로 생각하여 불쾌를 느낀다 하오니 그것은 당신이 잘못이외다. 쓸데없는 과거를 곱씹다가 남편이 이상한 눈치를 알아채게 하지 마시고 깨끗이 과거를 잊어버리고 좀 더 쾌활하고 기분 좋은 태도로 최상급의 서비스를 하십시오. 금일의 결혼관, 다시 말하면 도덕관이란 백 년, 천 년을 두고 불변할 것이 많습니다. 하지만 당신의 잘못과 같은 것은 그리 문제도 되지 않을 그러한 새로운 결혼관을 만들기 위해 고민 과정에 있는 이때이온즉 당신은 꾹 참고 계시다가 그때 가서나 이야기하시면서 서로 힘껏 웃어나 보십시오.

—「어찌하리까」 1934. 5. 29.

1930년대 한국 사회에서는 성폭력마저 간통으로 간주되었던 만큼, 결혼 전 성경험이 있는 여성은 결혼 후에도 죄책감에 시달렸다. 작년에 결혼한 스물한 살 새댁 시내 S녀도 그러한 여성이었다. 그녀는 결혼하기 1년 전 어떤 청년과 "연애 비슷하게 교제"하다가 철없는 탓에 그만 정조를 빼앗긴다. 성관계를 맺은 것을 "정조를 빼앗겼다."라고 표현한 것은 아마도 애인의 집요한 요구에 마지못해 응했기 때문이리라.

오늘날 혼전 순결은 보편적 윤리가 아니라 개인의 선택이지만,

1930년대 한국 사회에서 혼전 순결은 여성이라면 당연히 지켜야 할 덕목으로 간주되었다. 시내 S녀가 결혼한 지 1년이 지나도록 가슴 졸이며 후회하는 것도 그 때문이었다. 답변을 맡은 X 기자가 "이러한 경우는 당신뿐만 아니라 요즘 세상에 흔히 있는 일"이라고 한 것을 보면, 1930년대의 연애라고 정신적인 사랑만을 추구한 것은 아닌 듯하다.

연애를 하다 보면 육체관계를 맺는 경우도 생기게 마련이다. 따라서 자유연애라는 근대적 문화와 혼전 순결이라는 봉건적 윤리는 양립하기 어려웠다. 남녀에게 똑같이 적용되기만 한다면 혼전 순결 그 자체가 비인간적인 윤리라고 보기는 어렵다. 하지만 전근대 사회에서는 여성에게만 혼전 순결을 강요했기 때문에 남녀평등에 어긋났다. 더욱이 남성들은 한편으로는 여성에게 혼전 순결을 지킬 것을 요구하면서, 다른 한편으로는 시내 S녀의 애인처럼 호시탐탐 여성과 육체적 관계를 맺을 기회를 노리는 이율배반적인 태도를 보였다.

X 기자는 "비밀은 죄악이라는 말"은 신경 쓰지 말고, 남편에게 비밀을 털어놓지 말 것을 주문한다. 얼핏 생각하기에 남편이 그녀를 진심으로 사랑한다면 흔쾌히 용서해 주고 새 출발할 것 같지만, 소시민적 관념을 가진 청년들은 상대를 사랑하면 할수록 "그따위 것"을 문제 삼는다는 것이다. 물론 X 기자도 여성의 정조와 순결을 요구하는 인습은 봉건시대의 유물로서 조만간 사라질 것으로 전망한다. 하지만 지금 당장은 문제가 될 수도 있으니 새로운 결혼 윤리가 정착될 때까지는 비밀을 간직하고 견뎌 보라고 권유한다.

1930년대 신문 독자문답란에는 시내 S녀처럼 혼전 순결 문제로 고민하는 남녀의 사연이 다수 게재되었다. 아내에게 떳떳이 혼전 순결을 요구할 만큼 결혼 전 금욕적인 생활을 한 남성이 많지는 않지만, 아내의 과거를 알게 된 남편들은 흔히 이혼까지 불사하겠다고 나섰다. 그 시대 남편들은 아내의 사소한 과거에도 절망하고 분개했다. 다음에 소개하는 시내 일 여성의 남편도 그중 하나였다.

시내 일 여성은 결혼한 지 몇 달밖에 안 된 24세 주부다. 남편과 그녀는 둘 다 전문학교를 마친 지식인으로 두 달 동안의 달콤한 신혼 생활을 보냈다. 하지만 그녀의 부주의로 결혼 전 일기를 남편에게 들키면서 집안에 파란이 일어났다. 결혼 전 시내 일 여성에게는 K라는 애인이 있었다. 어느 여름방학 때 그녀는 K에게 "처녀의 입술을 허락해" 버렸고, 그날 밤 집으로 돌아온 그녀는 너무도 큰 실수를 후회하며 혼자 울며불며 장문의 일기를 썼다. 그리고 그 일기를 그만 남편에게 들켜 버린 것이었다.

시내 일 여성은 K에게 몸을 허락한 것도 아니고 다만 키스를 한 것뿐이었다. 그럼에도 불구하고 일기를 읽은 남편은 그녀의 과거를 꼬치꼬치 캐물었다. 하는 수 없이 그녀는 전말을 다 고백했다. 그 후부터 남편의 태도는 갑자기 차가워지며 우울해지더니 결국 밤에 늦게 들어오기 일쑤였다. 남편은 술을 마시고 들어와서는 울며불며 그녀를 괴롭혔다. 그녀는 물론 K를 잊은 지 오래였고, 지금은 남편만을 사랑했다. 시내 일 여성은 어떻게 하면 남편의 마음을 돌리고, 용서를 구할 수 있을지 물었다.[8]

답변을 맡은 N 기자는 시내 일 여성이 부주의해서 생긴 일인 만큼 앞으로 더 주의하고, 남편의 마음이 그녀에게서 떠나지 않게 전보다 남편에게 더 충실하라고 조언한다. 그리고 이 위기를 벗어나려면 무엇보다도 그녀의 "굳센 반성이 절대로 필요하다."라고 지적한다.[9] 전문학교까지 졸업한 지식인이 아내가 결혼 전 애인과 키스를 한 일이 있다고 울며불며 비탄에 젖고, 그 정도의 과거 때문에 답변자가 여성에게 굳센 반성을 요구할 만큼, 1930년대 남성들은 여성의 과거에 집착했다. 심지어 다음에 소개하는 이리 일 독자처럼 불의의 사고로 순결을 잃은 아내를 부정한 여성이라고 생각하는 남성도 있었다.

이리 일 독자는 결혼한 지 1년여밖에 안 된 새신랑이다. 아내는 비교적 똑똑하고 단단하나 도무지 생기가 없어 마치 수심에 쌓여 있는 것 같았다. 그래서 한번 조용히 그 이유를 물어보았다. 그의 아내는 그와 결혼하기 얼마 전 "어쩔 수 없는 경우로 그만 처녀성을 잃어버리고 말았다."라고 털어놓았다. 그 후 아내는 자살하려고 독약까지 먹었지만 결국 죽지 못했다고 했다. 아내의 고백을 듣고 보니 그는 "좀 시원치 않게 생각"되었다. 아내는 임신 6개월로 얼마 안 있어 그의 혈육을 낳을 예정이었다. 이리 일 독자는 "그만한 비밀을 고백하는 그로서는 이미 절연을 각오한 바"와 같으나, 배 속에 있는 아이를 생각해서 도저히 아내를 쫓을 수 없다며 어찌해야 하는지 물었다.[10]

이리 일 독자는 아내가 "처녀성을 잃었다."라고 표현했지만, "어쩔 수 없는 경우"로 수식했고, 그 후 아내가 독약을 먹고 자살을 기도했던 것을 보면, 아내는 결혼 전 성폭행을 당했던 것으로 보인다. 이런 상황이라면 남편은 응당 아내를 위로하고, 아내에게 성폭력을 가한 흉악한 범죄자를 찾아내 처벌받게 했어야 했다. 이리 일 독자도 "좀 시원치 않게 생각"되었다며 아내를 조금은 측은하게 생각한 듯하다. 하지만 그는 아내가 그 정도 고백을 할 때는 절연을 각오했을 것이라며 이혼을 당연시한다. 당장에라도 아내를 내치고 싶지만 아내의 배 속에서 자라는 아이를 생각해서 쫓을 수 없다는 것이 그의 고민이었다.

이처럼 그 시대 한국 남성들은 호시탐탐 다른 여자의 순결을 빼앗으려 들었지만 아내의 혼전 순결에 대해서는 철저히 따지고 들었고, 심지어 성폭행 당한 아내마저 부정한 여성으로 취급했다. 상황이 이럴진대 "연애 비슷하게 교제를 하다"가 철이 없던 탓으로 "정조까지 빼앗긴” 시내 S녀가 남편의 사랑만 믿고 사정을 고백한다면 남편이 이혼하겠다고 나서지 말라는 보장이 없었다.

물론 모든 남성이 이리 일 독자처럼 성폭행 피해 여성을 좋지 않은 시각으로 본 것은 아니었다. 답변을 맡은 우해생(憂海生)은 이리 일 독자에게 오히려 아내를 위로해 주라고 당부한다. 우해생은 아내를 얻을 때 처녀성을 묻는 것은 시대에 뒤처진 일이며, 그의 아내는 자기의 잘못이 아니라 “어쩔 수 없는 사정”이 있어 순결을 잃은 것이므로, “남편에게 반드시 떳떳한 일은 아니나” 그 때문에 자살하거나 이혼당할 일은 아니라고 본다.

그는 “요즘 세상의 여자들은 흔히 처녀 시대에 행실이 부정”한데, 그의 아내는 “실로 정직하고 미더워 인격이 있는” 여성이라며, 다른 여성들을 재물로 삼아 그의 아내를 치켜세운다. 또 아내와 이혼한다고 그가 행복해지는 것도 아니니 이혼이라는 말은 입 밖에도 꺼내지 말라고 당부한다. 오히려 임신 중인 아내가 그 때문에 신경이 쇠약해질 수 있으니 진실한 태도와 정중한 언사로 아내를 위로하라고 조언한다.[11]

우해생의 답변에도 성폭행 피해 여성이 남편에게 떳떳하지 않다거나 현대 여성의 행실이 흔히 부정하다는 등 남성중심주의적 편견이 남아 있었다. 하지만 1930년대 한국 사회에서 여성에 대해 그 이상의 존중을 기대하기는 어려웠다. 우해생의 조언처럼 이리 일 독자는 아내를 책망하기보다 성폭행으로 받은 상처를 위로하고 그녀를 더욱 사랑해야 했다. 설령 결혼 전 아내에게 자발적인 성경험이 있었다고 하더라도 그 문제를 물고 늘어지는 것은 부정적인 결과만 초래할 뿐이다.

결혼 전 일어났던 일들은 결혼과 동시에 털어 버리는 것이 옳다. 그러나 사람들은 곧잘 그 방식에 대해 오해하곤 한다. 털어 버리는 것은 더 이상 기억하지도 들춰내지도 않는 것이지, 배우자에게 과거를 고백하고 용서를 받는 것은 아니다. 배우자의 화려한 연애 편력에 마음 상하지 않을 사람은 드물다. 부부는 과거를 곱씹으며 살 것이 아니라 함께 미래를 바라보며 살아야 한다. 그러나 1930년대 한국 남성들은 봉건적 정조 관념에 얽매어 아내의 과거를 들추다 부부 관계를 파국으로 이끄는 실수를 범하기도 했다. 혼전 순결이 가정의 평화를 깨뜨린 것은 아내가 혼전 순결을 지키지 못했기 때문이 아니라 남편이 아내에게 터무니없이 순결한 과거를 요구했기 때문이었다.

2 정조 윤리의 해체

애 배 가지고 시집을 왔소

저는 당년 19세의 여자로 약 1개월 전에 어떤 남자와 결혼을 하였습니다. 그러나 제 배 속에는 이미 딴 사람의 씨가 들어 있습니다. 수태한 지 벌써 너덧 달. 불행한 그 어린아이가 머지않아 나올 모양입니다. 지금까지는 모든 것을 주의하고 단속하여 남편도 눈치를 못 채는 듯하나 이제부터 그렇게 속여 나갈 수 있겠습니까? 제가 남의 애 밴 줄 안다면 남편이며 시집붙이들이 오죽 떠들고 덤비겠습니까?

원래 저는 사랑하는 사람이 있어서 서로 비밀한 관계까지 맺기에 이르렀으나 그 사람은 불행히 기혼자였습니다. 완고한 저의 부모도 저를 남의 첩으로 주려고 않으시고 저 역시 재미가 적어서 부모의 명령대로 지금 남편 되는 이에게 시집을 왔던 것입니다. 제 배 속의 일인들 그 누가 알았겠습니까?

지금 와서는 차라리 시집온 것을 후회하나 이 창피와 이 봉변을 후회한다고 씻어 버릴 수 있습니까? 한 가지 참고로 말씀드리는 것은 저의 친정이나 시집이 모두 양반집이올시다. 시집에서는 떠드는 것이 당연지사지만 친정에서 그에 못지않게 떠들 것이 아닙니까? 이 노릇을 어찌할까요? 무슨 도리가 좀 없을는지요?

📋 생활의 독립이 제일 좋은 방법

오늘날 당신의 불행은 옛날 당신의 경솔한 행동으로부터 생기는 것입니다. 여자의 정조가 여자의 앞길을 많이 지배하고 있는 이 세상에 있어서 왜 당신은 그것을 경솔히 허락을 하셨습니까? 물론 과거를 숨기고 천연덕스럽게 시집을 가서 잘 사는 사람도 없는 것이 아니나 그것도 반드시 좋은 일이라고는 생각지 않습니다. 더구나 당신과 같이 그렇게 표시가 나는 데 이르러서는 어떻게 협잡인들 할 수 있겠습니까? 구태여 이 기자가 당신의 잘못된 과거를 들어 괴로운 당신을 더 괴롭히자는 것이 아니라 많은 다른 여성의 장래를 위하여 한 번 말씀을 하지 아니치 못하는 것입니다.

처녀 시대에 정조를 지키는 것이 반드시 아내로의 필수 조건이냐 아니냐는 딴 문제요, 아직까지 이 세상에서는 처녀의 정조를 중요하게 생각하고 있는 것이 사실이라는 것을 알아 두지 않으면 안 됩니다. 그런데 지금 당신의 곤란한 형편을 어떻게 조처할 수 없겠느냐고요?

첫째로 남편 되시는 이에게 머리를 백번 조아려서라도 양해를 구하셔서 다른 사람 모르게 해산도 하고 어린아이도 기르도록 해 보세요. 남편이 그만한 양해를 할 만큼 이해가 없고 또 그가 이해하더라도 그와 같이 해산도 하고 애도 기를 방법이 없다면 어찌하려고요? 병을 핑계하고 당신의 친정으로 돌아가서 부모에게 그와 같이 하기를 청해 보세요. 이거고 저거고 다 시원한 해결 방법이 아니오나 우선 그 두 가지 도리 외에는 별 수가 없습니다.

지금의 남편과 아주 헤어져 가지고 무슨 도리든지 당신의 생활을 당신이
유지하고 전개시키어 가는 것이 제일 좋은 방법이라고 생각은 되나, 당신
이 그만한 용기와 그만한 환경을 가지고 있을는지 의문이외다.

—「어찌하리까」 1935. 1. 9.

열아홉 살 양반집 규수가 엉뚱한 남자의 애를 배 시집갔다는 놀라운
사연이다. 시댁이건 친정이건 모두 양반 집안이니 사실이 알려진다면
친정이라고 우군이 되어 주리라는 보장이 없었다. 이제 수태한 지 너덧
달 되었다면, 한 달 전 결혼했을 때는 임신 3~4개월이었다는 뜻이다.
그때까지 임부가 임신 사실을 몰랐다는 것이 쉽사리 이해되지 않지만,
평소 생리가 불규칙한 여성이었다면 원치 않는 결혼을 앞두고 심리적
압박감에서 한두 차례 생리를 거른 것으로 대수롭지 않게 여겼을 수도
있다. 그 경우에도 애인과 피임도 하지 않은 채 수시로 "비밀한 관계"까
지 맺고 있던 여성이 서너 번 생리를 거르고도 어쩌면 그렇게 안일하게
생각할 수 있었는지에 대한 의문은 남는다. 임신한 지 4~5개월이 지난
아내와 동거하면서 아내의 임신 사실을 알아채지 못한 남편도 이해하
기 어렵기는 마찬가지다. 자유연애가 도입된 이후 늘어나는 혼전 성관
계에 맞춘 제대로 된 성교육이 이루어지지 않은 탓이었으리라.

불행은 양반집 규수의 부적절한 연애에서 시작되었다. 조혼이 일반
화된 1930년대에 처녀와 기혼 남성의 연애는 흔하디흔한 일이었다. 하
지만 그런 관계가 흔하다고 윤리적으로 용납될 수 있는 것은 아니었다.
그것은 무엇보다도 남편만 바라보고 살았을 그의 아내에게 죄를 짓는
일이었다. 그녀가 그와 결혼할 생각도 없으면서 기혼 남성과 주기적으로
"비밀한 관계"를 맺은 것이나, 부모의 명령에 따라 사랑하지 않는 남성

과 결혼한 것도 현명한 처신은 아니었다. 무엇보다 양반집 규수는 그 모든 윤리적 허물을 용서받을 만큼 기혼 남성을 사랑하지도 않았다.

"완고한 저의 부모도 저를 남의 첩으로 주려고 않으시고"라는 구절에서 알 수 있듯, 양반집 규수는 자신의 부적절한 연애를 부모와 상의한 듯하다. 사연이 게재된 1935년이면 신분제가 폐지된 지 40여 년이나 지난 시기였다. 양반이라는 신분이 공식적으로는 존재하지 않던 시대에 그녀의 부모가 양반임을 내세웠다는 것은 그만큼 양반으로서의 자긍심이 강했음을 의미한다. 양반들이 자긍심과 특권의 명분으로 내세운 것은 삼강오륜과 예의범절을 배우고 실천한다는 것이었다. 하지만 그녀의 부모는 딸의 부적절한 처신을 알면서도 양반 집안에서 사윗감을 골라 딸을 시집보낸다. 그것은 인간과 인간 사이의 기본예절인 신의를 저버리는 행동이었다. 극단적으로 말해 부모와 딸이 사기 결혼을 공모한 셈이었다. 그녀의 부모가 내세운 양반으로서의 자긍심은 한낱 허위의식에 지나지 않았다.

양반집 규수는 시집온 것을 후회하지만 부적절한 연애에 대해 진지하게 반성하지는 않는다. 단지 아이를 배 가지고 시집온 탓에 겪게 될 창피와 봉변을 모면할 방법을 찾을 뿐이다.

여성이 혼전 순결을 지키지 않은 것과 다른 남자의 아이를 밴 채 결혼하는 것은 전혀 다른 문제다. 여성에게만 혼전 순결을 강요한 것은 전근대사회에서 만연했던 반여성적 인습의 하나였다. 근대사회에서 혼전 순결을 지킬지 말지는 개인이 가치관에 따라 선택할 수 있는 문제다. 하지만 여성이 다른 남자의 아이를 밴 채 결혼하는 것은 지금도 결혼의 진실성과 신뢰를 훼손한 심각한 비행으로 간주된다. 혼전 순결을 지켰는지 그렇지 않은지는 굳이 남편에게 털어놓지 않아도 되지만, 다른 남자의 아이를 임신했다는 것은 남편에게 비밀로 간직하고 넘어갈 문제는 아니다.

기자의 답변은 양반집 규수의 경솔한 행동을 꾸짖는 것으로 시작된다. 여성에게 정조를 요구하는 현실에서 그녀는 기혼 남성에게 정조를 허락하고 덜컥 임신을 한 데다 그 몸으로 시집까지 갔으니 기자로서는 경솔했다고 비판할 만했다. 기자가 문제의 해법으로 제시한 것은 첫째 남편에게 고백하고 용서를 구한다, 둘째 시댁에다가는 병을 핑계 대고 친정으로 돌아가 해산하고 아이를 친정에서 기르게 한다, 셋째 남편과 이혼하고 스스로의 삶을 개척한다 등 세 가지였다.

남편이 용서해 준다면 그보다 좋은 해법은 없겠지만, 그럴 가능성은 극히 희박했다. 3대 이상의 가족이 한집에서 거주하는 대가족제도하에서, 남편이 용서해 준다고 남몰래 해산하고 양육하기가 쉬운 것도 아니었다. 여성에게 정조를 요구하는 것이 현실이라고 생각하는 기자의 관점에서는 그녀가 남편과 이혼하고 자립한다는 세 번째 대안이 가장 바람직한 해법이었다. 아내가 처녀 시절 정조를 잃고, 다른 남자의 아이까지 임신한 사실을 남편이 알게 된다면, 설령 이혼하지 않는다 하더라도 아무 일 없었던 것처럼 행복한 가정을 꾸리기는 어렵다고 판단했을 것이다. 하지만 양반집 규수에게 이혼하고 스스로의 삶을 개척할 만한 용기와 능력이 있었을 것 같지는 않다.

비록 정직한 해법은 아니지만 병을 핑계로 친정에 가서 아이를 낳고 돌아오는 방법이 그나마 현실적인 대안이었다. 그러나 그마저도 체면을 중시하는 양반 집안인 그녀의 친정에서 동의해 주리라는 보장이 없었다. 설령 집안 체면을 지키기 위해 친정 부모가 딸의 출산과 양육을 도와준다고 하더라도, 사람들의 출입이 잦은 양반집에서 비밀을 유지하기란 결코 쉬운 일은 아니었다.

기자가 언급하지는 않았지만 낙태나 자살과 같은 극단적인 방법도 있었다. 하지만 소문나지 않게 낙태하는 것은 소문나지 않게 출산하고 양육하는 것만큼 어려운 문제였다. 소문이 나면 그녀가 버림받고 손가락질당하기는 마찬가지였다. 게다가 결혼 전 경솔한 성관계를 감추기 위해 생명을 희생시키는 행위가 정당한 것도 아니었다.

예부터 동아시아 사회에서는 명예를 지키기 위한 자살을 숭고한 일로 칭송해 왔다. 성폭행을 당해 정조를 잃은 채로 살아갈 바에야 차라리 자살하는 것이 낫다고 명예 자살을 부추기는 경우도 많았다. 부모가 딸에게 선물한 은장도 역시 그러한 반여성적 문화의 산물이었다. 양반집 규수가 자살한다면 적어도 그녀와 남편, 친정과 시집의 명예는 지킬 수 있을 것이다. 그러나 자살은 생명을 경시하는 행동으로 어떠한 경우에도 도덕적으로 용납될 수 없다. 동아시아 유교 문화에서 비롯된 명예 자살은 반드시 극복되어야 할 또 하나의 인습이었다.

다른 남자의 아이를 임신해서 시집온 순간부터 양반집 규수가 행복한 결말을 맞을 수 있는 방법은 없었다. 최악의 경우 그녀는 남편에게 이혼당하고, 가문의 명예를 더럽혔다는 이유로 친정에서도 쫓겨나게 될 것이었다. 아이 아버지를 찾아가 첩으로 삼아달라고 애원한대도 거절당할 가능성이 컸으며, 어쩌면 어린아이를 데리고 부잣집 첩으로 들어가거나 화류계를 전전하게 될 수도 있었다. 이처럼 여성의 순결이 중시되는 사회에서 정조를 잃은 사실이 주변에 알려질 경우, 여성은 행복을 누리기는커녕 정상적인 가정을 꾸리기도 어려웠다.

조선 시대에 민간에서 여성의 혼전 순결과 정조가 얼마나 지켜졌는지는 확인하기 어렵지만, 열녀문으로 상징되듯 정조 윤리가 여성의 미덕으로 강조되었던 것은 사실이었다. 여성에게 정조 윤리를 강요한 것은 1930년대에도 마찬가지였고, 오늘날이라고 크게 다르지는 않다. 하지만 기성세대나 남성들이 여성에게 정조 윤리를 강조하는 것과 여성이 정조 윤리를 지키는 것은 전혀 다른 문제다.

봉건적 여성 교육을 받고 성장했을 양반집 규수조차 별다른 죄의식 없이 유부남과 주기적으로 혼전 성관계를 맺을 만큼 1930년대에도 자유로운 성 의식을 지닌 여성들이 적지 않았다. 다음에 소개하는 시내 이생의 애인 역시 그런 경우의 극단을 보여 주는 여성이었다.

시내 이생은 21세 미혼 남성이다. 그는 한 차례 결혼 경험이 있는 17세 여성을 알게 되어 마침내 "장래의 굳은 약속"까지 하게 되었다. 그러나 그의 집에서 두 사람의 결혼을 극도로 반대했다. 부모의 반대로 결혼이 좌절된 두 사람은 안타까운 운명을 한탄하며 울었다. 그들이 원한 것은 오직 부모의 허락뿐이었다. 부모를 거듭 설득한 끝에 결국 두 사람은 허락을 받았다.

그런데 이번에는 엉뚱한 곳에서 문제가 터졌다. 그 여성은 시내 이생 외에 다른 남자와도 교제하고 있었고, 그 남자의 아이를 임신하게 된 것이었다. 그 여성은 "세상이 부끄러웠던지 약을 먹고 낙태를 시킨 것" 같았다. 시내 이생은 "생각하면 분하고 억울하지만 얄궂은 이놈의 정은 그런 여자를 미워하고 배반할 줄을 모르고 몸이 쇠약해 가면서도 변심한 그 여자의 사라지려는 그림자를 따르고 있다."라며 어찌하면 좋은지 물었다.[12]

답변을 맡은 일 기자는 사람의 마음이란 사특한 것이어서 때로는 철석같이 믿었던 사람이 배신하는 일이 드물지 않다며, 남다른 역경을 딛고 희미해져 가는 사랑의 불씨를 살렸는데, 정작 사랑하던 애인에게 배반을 당했으니 얼마나 가슴이 아프겠냐며 그를 위로한다. 그러나 그런 애인을 미워할 수 없다는 것은 그만큼 그녀를 사랑하고 있음을 증명한다며, 바로 그 사랑으로 애인을 감화하라고 주문한다. 일 기자는 만약 시내 이생이 그녀를 잊을 수 있고, 그녀가 아주 변심을 했다면 그때는 어지러운 과거를 청산하고 새 길을 찾는 것도 좋은 방법이지만, 그 여성이 낙태까지 한 이상 일시적인 실수를 용서하고 그녀를 받아 주는 것이 좋겠다고 조언한다.[13]

장연 일 독자처럼 성병을 통해 아내의 과거를 알게 된 남성도 있었다. 장연 일 독자는 두 달 전 19세 여성과 결혼한 33세의 남성이다. 어느 날 아내에게 이상한 점이 있어 도립병원에서 혈액검사를 해 보니 매독균이 검출되었다. 병세가 위중해서 치료를 시작했지만, 그는 아내로 인한 "정신상 고통"을 견딜 수 없었다.

그는 아내가 처녀인 줄 알고 결혼했는데, 그녀가 부정한 여성임을 알게 되니 그녀에게 일생을 의탁할 생각이 털끝만큼도 남지 않았다고 토로했다. 아내의 장래가 걱정되지 않는 것은 아니지만 유전성 매독은 완치되기 어렵다고 하니, 아내의 매독이 자식에게 미칠 것을 걱정하지 않을 수 없었다. 당장에라도 이혼하고 싶지만 그 때문에 명예가 손상되는 것이 걱정이었다. 장연 일 독자는 아내와 이상도 맞지 않고 모든 것이 고통뿐이라며 이혼해도 사회에서 별 문제 없이 양해할지 물었다.[14]

답변을 맡은 의학박사 정구충은 단단히 믿고서 결혼했던 아내에게 생각지도 않았던 성병이 있다는 것을 발견했다면 충분히 배신감을 느낄 수 있다며 장연 일 독자의 처지를 동정한다. 그러나 아내가 결혼 전 품행이 나빠서 매독에 감염된 것인지 부모에게 유전된 것인지 먼저 알아 보아야 한다고 충고한다. 만일 매독이 부모에게서 유전된 것이라면 오히려 아내를 동정해야 할 것이며, 매독은 넉넉히 치료할 수 있는 병이므로 한 번 결혼한 이상 아내를 사랑한다면 성의껏 병을 치료해서 아내를 동정하며 사는 것이 좋겠다고 조언한다. 또 아내의 병이 치료되면 그에게는 아무런 문제도 없을 것이라고 덧붙인다.[15]

정구충의 조언은 아내의 성병이 부모에게 유전되었을 경우에 국한

된다. 아내가 결혼 전 품행이 나빠서 매독에 감염되었을 경우에 대해서는 아무런 언급도 하지 않는다. 의학박사 자격으로 여성의 윤리와 이혼 문제에 대해 조언하는 것이 적절하지 않다고 생각했기 때문이었으리라.

이처럼 1930년대에도 다른 남자의 아이를 임신하거나 성병에 걸린 채 결혼한 여성이 존재했다. 일상에서는 봉건적 정조 관념이 서서히 해체되고 있었던 것이다. 여기에는 여성의 권리에 대한 각성보다는 제 여자에게는 순결을 강요하면서 다른 여성의 정조는 빼앗으려고 드는 남성들의 이율배반적 태도가 더 크게 작용했다. 다음에 소개하는 시내 일 처녀의 사연은 정조에 대한 남성들의 이율배반적 태도를 잘 보여 준다.

시내 일 처녀는 18세 미혼 여성이다. 작년 가을부터 22세의 미혼 청년을 사랑하게 되어 지금은 그를 단념하기 어려운 처지다. 그는 어디를 가나 남의 축에 빠질 사람이 아니요, 인격자이며 퍽이나 잘생겼다. 그는 3년 전에 어떤 여자와 사랑을 했지만, 그가 사랑하던 여자는 부모의 강요를 이기지 못하고 어느 시골 남성에게 시집을 가고 말았다. 그 후 그는 고독하게 지내오다가 그녀를 만난 것이었다.

그런데 그는 그녀와 만날 때마다 그녀의 정조를 요구했다. 그러나 그녀는 장래가 어떻게 될지 모르는 까닭에 허락하지 않았다. 그럴 때마다 그는 눈물을 흘리며 "나를 그리 믿지 못하느냐."라고 했다. 물론 그녀는 일생을 바쳐서 그를 사랑한다고 말했다. 시내 일 처녀는 결혼 전에는 결코 허락하지 말아야 할지, 그가 그녀를 믿고 그녀가 그를 믿는다면 허락해도 될지 번민했다.[16]

예나 지금이나 육체적 관계를 맺기 위해 여자를 꾀는 남자들의 수법은 크게 다르지 않다. 시내 일 처녀와 애인, 두 사람 모두 미혼인 데다 서로 사랑하니까 이들 사이에 장애물은 없는 듯하다. 물론 애인에게는 3년 전 실연한 과거가 있었지만, 처자식이 줄줄이 딸린 남자도 여학생을 상대로 연애를 걸던 시대였던 만큼 한 차례의 실연 경험이 그다지 큰 허물은 아니었다.

정작 시내 일 처녀를 괴롭히는 것은 부모의 반대나 애인의 처자식 등 외적인 장애가 아니라 애인 그 자체였다. 애인은 그녀에게 집요하게 육체적 관계를 요구했다. 지겹지도 않은지 만날 때마다 조르고 떼를 썼다. 그녀가 결혼 전에는 결코 허락할 수 없다고 거절하면 눈물까지 흘리며 "나를 그리 믿지 못하느냐."라고 보챘다. 사랑이 깊어 결혼까지 생각한 남자가 이처럼 집요하게 요구하면 여자는 귀찮아서라도 남자의 요구를 수용하게 될 것이다. 그러나 남자의 약속은 믿을 것이 못 되었다.

📋 절대로 허락해서는 안 됩니다 (일 기자)

열 길 물속은 알아도 한 길 사람 속은 알 수 없다는 말도 있거니와, 과연 알 수 없는 것은 사람의 마음입니다. 아무리 지금은 영원한 장래를 약속할 수 있으며 변치 않을 것 같다 하더라도 그것이 언제 변할지 누가 압니까. 세상에는 많은 여자들이 꼭 지금 당신의 경우와 같이 열렬히 사랑하는 가운데 최후의 범하지 못할 일선(一線)을 범한 이후로 남자의 마음은 일변하여 결혼은커녕 돌아보지도 않아 억울함에 떨며 우는 여성들이 얼마나 많은지 모릅니다.

「명암의 십자로」에 하루에도 몇 장씩 이런 편지가 들어오는지 부지기수입니다. 그러므로 이것들을 참고로 당신은 결코 허락해서는 안 되겠습니다. 실수한 후에 가슴을 치고 울면 무엇합니까. 결코 기분에 따라서 허락해서는 안 됩니다. 그 남자가 그렇게 요구한다면 당신은 그와 단둘이 만나는 기회를 절대로 만들지 말아야 합니다. 그리고 그가 당신을 정말 사랑한다면 절대 그런 무리한 요구를 하지 않을 것인데 지금 그런 요구를 한다는 데에 의심이 짙어집니다.

5장 과도기의 성

어떠한 일이 있던지 결혼 전에 허락하는 것이 아닙니다. 그동안 사귀어 왔으니 그만하면 서로의 형편들도 알 수 있겠지요. 혼인해도 좋지 않겠습니까? 혼인을 하십시오. 그것이 좋겠습니다.

—「명암의 십자로」 1935. 4. 19.

일 기자는 시종일관 여자는 결혼 전에 절대로 남자에게 육체적 관계를 허락해서는 안 된다고 역설한다. 결과적으로 혼전 순결을 지킬 것을 요구한 셈이지만, 봉건적 정조 관념과는 차이가 있었다. 그는 정조가 중요해서가 아니라 남자가 믿지 못할 존재이기 때문에 여성에게 혼전 순결을 지킬 것을 주문한다. 아무리 열렬히 사랑하는 것 같아 보여도 남자란 "최후의 범하지 못할 일선"을 범하고 나면 마음이 바뀌기 마련이라는 것이었다. 「명암의 십자로」에 하루에도 몇 장씩 피해 여성의 사연이 들어온다니 근거도 충분했다.

일 기자는 되도록 단둘이 만나는 기회를 만들지 말고, 그래도 계속해서 요구한다면 차라리 결혼하라며 그녀에게 애인의 요구를 들어주지 말 것을 주문한다. 일 기자의 말처럼 남자가 한 여자를 진정으로 사랑하고, 그 여자와 결혼할 마음이 있다면, 그처럼 집요하게 육체적 관계를 요구하지는 않을 것이다. 자유연애를 추구하는 지식 청년들이 자신의 여동생에게는 남학생에게 속지 말라고 신신당부한 이유도 그 때문이었으리라. 여류 문사 전유덕도 후배 신여성에게 일 기자와 똑같은 충고를 했다.

미혼 여성에게 충고랄지 연애 경험담을 말하기는 어렵고 거북한 일입니다만 나는 한마디로 말하고 싶습니다.

처녀들아, 남자에게 속지 마라!

속는 여자가 어리석은 것은 물론이지만 속이는 남자는 용서치 못할 죄악을 저지르는 것이라고 생각합니다. 그네들이 과거에 그리고 현재에 이르기까지 우리 여성에게 지은 죄상은 이루 헤아릴 수 없습니다. 그네들은 처녀를 더럽히고, 타락시키고, 때리고, 누르고, 짓밟고, 속이고, 심지어 죽여 왔습니다. 여자의 존재를 멸망시키고, 가정을 파멸시키고, 국가를 망하게 한 책임이 모두 그네들에게 있다고 단언하고 싶습니다. 그네들은 여성의 인격을 무시하고, 장난감으로 놀리기나 하려고 합니다. 제2세대 신여성들은 마땅히 굳세고 지혜로워야 자신도 보존하고 전 여성계의 발전을 도모할 수가 있을 것입니다.[17]

실제로 1930년대 신문 독자문답란에는 "나를 그리 믿지 못하느냐."라는 남자의 약속에 속아 몸을 허락했다가 큰 곤경에 처한 여성의 사연이 적지 않았다. 사랑과 성에 대한 문제에 있어서 남자는 교육 수준과 이념에 상관없이 믿을 수 없는 존재였다.

1910년대 말 이후 서양어 Love, Amour, Liebe 등의 번역어로서 연애라는 단어가 널리 사용되고[18], 새로운 사랑의 형식으로 자유연애가 도입된 이후 전통적인 정조 윤리의 해체는 불가피했다. 혈기왕성한 10대, 20대 청춘 남녀가 자유롭게 연애하면서 육체적 접촉 없이 정신적인 교감만 나눈다는 것은 애초에 불가능한 일이었다.

물론 조선 시대라고 사랑이라는 감정이 아예 없지는 않았다. 시조와 가사, 고전소설 등 문학 작품에서 조선 시대 사람들의 열정적인 사랑을 어렵지 않게 확인할 수 있다. 그러나 표준적인 사대부 집안에서는 청춘 남녀의 사랑을 엄격하게 금지했다. 자유연애가 도입되기 전에는 이성에게 호감이 생기더라도 자유롭게 구애하고 사랑할 수 없었다.

자유연애의 도입과 함께 전통적인 정조 윤리의 해체는 불가피했으나 그것은 오직 남성에게만 해당되었다. 자유연애의 한쪽 당사자인 여성에게는 여전히 혼전 순결이 강요되었던 것이다. 근대적 사랑의 형식인 자유연애와 전근대적 정조 윤리가 빚어내는 모순에 남성중심주의가 더해지면서 연애하는 남성들은 무한한 자유와 행복을 만끽했지만, 여성들은 심각한 윤리적 갈등에 직면할 수밖에 없었다.

3 관계하고 나니 재미가 적어

🔲 약혼까지 한 후에 그의 태도가 변해 (용산 일 여성)

저는 모 전문학교 재학 중으로 1년 동안 약혼한 몸으로 있는 여자입니다. 상대는 일찍이 제국대학을 졸업하고 현재 모 은행에서 중요한 지위를 차지하고 사회에 이름을 알리는 인물입니다. 저는 애당초 학칙 앞에서 부자유한 생활을 하는 만큼 현재 결혼할 수 없습니다. 과거 부모 감독하에서 어느 정도까지 자유로운 교제를 해 오던 중 나는 가끔 그의 처소를 찾아가 놀았습니다.

그러던 어느 날 그는 부모가 다 허락한 약혼이니 최후의 것을 허락해달라고 청했습니다. 평소에 고상한 인격을 잘 알고 믿는 마음에 나는 최후의 성을 허락했습니다. 그랬더니 그 후부터는 그 남자의 태도가 일변하여 냉정하기 그지없습니다. 여기서 저는 짜증이 나며 히스테리에 가까운 태도를 자연히 갖게 됩니다. 그러면 그의 말이 "나는 당신을 위해서 조신할 뿐이요."라고 합니다만 그 변한 태도는 제3자까지 눈치를 챌 정도입니다.

그가 나를 버리면 이 더러운 몸을 어떻게 하며 또 결혼 후라도 그가 그렇게 냉정하게 군다면 나는 결코 그와 결혼은 안 하겠습니다. 그런데 얄

밉게도 그에 대한 사랑은 꺼질 줄을 모르니 앞으로 어떠한 태도를 가져야 되겠습니까? 울어도 시원치 않고 그가 열렬히 생각해 주던 옛날만이 끝없이 그립고, 흐르느니 눈물입니다.

답 조급히 굴지 말고 그의 맘을 떠보라 (일 기자)

남자의 섭리 아니 그보다도 인간의 섭리란 찾을 것을 다 찾고 만족이란 정도에 이르고 보면 여기서 호기심과 동정심이 다 없어지는 동시에 권태와 염증을 느끼게 되는 것입니다. 말하자면 그 남자의 태도가 정말 변했다면 찾을 것을 다 찾았다고 생각한 까닭인지도 모르겠습니다. 물론 여기에는 인격 문제가 따르는 것이 되어서 그가 인격자였다면 그 전보다 더 책임감을 느끼는 동시에 사랑이 식지 않을 것입니다. 그러나 여자에게서 다만 육체적 만족만을 찾으려는 남성이라면 그런 현상을 보일 것입니다. 여기서 지킬 것을 못 지킨 실수는 첫째로 당신에게 있다고 봅니다. 당신이 여기서 가질 태도로 말하면 정조를 뺏긴 몸이니까 아주 생명이 없어졌다고 해서 낙망에 빠져서 울 것이 아니라, 과거의 도덕 표준을 초월해 가지고 그와 헤어지고 결합하는 것은 정조 운운으로 결정지을 것이 아니라 두 사람 사이에 참사랑이 있느냐 없느냐 하는 것을 가지고 해결해야겠습니다. 따라서 지금 그를 찾아가 괴롭힐 것도 없고 다만 만나면 흔연스럽게 대해 주며 좀 더 사이를 두고 그의 명확한 태도를 살피며 정신적 타격을 받지 말고 용기를 내서 여전히 공부에 힘을 쏟고 더욱더 인격을 쉬지 말고 닦아 나가십시오.

여기서 당신이 과도한 낙심을 하고 그에게 인격 떨어지는 비루한 행동을 한다든가 하는 것은 절대 피하셔야 합니다. 물론 그와 연애를 할 때 진정한 사랑이 있을 때는 태도를 어떻게 갖겠다는 당신의 주견이 있었을 줄 압니다. 새 세기에 굳세게 살아 나갈 그대는 신여성! 철저한 각오와 칼날

5장 과도기의 성

같은 비판력과 용기가 있어야 합니다.

—「명암의 십자로」 1935. 1. 11.

사람은 겪어 보지 않고서는 알 수 없다. 하물며 남녀 사이의 일은 아무것도 장담할 수 없다. 용산 일 여성은 1년 전 약혼했지만, 재학생의 결혼을 금지하는 여학교의 학칙 탓에 졸업할 때까지 결혼할 수 없는 처지다. 그녀의 약혼자는 제국대학 출신의 엘리트 은행원으로 신랑감으로 손색이 없다. 물론 전문학교에 다니는 용산 일 여성도 약혼자에 비해 조건이 빠지지는 않는다.

신여성과 지식 청년 사이인 만큼 연애 방식도 개방적이다. 용산 일 여성은 약혼자의 처소를 찾아가 놀곤 한다. 서로 사랑하는 남녀가 자주 아무도 없는 방에 단둘이 머문다면 정신적 교감만 주고받기는 어려울 것이다. 아닌 게 아니라 약혼자는 용산 일 여성에게 "최후의 것을 허락해 달라."고 보챈다. 결국 약혼자의 "고상한 인격"을 믿은 그녀는 "최후의 성"까지 허락한다. 제국대학 출신의 엘리트 은행원인 그가 관계를 맺었다고 돌아서지는 않을 것이라고 생각했으리라. 그러나 제국대학이 연애 윤리를 가르치는 학교는 아니고, 이성 간의 신의 문제에 있어서 학력은 무의미한 것이다.

실제로 원하는 것을 얻은 약혼자는 태도가 돌변해 그녀를 냉정하게 대한다. 예상치 못한 약혼자의 변심에 당황한 그녀가 히스테리를 부리며 이유를 따져 물으면, "당신을 위해 조신할 뿐"이라는 터무니없는 변명을 둘러댄다. 약혼자의 태도가 바뀌지 않는다면 결혼하지 않을 작정이지만, 그에 대한 사랑이 남아 있다는 것이 용산 일 여성의 고민이었다. "그가 나를 버리면 이 더러운 몸을 어떻게 하며"라는 말에서 드러나듯, 순결을 잃은 것도 결단을 주저하게 된 중요한 이유였다.

답변을 맡은 일 기자는 약혼자의 태도가 변한 것은 "최후의 성"까지 정복하고 보니 권태와 염증을 느낀 것이라 해석한다. 두 사람의 관계가 파국에 이른 것은 아니라고 보았다는 점에서 희망적인 진단이었다. 하지만 그의 해석대로라면 약혼자가 그녀에게 바란 것은 단지 육체적 관계뿐이었던 것이 된다. 사랑과 결혼은 육체적 관계 이상의 의미를 가지고 있지만, 그 시대 남성들은 육체적 관계에 지나치게 큰 가치를 부여했다.

한 가지 다행스러운 사실은 용산 일 여성의 약혼자가 관계 후 바로 인연을 끊을 만큼 파렴치한은 아니라는 것이다. 궁색한 변명이지만 그는 "당신을 위해 조신할 뿐"이라며 초조해 하는 용산 일 여성을 점잖은 말로 타이른다. 그녀가 더 걱정해야 할 것은 결혼 여부가 아니라, 약혼자의 진심이었다. 한 차례의 육체적 관계로 태도가 바뀔 남자라면 결혼 후에 가정에 충실하지 않을 것임은 충분히 예상할 수 있다. 파혼에 대한 책임은 약혼자에게 있지만 그에 따른 피해는 오롯이 그녀가 감당해야 한다는 것이 그녀가 직면한 문제의 본질이었다.

용산 일 여성은 전문학교에 재학 중인 신여성이므로 파혼 후 결혼에 어려움을 겪더라도 독신으로 살아갈 능력이 있겠지만, 교육받지 못한 여성들의 경우는 달랐다. 그들은 인간으로서의 존엄성마저 위태로워지는 상황에 처할 수도 있었다. 지식인으로서 구차한 변명이나마 늘어놓았던 용산 일 여성의 약혼자와 달리, 욕망을 억제할 이념이나 지식도 없고, 지켜야 할 체면도 없는 평범한 남성들은 약혼자와 관계를 맺고 난 후 바뀐 마음을 직설적으로 표출하곤 했다. 다음에 소개하는 원산 고민생은 약혼자와 육체적 관계를 맺은 후 태도가 돌변해 파혼할 궁리만 하는 파렴치한 남성이었다.

원산 고민생은 한 달쯤 전에 18세 처녀와 약혼한 23세 청년이다. 서로 사랑해서 결정한 약혼이었고, 약혼한 후에는 더욱 가까워져서 육체적 관계까지 맺게 되었다. 그런데 그 후로는 그 여자가 보기 싫고 모든 행동이 이상에 맞지 않아서 파혼을 생각한다. "만약 파혼을 한다면 어자 측에서 어떠한 수단을 쓰더라도 관계치 않을까요? 무사하게 파혼을 하자면 어떠한 수단을 썼으면 좋을까요? 그 여자에게 최후의 편지를 보내고 생의 행적을 감추어 버릴까 하는데 어찌하면 좋을까요?" 원산 고민생은 무사히 파혼할 방법만 고민할 뿐, 파혼 후 약혼자의 장래가 어떻게 될지에 대해서는 관심이 없다.[19]

답변을 맡은 C 기자는 시종일관 원산 고민생을 꾸짖었다.

당신은 그러한 옳지 않은 행동은 하지 말아야 합니다. 만일 당신이 그런 그릇된 행동을 하다가는 이 세상에서 버림받는 사람이 될 것입니다. 누구를 막론하고 사랑을 속삭일 때는 미운 여성이라도 남성의 눈에는 아름답게 보이며 여성이 하는 말은 어떠한 말이든지 향기가 드는 것 같습니다. 그래서 당신과 같은 남성은 어떠한 기회가 도래할 때까지 달콤한 말을 하며 감언이설로 그 여성을 꾀어서 추잡한 행동을 한 후에는 점점 꼴이 보기가 싫고 전에 듣던 달콤한 말은 도리어 듣기 싫은 말이 되고 마는 것입니다. 그러고 또 그 마성은 다른 여성에게로 돌려지고 만다고 하겠습니다.

이러한 남성의 이름을 불량 청년이라고 하게 됩니다. 당신은 이 축에 가깝다고 하겠습니다. 그래 처음에 사랑할 때에는 뭐니 뭐니 하고 꾀어서 약혼까지 한 후, 한 달도 못 가서 육체적 관계까지 맺고는 이제 와서 이상이 맞지 않고 꼴 보기가 싫어서 그만두겠다고 하니 그 처녀의 갈 길은 어디입니까? 당신의 일시적 야수성으로 말미암아서 그 처녀는 영영 고칠 수 없는 상처를 입지 않았습니까?

지금 와서 만일 그 여성이 이러한 당신의 마음을 알고 법에 호소를 하게 되면 당신은 상당한 법률의 처벌을 받을 것입니다. 그러므로 앞으로라도 당신은 그와 같이 그릇된 마음을 버리고 여성 문제에 있어서는 신중히 생각하시기 바랍니다. 그리고 될 수 있는 대로 정조까지 빼앗은 약혼한 그 처녀와 결혼을 하시는 것이 좋겠습니다.[20] (C 기자)

원산 고민생은 문제 없이 파혼할 방법을 물었건만, C 기자는 도리어 원산 고민생을 꾸짖었다. 만일 약혼자가 법에 호소하면 상당한 처벌을 받게 될 것이며, 앞으로라도 이런 일을 반복하지 말라고 충고했다. 하지만 C 기자는 법적·윤리적 제재 가능성을 언급하며 약혼자와 결혼할 것을 권고할 뿐 그녀에게서 떠난 마음을 되돌릴 근본적인 대안을 제시하지는 못했다. 여성을 꾀어 "추잡한 행동"을 하고 나면 그 여성에 대한 사랑이 식고 다른 여성으로 눈을 돌리게 되는 게 "야수성"을 지닌 "불량청년"이라면, 그런 남성과 결혼하는 것이 약혼자에게 바람직한 일이 될 수는 없었다.

약혼한 여성이 절친한 친구의 누이라 하더라도 육체적 관계를 맺고 나면 마음이 바뀌는 것은 마찬가지였다. 대구 일 독자는 4년 전 어떤 사정으로 고향을 떠나 타향에서 고독한 생활을 하고 있었다. 다행히 그곳에서 친구를 사귀어 형제나 다름없이 우정이 두터워졌고, 결국 그의 가정에서 한식구처럼 숙식을 같이 하게 되었다. 그러던 중 식구들의 생계를 책임지던 친구가 갑자기 직장에서 해고되었다. 대구 일 독자는 가세가 넉넉지 못함에도 불구하고 수입의 전부를 희생하여 친구 집안의 생계를 돌보아 주었다. 그러자 친구는 여동생과 결혼해 줄 것을 청했다. 처음에 그는 사양했지만 거듭된 요청에 승낙하고 말았다.

그 후 1년 동안 약혼한 여성을 지켜보았는데, 평생을 같이 지낼 아내로서는 불만족스러운 점이 많았고 이상부터가 달랐다. 그러나 앞날에 대한 생각 없이 일시적 감정을 억제하지 못해 "육체적 관계"까지 맺었다. 만일 파혼한다면 당사자와 어른들의 낙심이 클 것이고, 또 그들에게 어떤 모욕을 당할지 알 수 없어 차일피일 혼사를 연기하고 있다. 대구 일 독자는 우정을 지키면서 파혼할 수 있는 방법을 물었다.[21]

답변을 맡은 C 기자는 실직한 친구를 위해 그의 가족 생계를 돌봐준 것은 아름다운 일이지만, 그의 누이와 약혼하고 육체적 관계까지 맺은 후 파혼하려는 것은 너무나 경솔한 행동이라고 질책한다. 아무리 절친한 친구의 부탁이었다고 해도, 약혼 전에 미리 그 여성이 배우자감으로 적당한지 따져 보았어야 한다는 것이다. 더구나 일시적 충동으로 육체적 관계까지 맺고서 이상에 맞지 않아 아내로 맞을 수 없다는 것은 "색마들이 하는 행동"이라고 비난한다. 그러나 일시적 실수 때문에 모든 면에서 불만족스러운 여성을 평생 함께할 아내로 맞는 것도 옳지 않다고 지적한다.

체면도 지키고 우정도 훼손하지 않으려면 먼저 약혼한 여성을 잘 이해시킨 후에 친구의 가족들과 원만한 타협을 보아야 한다고 조언한다. 만약 약혼한 여성이 감정을 상하면 결혼 예약 불이행에 따른 소송을 제기해 위자료를 청구할 수 있는데, 그녀는 정조까지 유린당하였으므로 그에게는 상당히 불리한 재판이 될 것이라는 전망이다. 재판에 지더라도 없는 돈을 억지로 낼 수는 없지만, 그에게는 창피한 일인 만큼 원만하게 해결해야 한다는 것이다. 따라서 친구의 가족과 잘 타협하는 것이 중요하며, 그것이 여의치 않을 경우 "그 집안에서 탈출하여야만" 할 것이라고 충고한다.[22]

대구 일 독자가 약혼자와 파혼할 마음을 먹은 것이 언제인지는 불분명하다. 하지만 약혼은 오랜 숙고 끝에 내린 결정이었다. 그처럼 신중하게 결정한 약혼이었음에도 마음이 바뀐 데에는 약혼자와의 성관계가 적지 않은 영향을 미쳤을 것이다. 혼전 순결을 잃었다는 것이 치명적인 약점으로 인식되는 시기였던 만큼 당대의 여성들은 스스로를 보호하기 위해서라도 결혼 전 성관계에 신중해야 했다. 다음에 소개하는 시내 일 여성의 사연은 그 시대 남성들이 정조를 잃은 여성의 약점을 어떻게 이용했는지 잘 보여 준다.

시내 일 여성은 남편이 물려준 재산으로 딸 하나를 공부시키며 지내는 40세 과부다. 그녀는 4개월 전 딸을 관청에 다니는 청년과 약혼시켰다. 사윗감은 과거에 품행이 좋지 못했지만, 그녀의 딸만은 진정으로 사랑하고 끔찍이 여겨 그의 과거를 용서하고 딸과의 약혼을 허락했다. 그녀는 그해 여름 딸을 결혼시킬 생각이었다. 그러나 조만간 그들의 "자유스러운 세상이 열릴" 것임에도 불구하고, 사윗감은 벌써부터 밤낮 가리지 않고 딸을 데리고 다니며 매일같이 밤 열두 시에야 돌아왔다. 어떤 때는 한 시에 돌아온 적도 있었다.

그녀가 사윗감에게 그러지 말라고 했더니, 그는 몹시 불쾌해 하면서 "내 마음대로 못하게 하면 약혼한 것을 파해 버리겠다."라고 했다. 홀몸으로 딸을 키우는 그녀는 혹시라도 딸의 앞날에 문제가 생길까 밤에 잠을 설칠 정도였다. 시내 일 여성은 자신이 구식 예절에 사로잡혀 공연한 고민을 하고 있는 것은 아닌지 우려하며, 신식 예절은 어떤 것인지 물었다.[23]

답변을 맡은 일 기자는 어떤 이는 너무 완고한 데 반해 어떤 이는 신식은 다 그런다고 어떤 것이든 다 허용하려 하는데, 너무 완고한 것도 걱정이지만, 하나에서 열까지 다 "그것이 신식인 줄만 알고 덮어 두는 것"도 좋지 못한 일이라고 지적한다. 결혼과 약혼은 확연히 구별해야 하며, 약혼 시기에는 교제를 하더라도 고결하게 해야 한다고 보았다. 약혼했다고 함부로 만나고 마음대로 하게 내버려 두는 것이 결코 신식은 아니라는 것이다. 요즘 청년들 중에는 약혼만 하면 결혼한 부부와 같이 행동하는 이들이 많은데, "실컷 데리고 놀고 나서는 이 트집, 저 트집 잡아가지고 파혼을 하는 남자들이 여간 많은 것"이 아니라고 충고한다.

일 기자는 남자가 여자를 진정으로 사랑한다면 결혼할 때까지 넉넉히 참아 줄 수 있다며, 결코 방임하지 말고 사윗감이 결혼 전에 지나치게 교제하려는 비인격적인 인물이라면 약혼을 해소하는 것이 좋다고 조언한다. 파혼을 두려워하여 방임했다가 말 그대로 큰코다칠 수도 있다며, 조금도 겁내지 말고 신중히 처리할 것을 주문한다.[24]

근대 사회에서는 서로 사랑하는 두 성인 남녀가 혼전 순결을 지키지 않는다고 해서 윤리적으로 크게 문제될 것은 없다. 오히려 봉건적 정조 관념에 집착해 여성에게만 혼전 순결을 강요하는 것이 문제다. 하지만 1930년대 한국 사회에서는 아무리 사랑하는 사이라 하더라도 여성이 결혼 전 남성에게 성관계를 허락하는 것은 현명한 처신이 아니었다. 지금까지 살펴본 것처럼 아직 봉건적 정조 관념에 집착하는 사람들이 많았고, 성관계를 맺고 나면 태도가 돌변하는 남성이 적지 않았기 때문이었다. 남성중심주의적 문화가 근절되지 않는 한 남자의 약속을 믿지 않는 것이 여성이 스스로의 존엄성을 지킬 수 있는 유일한 방법이었다.

4 어느 미혼모의 고백

📭 임신한 저는 어찌할까요? (평양 B 여독자)

저는 불량 처녀올시다. 아직도 모 여학교에 재학하고 있는 여학생의 몸입니다. 저는 불량한 운명에 빠져 있습니다. 작년 가을부터 시내 모 중학교에 다니는 학생과 사랑을 속삭이게 되었습니다. 그러다가 금년 봄부터 시내 모 중학교에 다니는 다른 학생과 또 사랑을 맺게 되었습니다. 다시 말하자면 삼각 사랑이 되었습니다. 이 일을 어찌하리까? 지금은 처녀가 아닙니다. 벌써 처녀 시대를 지나 어머니가 될 날이 머지않았습니다. 즉 임신이 되었다는 것입니다. 아버님의 눈을 피하기 위하야 임신 중이면서도 학교에는 아직 다닙니다.

하루는 나를 사랑하는 학생을 만나서 어떻게 처리할까를 상의하려 하였으나 그 남자는 나를 버렸습니다. 자기한테는 묻지도 말라고 잘라 말하더군요. 그리하여 금년 봄부터 사랑하는 그 남자에게 제 사정을 말하였습니다. 그러나 그 남자 역시 똑같은 대답입니다. 두 남자가 모다 삼각 사랑인 것을 안 까닭입니다. 그러면 앞으로는 어떻게 하여야 할까요? 모든 문제를 속히 해결하기 위해 불귀객(不歸客)이 되려 해도 부모님께는 여식이 오직 저 하나 뿐이올시다. 살려고 생각하오나 부모님에게 망신, 학교에 수치, 동무들 앞에 면목이 없습니다. 그러면 이 임신 중에 있는 아이는 어떻게 하며 제 장래는 어떻게 하여야 되겠습니까?

그 남자들은 지금에 와서는 만나 주지도 않습니다. 아직 부모님과 동무들은 모르고 있습니다. 학교에서도 모릅니다. 어떻게 하여야 되겠습니까? 죽을까요, 살까요?

🔲 그 남자를 한 번 찾아가시오 (H 기자)

작년 가을에는 그 어떤 남자와 사랑하고 금년 봄에는 또 다른 남자와 사랑하여 지금은 아비도 모르는 어린애를 뱄다니 아직도 학생이요, 처녀의 몸으로 당신은 죽을 만한 죄를 지었습니다. 당신이 불량 처녀란 말을 썼으니 당신도 이제는 과거의 허물을 자각한 듯하여 더 이상 당신의 죄

5장 과도기의 성

를 말하지 않으려 합니다.

문의하신 당신의 지금 해결책으로는 임신된 달수를 꼽아 보고 그것이 어느 남자의 아이인지를 확실히 아는 것입니다. 그리하여 그 남자를 찾아가서 다시 한 번 말씀해 보는 것이 옳겠습니다. 그래도 듣지 않을 때는 그 애를 낳아서 확실한 아버님 집으로 보내는 것이 옳을 줄 압니다. 그러니까 학교는 물론 그만 두어야겠지요. 학교도 그만두고 처녀로서 아이를 낳고 아이 아버지와 결혼도 못한다면 당신은 너무도 가여운 여자가 될 것입니다.

이러한 예는 옛날 불란서 소설 『레 미제라블』에도 나옵니다. 낳은 어린애의 아버님이 돌보지 않았기 때문에 그 코제트의 어머니는 그 남자를 저주하며 또 참을 수 없는 모성애에 못 이기어 일생을 그만 망치고 만 일도 있습니다. 그러니까 당신은 그 애를 낳은 뒤 그 애를 갖다 맡기고는 끓어오르는 모성애를 냉정히 잊어버리고 여성 해방 투쟁에 나서 남성의 횡포에 대한 반역의 기를 들어 깨끗한 처녀의 몸을 그저 농락하는 남성에게 일대 경종을 주도록 하십시오. 남성 본위의 현실 사회제도에서 근본 문제는 해결하기 어렵고 이 같은 국부적 해결밖에는 할 수 없을 줄 압니다.

평양 B 여독자는 6개월을 사이에 두고 두 남자와 사랑에 빠진다. 동시에 두 남자를 사랑하다 보니 임신을 하고서도 아이의 아버지가 누구인지도 모른다. 부모와 친구들 눈을 피하기 위해 임신한 몸으로 학교에 다니고 있다. 스스로가 밝혔듯 그녀는 부인할 수 없는 "불량 처녀"다. 답변을 맡은 H 기자는 학생이요, 처녀의 몸으로 아비도 모르는 어린애를 밴 것을 "죽을 만한 죄"를 지은 것이라 책망한다. 지나치게 과도한 질책이지만 봉건적 정조 관념이 남아 있던 시대에 그녀의 품행에는 변명의 여지가 없었다.

그녀가 미혼모가 된 데에는 그녀를 둘러싼 두 남자의 책임도 컸다. 둘 중 한 남자는 아이의 아버지이니 말이다. 아무리 사랑해서 관계를 맺었다 하더라도 아이를 키울 수 없는 처지라면 아이가 생기지 않도록 주의해야 했고, 아이가 생겼다면 함께 해결 방법을 모색했어야 했다. 하지만 두 남자 모두 삼각사랑을 구실로 책임을 나누려 하지 않는다. 유전자 검사가 개발되기 전이었던 그 시대에는 혈액형 판별 외에는 과학적 친자 확인 방법이 존재하지 않았다. 그러나 혈액형이 일치한다는 것이 부자 관계임을 증명하는 결정적인 증거가 될 수는 없다. 그 외에 가능한 방법은 기껏해야 태어난 아이의 외양이 누구와 닮았는지 살펴보거나 달수를 꼽아보는 것 정도였다. 하지만 평양 B 여독자가 동시에 두 남자와 관계를 맺어왔다면 달수 계산으로는 아이의 아버지를 알아내기 어려웠을 것이다. 두 남자가 모두 자기 아이가 아니라고 부인할 경우 그녀는 평생 미혼모로 사생아를 키울 수밖에 없었다.

죽는 것은 결코 선택해서는 안 될 방법이었고, 살아가자니 집안 망신, 학교 망신에다 친구들에게도 면목이 서지 않았다. H 기자는 처녀로서 아이를 낳고 아이 아버지와 결혼도 못한다면 너무나 가여운 일이라며, 아이 아버지를 찾아볼 것을 권한다. 하지만 현실적으로 아이의 아버지를 찾을 가능성은 희박했다. H 기자의 조언처럼 "끓어오르는 모성애를 냉정히 잊어"버리려면, 아이를 고아원 같은 곳에 맡길 수밖에 없었다.

H 기자의 권고처럼 "여성 해방 투쟁에 나서 남성의 횡포에 대한 반역의 기를 들어 깨끗한 처녀의 몸을 그저 농락하는 남성에게 일대 경종"을 울리는 것은 좋은 방법이지만, 모든 잘못을 남성에게 돌리기에는 그녀의 허물이 너무 커 보인다. 남성들과의 연애에 탐닉하던 그녀가 하

루아침에 여성 해방 전사로 변신하기가 쉬운 일도 아니었다. H 기자가 시인한 것처럼 "남성 본위의 현실 사회제도"에서 미혼모가 한때의 실수를 청산하고 정상적인 사회인으로 살아갈 방법은 사실상 존재하지 않았다.

1930년대 신문 독자문답란에는 평양 B 여독자처럼 미혼모의 사연이 다수 게재되었다. 자유연애가 도입된 이후 혼전 성관계는 늘어날 수밖에 없었지만, 피임, 성교육 등 그에 따른 사회적 차원의 대책은 전무한 실정이었다. 미혼모 문제는 여성 개인의 성적 방종 탓으로 돌려지기 일쑤였고, 미혼모를 구제할 법적·제도적 장치는 전혀 모색되지 않았다.

아이의 아버지가 누구인지 안다고 하더라도 문제는 여전했다. 책임지기 싫으면 남성은 자기 아이가 아니라고 버티면 그만이었다. 다음에 소개하는 경성 일 여성의 사연처럼 명백한 남성의 비행으로 혼전 임신을 하게 되어도, 임신한 여성만 고심하며 애를 태우기 일쑤였다.

경성 일 여성은 20세 여성이다. 인륜상 도저히 할 수 없는 일이지만 청춘의 열정을 이기지 못해 언니의 남편과 불의의 관계를 맺어 그만 아이를 배게 되었다. 형부에게 낙태시키자고 했더니, 그는 더 큰 죄를 짓는 것이라며 "그만 자살하라."라고 했다. 그녀는 자살이 낙태보다 더 큰 죄라고 생각하여 이러지도 저러지도 못하고 죽음보다 쓰린 고민에 빠져 있다. 그러다 언니가 눈치를 채고 절대로 낙태나 자살은 해서 못 쓴다고 하며, 기왕 그와 같은 죄를 지었으니 두 사람이서 한 남편을 섬기고 살자며, 가정의 불화만 없으면 그만이 아니냐고 했다. 경성 일 여성은 자매가 한 남편을 섬겨도 좋을지 죽는 것이 좋을지 물었다.[25]

형부와 관계해 아이를 가진 경성 일 여성에게 잘못이 없었던 것은 아니었다. 그러나 이 경우에는 형부가 먼저 꾀어서 부적절한 관계로 발전했을 가능성이 높다. 그럼에도 경성 일 여성이 스스로의 과오를 반성하고 문제를 해결하기 위해 고심한 반면, 형부는 처제에게 그만 자살하라고 다그칠 뿐이었다. 동생과 남편에게 동시에 배반당한 언니마저 자매가 함께 한 남편을 섬기자고 제안하는 마당에 죄악의 원흉인 남자는 자매들끼리 해결하기만 기다릴 뿐이었다.

답변을 맡은 일기는 경성 일 여성이나 형부의 잘못은 더 말할 것이 없고, 그 잘못을 덮기 위해 낙태나 자살 등 또 다른 죄를 범하는 것은 두말할 것 없이 그릇된 생각이라 지적한다. 후회한다고 돌이킬 수 없고, 설령 자살한다고 "나타난 사실이 없어질 이치도 없다."라는 것이다. 또 언니의 남편과 산다는 것도, 두 여자가 한 남자를 섬긴다는 것도 도덕상 허용되지 않으니 아이를 낳은 후 그 남자와는 절대로 인연을 끊고 그날부터 새로운 마음으로 재생의 길을 밟을 것을 주문한다.[26]

일기의 제안이 간단하고 손쉬운 해법이기는 했지만, 정당하지도 공평하지도 않았다. 아이 아버지는 언니의 남편이다. 그와 인연을 끊으려면 언니와의 인연도 끊어야 했다. 두 자매를 차례로 농락한 사악한 남자 때문에 동생을 살뜰히 아끼는 언니와 인연을 끊는 것은 공평하지 않았다. 언니의 집에 얹혀사는 듯한 그녀가 갓난아이까지 데리고 재생의 길을 밟는 것도 쉽지 않았다. 죄의 원흉인 형부는 아무 일 없었던 것처럼 살아가는데, 어찌 보면 피해자일 수도 있는 경성 일 여성은 평생 미혼모라는 멍에를 쓰고 살아가야 한다는 것도 억울한 일이었다. 게다가 죄 없는 아이는 평생 사생아라고 손가락질을 받아야 할 터였다. 그렇다고 미혼모를 보호할 법적·제도적 장치가 전무했던 이 때에 일기의 제안보다 더 나은 해법이 있었던 것은 아니다.

서로 사랑하지만 집안의 반대로 결혼하지 못해 부득이 미혼모가 된 여성도 있었다. 다음에 소개하는 평양 강명숙의 사연이 바로 그런 경우였다. 평양 강명숙은 22세의 가련한 여성이다. 그녀는 5년 전, 고등

여학교를 다닐 때 K라는 남자를 만나 홀몸인 모친의 눈을 피해 비밀스런 사랑을 속삭였다. 완고한 그녀의 모친은 K가 가난하다는 이유로 그들의 교제를 반대했다. 다섯 해가 꿈결같이 지나가는 동안 "잊으려야 잊지 못할 열정 사이에" 사내아이 둘이 태어났다. 그럼에도 모친은 결혼을 승낙하지 않아 그녀는 남몰래 "이름 없는 두 형제를 데리고" 살았다. 그녀의 모친이 한사코 결혼을 반대하자 K도 서운한 마음이 들었는지 방문 횟수가 나날이 줄어 갔다. 예전에 K는 하루에도 두세 번씩 찾아왔지만, 지금은 두 달이 가까워 오도록 아무 소식이 없었다. 평양 강명숙은 친구들이 K가 다른 여자와 좋아한다고 하는데, 어찌하면 좋은지 물었다.[27]

딸이 아이 둘을 낳을 때까지 결혼을 반대하는 그녀의 모친도 이해하기 어렵지만, 모친이 반대한다고 모친의 눈을 피해 "이름 없는 두 형제"를 키운 그녀도 이해하기 어렵기는 마찬가지다. 답변을 맡은 일 기자는 순서가 바뀌었지만, 지금이라도 속히 모친에게 알려서 K와 결혼하라고 조언한다. 결혼도 하지 않고 두 아이를 낳은 것은 처녀로서 죄를 범한 것이고, 죄 없는 아이를 호적에도 올리지 못하고 사생아로 키우는 것은 어머니로서 죄를 지은 것이라고 질책한다. 그리고 이미 욕정을 채운 K는 벌써 권태를 느끼고 그녀를 "헌 물건"처럼 대하는 것이니 이대로 머뭇거리다가는 K에게 버림받을 수 있으므로 모친의 승낙을 얻어 서둘러 결혼하라는 조언이다.[28]

임신한 미혼 여성이 취할 수 있는 최선책은 아이 아버지와 결혼하는 것뿐이었다. 그러나 남성들은 평양 강명숙의 애인처럼 설령 자기 아이가 확실하다고 하더라도, 결혼을 주저하는 경우가 많았다.

1930년대 혼전 성관계나 혼전 임신이 어느 정도였는지 알려 주는 객관적인 통계자료는 남아 있지 않다. 하지만 이 시기 한국 사회에서 여성들의 혼전 순결과 정조는 윤리적으로 여전히 강조되었지만 일상에서 그런 것들이 해체되고 있었던 것은 분명하다.

여성의 혼전 성관계가 늘어난 데에는 자유연애의 도입, 여성의 사회 참여 확대, 여성의 정조에 대한 남성의 이중적인 태도 등이 복합적으로 작용했을 것이다. 규방에만 갇혀 지내던 여성들이 사회로 나와 활동하고 남성들과 자유롭게 연애하다 보니 자연히 혼전 성관계와 혼전 임신에 노출될 수밖에 없었다. 이처럼 혼전 성관계에 따른 임신은 남녀 모두에게 책임이 있었고, 일종의 사회문제로서 사회적 차원의 대책이 필요했다. 그럼에도 불구하고 1930년대에는 혼전 임신의 책임을 오롯이 여성에게만 전가했다. 아버지가 아이를 친자로 인정하지 않으면 그에게 아버지로서 책임을 지울 방법은 없는 것이나 마찬가지였다.

자본주의의 정착에 따른 성의 물신화 경향도 혼전 성관계가 늘어난 하나의 원인이었다. 자본주의 사회에서는 사랑의 표현이자 수단이어야 할 성이 상품처럼 거래되기도 한다. 성의 상품화를 대표하는 매춘은 문명의 태동과 함께 시작되었다고 할 만큼 오랜 역사를 지니고 있지만, 자본주의 사회에서 성의 물신화는 매춘뿐만 아니라 일상적인 연애와 사랑에까지 확대된다. 다음에 소개하는 경성 박○숙은 백만장자 아들의 "돈에 유혹되어" 미혼모로 전락한 여성이었다.

🔲 돈 때문에 망쳤습니다 (경성 박○숙)

돈! 돈! 돈! 돈이면 모든 것을 다 해결할 줄 알았더니 돈의 꿈은 영원히 깨어지고 지금은 참을 수 없는 고통 가운데에서 그날그날을 보내고 있습니다.

제가 R전문학교에 다닐 때 어떤 기회에서 알게 된 남자는 일본의 모 대학에 다니는 사람으로 꽤도 믿음성 있는 남자였습니다. 그와 영원한 인생의 여로를 같이 하자고 맹세한 그 어느 날, 저는 한강에서 그와 보트를 타고 집에 돌아왔습니다. 그 다음날 그는 다시 일본으로 가고 저는 오직 그 다음 해 봄 그가 졸업할 날만 기다리게 되었나이다.

그런데 제가 죽을죄를 지은 것은 어떤 사람의 유혹으로 백만장자의 아들과 그해 겨울 온양온천에서 지내게 되는 동안 고이고이 지켜오던 처녀의 정조는 그만 깨어지고 말았습니다. 이것이 물론 일본 가 있는 그 남자를 배반하려는 것은 아니고 다만 백만장자라는 바람에 돈! 돈! 그 원수의 돈에 유혹이 되어 그런 죄악을 짓게 되었습니다.

그런데 정조를 유린당한 뒤 저는 할 수 없이 그 남자와 결혼하게 되었습니다. 결혼 전 제 앞에서 죽으라면 죽기까지도 할 것 같던 그 남자와 결혼한 뒤 얼마 되지도 않아 본처가 와서 남의 가슴을 뻐개고 온 여우 같은 년이라 대들지요! 남편은 일주일에 한 번이나 들어오는데 그때마다 술에 취하여 들어와서는 처녀가 아니라는 둥 네 집으로 가라는 둥 하고 야단이지요!

그런데 저는 지금 임신 팔 개월이에요! 제 배 속에 그 놈의 씨만이 없다면 처음 사랑하는 그 남자에게 가서 사죄라도 하고자 하나 차마 갈 수는 없습니다. 저는 이 인형과 같은 놈의 집을 하루라도 빨리 떠나고 싶은 반면에 옛날의 그 남자가 참을 수 없이 머리에서 떠나지 않습니다. 이 일을 어쩌면 좋을까요. 자세히 대답해 주세요. 네?

답 용감히 나와서 여성 운동에 (H 기자)

인생의 여로를 같이 하자고 맹세까지 한 남자를 버리고 돈에 유혹되어 자기의 몸을 망친 것은 현대 허영심 많은 신여성에게 흔히 있는 폐단이라 하겠습니다. 그렇게 사랑하던 남자에게 아무 소식도 없이 다른 남자에게로 간다는 것이 너무도 알 수 없는 일인 동시에 여자로서 생명과 같이 아껴야 할 정조를 소위 지식 있는 신여성으로 돈푼에 끌려 그렇게 쉽게 바친다는 것은 도저히 용서할 수 없는 일입니다.

기왕 남의 첩으로 가서 임신까지 되었다니 난처한 일이나 당신이 참말로 그 남자에게 반감을 가지고 그 집을 완전히 나올 결심을 하였다면 깨끗이 그 남자를 잊으시고 또 옛날 사랑하던 그 남자도 잊으시고 단연 여성 해방 운동에 힘써야 옳을 줄 압니다. 여자가 한번 남자에게 유린된 이상 이것의 복수를 하려면 그 일개 남자를 상대로만 싸울 것이 아니요, 여성으로서 남성 전체와 싸워야 할 것이 아닐까 합니다. 벌써 옛날이나 입센의 『인형의 집』에 나타난 노라를 보십시오. 남의 아내가 되기 전에 사람이 되어야겠다고 부르짖지 않았습니까?

소비에트 러시아와 같은 남녀의 정치적·경제적 평등은 현 단계의 조선에서 하기에 어려운 일이나 여하간 조선의 여성은 진부한 말 같으나 아내가 되기 전에 먼저 사람이 되어야겠다는 것입니다. 그러니 당신도 그 인형과 같은 남의 아내로서 고통만 마시고 역사상 새로운 기록을 지을 만한 값있는 여성이 되십시오. 지금 임신 중이라니 남편에게 본처 있는 것을 속이고 결혼했다는 것을 방패로 하여 자기가 본 아내로서의 자격 없는 것을 말하고 경제적으로 독립시켜 달라 하여 그것으로 생활을 보장하면서 지식 여성으로 할 의무인 여성 해방 운동에 힘쓰는 것이 어떨까 합니다.

—「어찌하리까」 1931. 9. 19.

전문학교까지 다닌 엘리트 신여성 경성 박○숙은 일본 유학생 애인과 "영원한 인생의 여로를 같이 하자고 맹세"하고도, 그해 겨울 백만장자의 아들과 온양온천에서 지낸다. 그녀가 사랑 대신 돈을 선택한 이유는 사연의 앞 부분에서 밝히고 있듯, "돈이면 모든 것을 다 해결할 줄 알았기"때문이었다. 답변을 맡은 H 기자는 경성 박○숙처럼 "돈에 유혹되어 자기의 몸을 망치는 것은 현대 허영심 많은 신여성에게 흔히 있는 폐단"이라 지적한다. 성의 물신화가 경성 박○숙 개인에게 국한된 문제가 아니라 그 시대 신여성에게 흔히 일어나는 사회문제라고 진단한 것이다.

신여성은 구여성과 달리 신교육의 혜택을 받았고, 제한된 범위에서나마 사회참여의 길이 열려 있었다. 그런 신여성이 사랑 대신 돈을 선택해 몸을 망치는 경우가 흔했다는 것은 허영심이 교육을 통해 억제되기는커녕 오히려 증폭될 수도 있었음을 보여 준다. 신여성에 의해 주도된 패션과 유행은 경제력이 뒷받침될 때만 따라갈 수 있었다. 성의 물신화가 신여성에게 두드러진 데에는 이렇듯 돈에 대한 현실적인 필요성이 자리하고 있었다.

경성 박○숙이 일본 유학생 애인과 한강에서 보트를 탄 것은 아마도 여름방학 때였을 것이다. 겨울방학 때는 한강이 얼어붙어 보트를 탈 수 없기 때문이다. 여름방학이라면 이듬해 봄, 애인이 졸업하기까지 불과 반년밖에 남지 않은 셈이었다. 그녀는 그 반년을 기다리지 못하고 백만장자의 아들과 "그해 겨울 온양온천에서 지내게" 된다. 지낸다는 표현은 대개 특정한 지역에서 상당한 기간을 보낼 때 사용한다. 따라서 남자의 돈으로 온천에서 젊은 남녀가 상당한 기간을 함께 보낼 작정이었다면, 설령 육체적 관계를 맺게 된다고 하더라도 우발적이거나 강요된 것으로 보기는 어렵다. "원수의 돈에 유혹이 되어" 죄악을 저질렀을 뿐 애인을 배반하려 한 것은 아니라는 그녀의 변명은 터무니없는 모순이었다.

사연에서 경성 박○숙은 정조를 유린당한 뒤 할 수 없이 그 남자와 결혼했다고 기술했다. 하지만 그녀는 백만장자의 아들에게 짓밟힌 것도 아니었고, 제대로 된 절차를 밟아 정상적인 결혼을 한 것 같지도 않다. 조혼과 축첩이 성행하던 1930년대에 결혼식도 올리지 않은 채 동거한다면 남편에게 본처가 있을 가능성을 충분히 의심해 볼 수 있었다. 남편의 본처가 나타나 대드는 것도, 남편이 일주일에 한 번씩 들어와 술에 취해 행패를 부리는 것도 얼마든지 예상할 수 있는 반전이었다.

경성 박○숙은 신여성답게 봉건적 정조 관념에 얽매이지는 않았다. 그녀가 "옛날의 그 남자"에게 돌아가고픈 생각이 간절하고, "인형과 같은 놈의 집"을 하루빨리 떠나고 싶으면서도 떠나지 못하는 것은 오직 다음 달이면 태어날 배 속의 아이 때문이었다. 아무리 개방적인 성 의식을 지닌 여성이라 하더라도, 다른 남자의 아이를 임신한 몸으로 옛 애인을 찾아가 용서를 구하고 다시 받아 달라고 사정할 수는 없었다.

답변을 맡은 H 기자는 여성 해방의 필요성에 대해서 인식하고 있었고, 입센의 『인형의 집』과 같은 여성주의 문학이나 소비에트 연방의 남녀평등 실태 등 여성 운동에 대한 폭넓은 지식을 지니고 있었다. 여성 해방 운동이 지식 여성의 의무라며 경성 박○숙에게 "여성 해방 운동"에 힘쓸 것을 권유했다. 그녀가 그처럼 큰 곤경에 빠진 것은 그녀를 유린한 남자 때문이 아니라 남성중심주의 때문이라 진단하고, 그녀에게 특정한 남자 하나와 싸울 것이 아니라 남성 전체와 맞서 싸워야 한다고 주문했다.

그러나 다른 한편으로 H 기자는 지식 있는 신여성인 그녀가 "여자로서 생명과 같이 아껴야 할 정조"를 "돈푼에 끌려" 쉽게 바친 것은 도저히 용서할 수 없는 일이라 보았다. 여전히 봉건적 정조 관념에서 벗어나지 못한 것이었다. 또한 그는 남편이 속이고 결혼한 것을 명분으로 삼아 "경제적으로 독립시켜 달라"고 하여 생활을 보장받으라고 조언했다. 그녀가 남편에게 속아서 결혼한 것이 사실이라면 당당히 위자료와 양육비를 청구해야지, 경제적으로 독립시켜 달라고 사정할 문제는 아니었다. 요컨대 H 기자는 이성적으로는 여성에 대해 전향적이고 진보적인 인식을 보였지만, 남성중심주의적 인식 틀에서 완선히 벗어나지는 못한 것이었다.

H 기자가 경성 박○숙에게 현재의 남편과 옛 애인 두 남자를 모두 잊으라고 권유한 것은 타당했다. 전문학교까지 다닌 지식 여성으로서 백만장자 아들의 첩살이를 할 수는 없는 노릇이었고, 아무리 옛 애인이 그립다고 하더라도 다른 남자의 아이까지 밴 마당에 돈 때문에 배신한 남자를 다시 찾아갈 수는 없었다. 그렇다고 그때까지 사랑과 돈만 좇던 그녀가 갑자기 여성 해방 운동에 뛰어들 수 있었을 것 같지도 않다. 현실적으로 그녀가 선택할 수 있었던 대안은 계속 남편의 첩으로 살아가거나 적당한 위자료와 양육비를 받고 미혼모로 사생아를 키우는 것뿐이었다. 어느 쪽도 전문학교 출신의 엘리트 신여성이 꿈꾸던 미래와는 거리가 멀었다.

자유연애의 도입으로 봉건적 정조 관념이나 성 윤리는 더 이상 지속되기 어려웠다. 전근대적 성 윤리는 해체되기 시작했지만, 새로운 성 윤리는 아직 확립되지 않았다. 말하자면 1930년대는 성 윤리의 아노미 상태였던 것이다. 그 틈을 타 남성들은 애인에게 성관계를 요구했고, 몇몇 여성들은 달콤한 말이나 돈의 유혹에 속아 성관계를 맺기도 했다. 혼전 임신은 그러한 성 윤리의 아노미 상태에서 비롯된 여러 병폐 가운데 하나였다. 여기에는 남성의 책임이 적지 않았지만 그에 따른 비난과 책임은 오롯이 여성이 떠안아야 했다. 이처럼 미혼모를 극심한 고통에 빠뜨린 것은 뜻하지 않게 생긴 아이가 아니라 남성중심주의였던 것이다.

여학생이라면
동성애 한 번쯤은

다음에 소개하는 시내 일 여독자의 사연은 1930년대 신문 독자문답란
에 소개된 연애 고민 가운데 가장 이채로운 사연 중 하나다. 이 사연에
는 부유한 한 여성을 중심으로 두 명의 남녀가 등장하는데, 주인공 여
성은 이 두 남녀를 모두 사랑한다. 한쪽은 동성애로 다른 한쪽은 이성
애로 말이다. 하지만 이후 그 두 남녀는 연인 사이로 주인공의 재산을
노리고 접근한 것이라는 사실이 밝혀진다. 한 편의 막장 드라마 같은
사연이 아닐 수 없다. 이 허무맹랑한 사연의 개연성을 따져 보기 전에
우선 사연의 내용부터 읽어 보자.

삼각연애를 어찌할까요? (시내 일 여독자)

하현달이 들창을 고요히 비추는 밤 깊은 이때, 저는 지금 눈물을 흘리고
있나이다. 너무도 가슴이 터지는 것 같고 애달파 살려고 애를 쓰나 도저
히 살고 싶지 않나이다. 그리해서 금강산 구룡연 굽이치는 물에 이 몸을
던졌다가도 그만 죽지 못하고 또 다시 괴로운 이 사바세계에서 생의 고
통을 느끼고 있나이다. 이제 제 서러운 사정 이야기를 기자 선생님에게
말씀드리려 하나이다.

벌써 해를 거듭하기 얼마인지 모릅니다. 내가 동성연애로 그렇게도 사랑
하던 동무 하나가 있었습니다. 그 애는 집안이 가난하고 나는 넉넉해서
그 애의 학비를 대어 주었습니다. 물론 그것은 내가 그 애에게 학비를 대
어 줌으로써 그 애에게서 무슨 보답을 받으려는 것은 절대로 아니고 우

정에 끌리는 마음에서 수년 동안 그렇게 하였습니다. 그 애도 내가 없으면 죽을 듯이 덤비고 나는 물론 말할 것도 없이 그 애를 지극히도 사랑하였습니다.

그러는 동안 우리는 ×전문학교를 다니는 어떤 남자와 알게 되었습니다. 그 남자는 나를 퍽도 사랑하였고, 또 나도 그를 퍽 사랑하여 두 사람 사이에는 끊으려야 끊을 수 없는 무형(無形)의 정서가 엉킨 사랑의 줄이 얽어매었습니다. 그러나 그 남자의 태도가 이상하였습니다. 그리해서 잘 알아 보니 내가 돈 있는 것을 이용해 가지고 그 두 사람은 서로 깊게 사랑하고 있었습니다.

내가 둘도 없이 사랑하던 그 남자와 내가 둘도 없이 친하게 지내던 동무가 서로 사랑하는 사이가 되었으니 이를 어찌하면 좋습니까? 그래 저는 남들에게 이용당한 여자가 되고 결국은 실연의 쓰린 가슴을 태우지 않을 수가 없게 되었습니다. 그러다가 하는 수 없이 그 애를 데리고 금강산에 갔다가 그 애 보는 앞에서 구룡연 굽이치는 물속에 풍덩 빠졌습니다. 때마침 지나가던 사람에게서 구조되어서 다시 살아나기는 하였습니다만 학교에도 가기 싫고 세상이 귀찮기만 해서 다시 죽고 싶기만 하오니 이 일을 어찌했으면 좋을는지 기자 선생님의 판단을 가르쳐 주십시오.

冷 냉정하게 생각하시오 (H 기자)

가슴속에 움텄던 사랑의 싹이 성장하여 꽃 한 송이 피워 보지 못하고 시든다 하면 너무도 애처로운 일입니다. 참으로 사랑하던 친구와 참으로 사랑하던 연인이 모두 당신을 저버리고 당신 혼자 외로운 가슴을 태우게 될 때 물론 너무도 세상이 비관될 것입니다. 당신의 순정을 몰라주고 당신을 배반한 그 남자와 당신의 진정한 우정을 모르고 당신 애인을 빼앗은 두 사람은 너무도 모진 사람들입니다.

그러나 당신을 버리고 가는 그 사람들을 가는 대로 내버려 두십시오. 당신이 오죽이나 안타까워서 구룡연 굽이치는 물에까지 빠졌겠습니까만 가는 사람을 어찌합니까. "양류가 천만사인들 가는 춘풍 잡아매며 탐화봉접이라 한들 가는 임을 어찌하리!"라는 옛날의 시조도 있으니 가는 이야 어찌하겠습니까? 당신은 고요히 두 손을 당신의 가슴 위에 대고서 지나간 날의 추억을 다시 한 번 생각하고 냉정히 잊으십시오.

물론 제가 말씀드리기 전에 당신은 몇 번이나 잊어 보려고 애도 많이 썼을 터이지만 그러나 때때로 옛날의 추억이 견딜 수 없이 당신의 머릿속을 어지럽힐 때는 미칠 듯이 그들을 저주하게 되어 쉽게 잊지 못하셨을 것입니다. 그리하여 죽으려고 물에까지 빠졌던 것이겠지요. 그러나 잊으십시오.

더구나 당신은 학생이라 하시니 하시는 공부에 열중하시는 동시에 오락이든 독서든 당신이 좋아하는 방면에 많이 힘써 그 옛 기억을 깨끗이 청산해 보십시오. 할 일 많은 조선의 신여성으로 실연에 울고만 있어서는 안 될 것입니다. 든든한 마음을 가지십시오.

—「어찌하리까」1931. 11. 5.

성적 자기 결정권이 폭넓게 존중되는 오늘날에도 자신이 동성애자임을 밝히는 커밍아웃에는 상당한 용기가 필요하다. 하지만 시내 일 여독자는 근대적인 성 윤리가 아직 확립되기 전인 1930년대에, 별로 대수롭지 않게 자신에게는 "동성연애로 그렇게도 사랑하던 동무"가 하나 있다고 소개한다. 답변을 맡은 H 기자는 시내 일 여독자의 동성애를 여학생들 사이에 흔한 우정 정도로 판단하지만, "그 애도 내가 없으면 죽을 듯이 덤비고 나는 물론 말할 것도 없이 그 애를 지극히도 사랑하였습니다."라고 기술한 것을 보면 이를 단순한 우정으로 보기는 어려울 것 같다.

　　　　　　　　　　　　　5장 과도기의 성

여학생 동성애는 1920~1930년대 한국 사회의 독특한 문화 현상 중 하나였다. 그 시대 여학생들 사이에 동성애는 이성애만큼이나 자연스러운 일이었다. 기성세대조차 여학생의 이성 교제는 못미땅하게 여기는 경우가 많았지만, 동성애에 대해서는 걱정하거나 제재하려 들지 않았다. 자연히 동성애와 관련된 이야기도 금기가 아니었다. 소파 방정환이 주관하던 잡지 《별건곤》은 중외일보 기자 황신덕, 산부인과 의사 허영숙과 이덕요 등 쟁쟁한 여류 명사의 동성연애 경험담을 취재한 기획 기사를 싣기도 했다.

황신덕은 자신의 동성애 경험을 다음과 같이 밝혔다.

여학생 시절에 동성연애를 안 해 본 사람은 별로 없을 것입니다. 나 역시 여러 차례 경험해 보았습니다. 지금 생각하면 우스운 일도 더러 있지요. 숭의여학교 다닐 때 태천에서 온 동무하고 친하게 지냈습니다. 그 동무는 부모도 없는 꾁 불쌍한 사람이었습니다. 아마도 동정에서부터 사랑이 싹튼 것 같습니다. 집에 맛있는 음식이 있으면 반드시 기숙사에 있는 그 동무를 데려다가 같이 먹어야 마음이 편하고, 아침에 학교에 갈 때 그 동무의 얼굴 볼 것을 생각하면 발걸음이 빨라지며 마음이 설레었습니다. 그러다가 겨울방학이 돼 동무가 고향으로 가게 되었을 때 2주밖에 떨어지지 않을 것이건만 보고 싶어 견딜 수 없을 것 같았습니다. 정거장에서 막 붙잡고 둘이서 울었지요. 목소리가 높아 가는 것도 알지 못하고 한참 울고 나니까 구경꾼이 쭉 둘러섰겠지요. 동무가 고향으로 돌아간 뒤로는 빠지지 않고 다니던 예배당에 혼자 가기가 너무 서운해서 몇 번이나 빠졌답니다. 이것이 나의 최초의 동성연애인가 봅니다. 그 후로도 많은 동무와 친했지만 그때같이 순수한 마음으로 사랑해 본 적이 없습니다.[29]

황신덕은 니혼여자대학 사회사업부를 졸업하고, 귀국 후에는 시대일보와 그 후신인 중외일보에서 기자로 일했으며, 여성동우회와 근우회 등을 조직해 여성운동가로 활동했다. 경성실천여학교, 중앙보육학교, 명성여학교 교사를 역임했고, 해방 후에는 중앙여자중고등학교, 추계예술대학을 설립했다. 여학교 시절 동성애를 여러 차례 경험했다고 밝혔으나 1929년 서른두 살의 나이에 두 살 연하의 동아일보 기자 임봉순과 결혼해 1남 1녀의 어머니가 되었다.

허영숙은 한발 더 나아가 김경희, 배영순, 길정희 등 실명까지 거론하며 그들과의 일화를 털어놓았다.

열네다섯 살 때 진명여학교를 다니면서 동성연애를 많이 했습니다. 남에게 뒤지지 않을 만큼 많았을 걸요!

하며 말문을 연 허영숙은 곧장 첫사랑 김경희와의 일화로 넘어갔다. 진명여고보에 다니던 허영숙은 배화여고보에 다니던 김경희와 학교가 달랐기 때문에 한 주에 한 번씩 예배당에서 만나는 수밖에 없었다. 영원처럼 길게 느껴지던 일주일이 지나 두 사람이 다시 만나면 사람들이 보건 말건 서로 껴안고 어루만지며 시간 가는 줄도 모르고 이야기를 나눴다. 헤어질 때면 이별의 정표로 손수건 한 개라도 주고 돌아섰다.

가끔은 두 사람에게 평일에도 만날 수 있는 행운이 찾아왔다. 정동예배당에서 부흥회가 열리면 배화여고보 학생들은 부흥회에 참석하기 위해 학교에서 예배당까지 열을 지어 걸어갔기 때문이다. 허영숙은 자기 집 대문 뒤에 숨어서 행렬을 내다보다가 인물 잘나고 머리 좋은, 사랑하는 김경희가 지나가면 재빨리 문을 열고 뛰어나갔다. 김경희도 선생님들의 눈을 속이고 몰래 빠져나와 서로 사랑을 속삭였다. 허영숙과 애틋한 사랑을 나누던 김경희는 졸업 후 중앙고보 교사에게 시집갔다. 허영숙의 또 다른 동성 애인은 진명여고보 선배 배영순이었다.

배영순은 무척이나 나를 귀여워해 주었습니다. 그는 기숙사에 있고 나는 집에서 통학했는데 그 언니의 곁을 너무 떠나기가 싫어서 기숙사에 넣어 달라고 부모님께 막 떼를 썼답니다. 부모님께서는 그래도 허락하지 않으셨습니다. 나는 기숙사에서 며칠씩 머물면서 다리가 아파서 못 간다고 집에다 핑계를 댔습니다. 하루는 그렇게 사랑하던 언니가 다른 사람과 사랑한다는 말이 들렸지요. 나는 너무 성이 나서 그 언니를 붙잡고 한껏 울고는 '그 사람과 헤어지지 않으면 죽어버리겠다!'고 한 일이 있었지요. 좌우간 내가 질투심이 강했던 모양입니다. 그 언니가 시집갈 때는 너무 섭섭해서 엉엉 울었답니다.[30]

허영숙은 도쿄 유학 시절에도 도쿄여의전 후배 길정희와 가깝게 지냈다. 진명여고보 시절만큼 뜨겁게 사랑한 것은 아니었지만, 그렇다고 단순한 선후배 사이는 아니었다. 허영숙이 도쿄에서 공부를 마치고 귀국할 때는 길정희와 헤어지는 것이 섭섭해 기차 바퀴가 구르는 만큼 마음이 무거워졌다고 한다. 학창 시절 여러 여성들과 동성애를 즐기던 허영숙도 의사가 된 후에는 춘원 이광수와 결혼해서 2남 2녀를 낳고 행복하게 살았다.

1920~1930년대 여학교에서 동성애는 남학생과의 자유연애처럼 자연스러운, 하나의 유행이었다. 적지 않은 여학생들이 동성애를 경험했고, 그런 여학생들도 여학교를 졸업하면 남자를 만나 시집가서 아들딸 낳고 잘 살았다. 바로 그런 점에서 오늘날의 동성애와는 분명 차이가 있다. 그렇다고 당시의 동성애가 육체적 사랑이 완전히 배제된 순결한

정신적 사랑이었던 것은 아니다. 다음 신여성의 고백은 당시 동성애가
어떤 방식으로 이루어졌는지 잘 보여 준다.

> 내가 열일곱 살 되던 해입니다. 그때 나는 여학교 기숙사에서 지냈습니
> 다. 지금 생각하면 그때가 내 인생에서 가장 즐거운 시기였습니다.
> 나와 동갑이고 예쁘고 재치 있는 한 여자 동무를 나는 사랑하게 되었습
> 니다. 그도 나를 사랑했습니다. 우리들은 시계도 꼭 같은 시계를 차고 머
> 리 모양도 꼭 같이 빗고 만년필도 꼭 같은 것을 썼습니다. 무엇을 사러
> 갈 때도 꼭 같이 가고, 산보도 꼭 같이 다녔습니다. 나는 그이 없이는 살
> 수 없고 그이도 나 없이는 살 수가 없는 것 같았습니다. 그때 우리 둘의
> 사랑은 참으로 열렬한 사랑, 순결한 사랑, 아름다운 사랑, 고상한 사랑이
> 었습니다.
> 그러나 석 달이 못 가서 우리들의 사랑은 그만 육체적 사랑으로 변하고
> 말았습니다. 그와 나는 늘 손을 잡고 다니고, 기회 있을 때마다 껴안고,
> 잘 때도 서로 살을 맞대고 잤습니다.
> 그렇게 만 3년을 지냈습니다. 그러다가 어떤 오해로 그와 나는 영원히 헤
> 어지고 말았습니다. 그 후 나는 오랫동안 번민에 번민을 느꼈습니다. 지
> 금도 나는 그이의 귀여운 얼굴과 아름다운 소프라노 목소리를 잊을 수
> 가 없습니다.[31]

당시 여학생들 사이의 동성애에는 상대에 대한 깊은 동정심이 자리하고
있었다. 10대 초반의 소녀가 집을 떠나 기숙사에서 생활한다는 것은 여
간 외로운 일이 아니었다. 그러한 외로움을 동정하고 감싸 주는 친구에
게 우정 이상의 감정이 생기는 것은 어쩌면 자연스러운 일이었다.
  이성과의 자연스러운 교제를 가로막는 사회적 분위기도 적지 않은

고요한 女學校뒷모롱에
는 참말 나혼자보기에는
아까운 情景이있다. 새빨
간빨, 나려깜은눈 가느다
란몸집.
둘이는 정답게 어깨를
겨렸다.
말할듯이 말할듯이 말
은못하고 손짓발짓 戀愛
만외우는 어린斷髮女學生
첩잔을 떼면서도 그들어
무만지는 上級生, 이들이
아마도 말많은 동무들의
問題人物 인듯십다.

《여성》 1937년 7월호 여학생 스케치.

1930년대 여학생 사이에 동성애가 유행했다. 당시에는 동성애에
대한 사회적 편견이나 금기가 없었다.

영향을 끼쳤다. 기성세대는 되도록 젊은 남녀를 갈라놓으려고 노력했다. 여성들끼리 모여 있으니 그들끼리 사랑하게 되는 게 당연했다. 같은 맥락에서 남학생들 간의 동성애도 드물지 않았다.

내가 열여섯 살 되던 해에 열네 살 먹은 한 남학생이 우리 집에서 함께 지냈습니다. 나는 그를 처음 만나는 순간부터 퍽 귀엽게 생각했습니다. 또한 나뿐만 아니라 그도 나를 무척 따랐습니다. 그는 운동도 잘하고 성적도 나보다 훨씬 우수했습니다. 그와 나 사이의 우정은 날로 깊어져 갔고, 학교가 끝난 후에는 집에 와서 늘 같이 지냈습니다. 그는 나를 마치 여성처럼 받아 주었습니다. 그는 내가 손을 만지고, 껴안고, 뺨을 대고, 키스를 해도 다 가만히 받아 주었습니다. 이렇게 우리는 둘 다 남성이면서도 꿀 같은 연애 생활을 계속했던 것입니다.[32]

여학생들이 동성애에 빠져든 근본 원인은 가부장적 가족제도에 있었다. 자유연애가 도입된 지 한참이 지났어도, 남성은 여전히 여성이 순결하기를 바랐다. 그러나 정조니 순결이니 하는 말은 남성에게는 해당되지 않았다. 남성은 가볍게 연애를 걸었지만 여성은 연애를 심각하게 생각해야 했던 것이다.

당시 남성들은 여성이 동성애를 경험한 것은 문제 삼지 않았지만, 다른 남성을 경험한 것은 용서하지 않았다. 온갖 감언이설로 사랑을 구걸하다가도 일단 구애에 성공하면 언제 그랬느냐는 듯 여성을 함부로 대하는 게 당시 조선 남성이었다. 그 때문에 생리적으로는 남성에 끌리더라도 남성을 믿지 못해 동성을 사랑하는 여성도 적지 않았다. 조혼의 폐습이 남아 있어 결혼하지 않은 남학생을 만나기 어려웠다는 현실적인 문제도 한몫 거들었다.

5장 과도기의 성

결국 견고한 남성중심주의 문화가 여학생의 동성애를 부추긴 셈이었지만, 역설적으로 그 덕분에 근대 조선에서는 동성애자가 성적 소수자가 아니었고, 동성애에 대한 편견도 없었다.

6장

금지된 사랑

1 이혼녀, 연상녀, 과부

📋 출가하였던 여자와 결혼할까 (일 독자)

저는 23세 된 미혼 남자인데 지금으로부터 약 3개월 전, 출가했다가 이혼한 여자를 알게 되었고, 그를 참으로 사랑하여 결혼까지 하려고 하나 집에서는 출가했던 여자라고 반대하니 어찌하오리까? 조선 풍속으로 출가했던 여자와 결혼해도 무방할까요?

📋 결혼해도 좋으나 공부를 더 잘 하오 (R 기자)

한 번 출가했던 여자라도 당신과 그 여자 사이에 사랑이 있고 일생을 같이할 생각이 있다고 하면 결혼해도 상관없다고 생각합니다. 실제로 보더라도 한 번 출가했던 여자와 결혼해 원만한 생활을 하는 사람이 적지 않습니다. 만일 당신이 그 과거를 잘 이해하고 그를 진실로 아내로 삼을 마음이 있으면 하등 결혼에 반대할 이유가 없습니다.

당신의 부모가 반대하는 이유는 지금까지 조선에서는 한 번 출가했던 사람은 개가하면 안 된다는 도덕과 관습이 있던 관계상 반대하는 것이 겠지요. 이 점에 대해서는 무조건 복종하지 말고 부모께 사연을 잘 말씀 드릴 필요가 있다고 생각합니다.

그러나 여기에 깊이 생각할 것은 부모가 반대하는 것도 전연 무리가 아니니 한 번 출가하였다가 전남편과 이혼한 이유는 무엇이며 그 여자의 성격이 어떠한지를 냉정히 생각하지 않으면 안 될 것입니다. 일반 결혼 문제에 있어서도 그렇지만 당신은 그 결혼이 당신 장래에 행복이 될지 안 될지를 냉정한 태도를 가지고 생각하지 않으면 안 되겠습니다.

그러기 위해서는 사랑 문제에만 몰두하지 말고 당신이 무엇을 직업으로 하는지 모르나 당신이 하는 일에 혹은 당신이 하는 공부에 열중하십시오. 당신이 자기 일을 열심히 하고 사랑 문제와 결혼 문제는 그대로 2~3개월 내버려 두었다가 처리하면 비교적 쉽게 그리고 원만하게 해결될 줄 압니다. 한 3개월 동안 그 문제를 내버려 둘 수 있는가는 대단히 어려운 일이니 당신 마음 여하에 따라서 될 줄 압니다.

—「어찌하리까」 1934. 2. 25.

1894년 갑오개혁으로 과부의 개가가 허용될 때까지, 조선 시대에 여성은 원칙적으로 재혼할 수 없었다. 그러나 이는 사대부 집안에서 통용되는 원칙일 뿐, 민간에서는 과부나 소박맞은 여성이 부잣집에서 첩살이를 하거나 홀아비와 동거하는 경우가 드물지 않았다. 여성이 남성과 똑같이 이혼하고 재혼할 권리를 법적으로 보장받은 것은 근대적 민법 체계가 도입된 일제강점기 이후였다. 그러나 법적으로 허용되었다고 이혼이나 재혼에 대한 편견마저 사라진 것은 아니었다.

초혼 남성과 재혼 여성의 혼인 비율은 1981년에야 1.1퍼센트를 넘어섰고, 2011년에도 5.7퍼센트에 불과했다.[1] 어느 정도 남녀평등이 구현

된 오늘날에도 총각과 이혼녀의 결혼은 흔치 않은 결혼 형태다. 이혼녀에 대한 편견은 지금까지도 완전히 극복되지 않은 것이다. 지금도 이럴진대 봉건적 정조 관념이 남아 있던 1930년대에는 훨씬 심했으리라.

일 독자는 이러한 편견을 깨고 이혼녀와 결혼하고자 하는 스물세 살 청년이다. 만난 지 석 달 만에 결혼을 결심한 것이 다소 성급해 보이나, 사회적 편견 때문에 사랑을 포기하지 않겠다는 태도만큼은 높이 살 만하다. 사랑에 들뜬 청년은 부모에게 결혼 계획을 이야기하지만 부모의 반응은 냉담하다. 물론 며느릿감에게 이혼 이력이 있다는 이유만으로 결혼을 반대한 것은 정당하지 않다. 하지만 이혼녀에 대한 당대의 편견을 고려하면, 일 독자의 부모가 반대하지 않는 것이 오히려 이상했을 것이다.

이혼녀에 대한 편견은 지식인이라고 다르지 않았다. 지식인이라면 여성의 이혼 이력이 사랑의 장애물이 될 수 없다는 것을 모르지 않았을 것이다. 그러나 이성적으로 아는 것과 정서적으로 받아들이는 것에는 차이가 있었다. 지식인도 사회 구성원인 한 사회적 편견에서 완전히 벗어날 수는 없었다. 답변을 맡은 R 기자도 이혼녀에 대해 이중적인 태도를 취했다.

표면적으로 R 기자의 답변은 총각과 이혼녀의 결혼에 대해 긍정적인 것처럼 보인다. 그는 한 번 출가했던 여자와 결혼해서 행복하게 사는 사람이 적지 않다며, 두 사람이 서로 사랑하고 일생을 같이할 생각이 있다면 여성의 이혼 이력이 문제될 것이 없다고 말한다. 심지어 그는 부모가 두 사람의 결혼을 반대하는 이유는 여성의 개가를 허용하지 않았던 구도덕과 낡은 관습 때문이라며, 일 독자에게 부모라고 무조건 복종하지 말고 부모를 설득해서 허락을 얻어 보라고까지 조언한다. 사랑과 결혼, 여성의 이혼 이력에 대한 근대적인 인식을 보여 주는 답변이었다.

하지만 다른 한편으로 R 기자는 "부모가 반대하는 것도 전연 무리가 아니"라면서, 그녀가 이혼한 이유와 그녀의 성격을 냉정한 태도로 따져 보아야 한다고 충고한다. 이 말을 풀어 보면 부모는 이혼녀에게 이혼당할 만한 이유나 성격상의 결함이 있을 수 있기 때문에 반대하는 것이고, 이는 어느 정도 새겨들을 만하다는 것이다. R 기자 역시 마음속으로는 이혼녀에 대한 편견을 완전히 극복하지 못한 것이다.

결혼이 행복이 될지 불행이 될지 시간을 두고 따져 보라는 말에도 이혼녀에 대한 편견이 깔려 있다. 일반적으로 결혼을 생각할 때, 얼마나 행복할지를 생각하지, 그 결혼이 행복이 될지 불행이 될지 따져 보지는 않는다. 대체로 그런 고민은 치명적인 문제가 있는 여성과 결혼을 생각할 때 하는 것이다. 즉 R 기자는 결혼할 여성의 이혼 이력이 결혼 생활을 불행으로 이끌 잠재적 불안 요소라고 생각하고 있다. 이는 결국 이혼녀에게 어떤 문제가 있을 것이라는 편견을 은연중에 드러낸 것이다.

1930년대 신문 독자문답란에는 총각과 이혼녀의 사랑과 결혼에 대한 고민을 담은 사연이 적지 않았고, 그에 대한 답변은 답변자의 가치관에 따라 다양한 편차를 드러냈다. 표면적으로는 총각과 이혼녀의 결혼을 긍정하는 듯하면서도 이혼녀에 대한 편견을 드러냈던 R 기자와는 달리 북청 일 독자의 사연에 답변한 극작가 윤백남은 그런 상황에 처한 남녀를 적극적으로 옹호하고 격려했다.

북청 일 독자는 3년 전 중학교를 졸업하고, 지금은 회사에 다니는 27세 미혼 남성이다. 우연히 어떤 여성을 알게 되어 처음에는 동무로서 지냈지만, 이제는 "잊을 수 없는 인연이 트게" 되었다. 그러나 현재 스물세 살인 그 여성은 열일곱 살 때 출가했다가 남편과 시부모의 구박으로 이혼한 이력이 있었다.

그녀가 이혼하게 된 내력은 이러했다. 그녀는 가정이 빈한하여 남들처럼 교육을 받을 수 없어 교회에 다니면서 혼자 공부했다. 출가한 후에도 언문이나마 배우려고 계속 교회에 다녔다. 그러나 시부모와 남편은 그녀가 교회에 다니지 못하게 말렸다. 그녀가 시부모와 남편의 말을 따르지 않자 구박이 날로 심해져 결국 이혼하게 된 것이었다.

그녀는 재작년 어떤 사람에게 속아 석 달 동안 첩살이를 한 일도 있었다. 그마저 오래가지 못한 이유는 그녀가 남편의 본처와 자식들의 학대를 견딜 수 없어서 그 집을 박차고 나왔기 때문이었다.

북청 일 독자는 이런 과거를 문제 삼지 않고 그녀와 미래를 굳게 약속했다. 그러나 주변 사람들은 언제나 그녀의 과거를 들어 악평하고 비웃었다. 그의 부모도 한사코 결혼을 반대했다. 잘 찾아보면 순결한 처녀 중에도 그녀처럼 그의 이상에 맞는 성격을 가진 이가 있을 것임을 그라고 모르지 않았다. 하지만 그는 그녀를 버리고 다른 처녀를 택할 생각이 전혀 없었다.

그는 그녀를 일시적 호기심으로 만나는 것이 아니었다. 그는 그녀와 가정을 꾸릴 것까지 진지하게 생각했다. 그가 보기에 그녀는 주부로서의 모든 자격을 완비했고, 상식도 부족하지 않았다. 북청 일 독자는 자신은 아직까지 미혼인 남성이 이혼 이력이 있는 여성과 결혼한 예를 보지 못했다며, 세인의 비난과 부모의 반대에 따라 그녀를 영영 단념하는 것이 좋은지, 주위의 반대를 무릅쓰고 그녀와 결혼한다면 어떠한 방식으로 예식을 치러야 하는지 물었다.[2]

북청 일 독자의 애인이 시집에서 쫓겨난 것이나 첩살이를 그만둔 것 모두 동정의 대상은 될지언정 세인들의 악평과 비웃음의 대상이 될 수는 없었다. 그녀가 이혼을 불사하고 교회에 다닌 것이 학업을 지속하기 위한 것이건 종교적 신념을 지키기 위한 것이건 간에 도덕적 비난의 대상이 될 이유는 없으며, 본처와 그 자식들의 학대가 가혹했다고 하니 첩살이를 청산했다고 손가락질 받아야 할 이유도 없었다. 더 나은 여성이 나타나더라도 결코 애인을 버리지 않겠다는 북청 일 독자의 자세도 건전했다. 그러나 이혼한 여성, 첩이 되었다가 학대당한 여성을 동정한다는 것과 그 여성이 미혼 남성과 결혼하려는 것을 이해하는 것은 전혀 다른 문제였다. 봉건적 정조 관념이 남아 있던 시대, 출가 경험이 두 번씩이나 있는 여성이 미혼 남성과 결혼하는 것을 진심으로 이해해 줄 사람은 많지 않았다.

답변을 맡은 극작가 윤백남은 그 얼마 되지 않는 사람 중 하나였다. 그는 두 가지 이유에서 북청 일 독자의 사랑이 정당하다고 옹호한다.

첫째 남의 아내가 되는 것은 미혼 여성만의 권리가 아니다. 현재 남편이 없다면 결혼 이력이 있는 여성이라고 남의 아내가 되지 못할 이유는 없다. 납득할 만한 이유가 있어서 전남편과 이혼한 것이라면 이혼 이력이 인격과는 하등 관계가 없기 때문이다. 따라서 그런 여성이 재가한다고 어떠한 흠도 되지 않는다.

둘째 동네 사람들이 그 여성에 대해 어떠한 말로 수군거린다 해도 그것을 두려워해서는 안 된다. 그 여성과 결혼할 의사가 있다면, 동네 사람들이 수군거리는 것은 귀에 담지 말고 부모의 양해를 얻기 위해 노력해야 한다. 만일 부모가 아들은 초혼인데 며느리 될 여자가 결혼했던 여자라고 배척한다면, 그것은 마치 아들이 재취를 할 경우 상대편에서 장가를 든 이력이 있다고 배척하는 것과 다름없다. 이렇게 생각한다면 부모도 자연히 양해가 될 것이다.

원칙적으로 윤백남의 답변은 옳았다. 죄 없이 이혼 당한 여성이 재가한다고 흠될 것도 없고, 남자의 재취가 흉이 되지 않는다면 여자의 재가도 허물이 될 수는 없다. 그러나 편견은 논리로 설명되지 않는다. 이혼녀에게 편견을 가지고 있는 사람들도 윤백남이 지적한 사실을 모르지는 않았으리라. 오랫동안 이어져 온 관습과 사고방식은 그것이 아무리 터무니없는 것이라 하더라도 쉽게 바뀌지 않는다. 남녀평등 정신에 입각해 아들의 재취가 문제되지 않는다면, 여성의 재가도 문제없다는 윤백남의 논리는 아들 둔 부모가 "자연히 양해"할 수 있는 문제는 아니었다. 편견은 합리적인 옳고 그름의 문제라기보다는 맹목적인 좋고 싫음의 문제다.

윤백남은 이지적인 사랑은 생명이 짧고, 영적인 사랑이 생명이 길다고 충고한다. 여자의 학문의 뛰어나거나 얼굴이 아름다워서, 혹은 말을 잘해서 사랑하는 것은 그 이유가 사라짐과 동시에 생명이 끝나고 만다. 반면 "남성의 영(靈)과 여성의 영을 합류케 되면" 아무 이유 없이 사랑하는 것이므로 쉽게 끝나지 않는다는 것이다. 그는 만일 북청 일 독자가 그녀를 맹목적으로 사랑한다면 부모를 몇 백 번이라도 설득해 보라고 권유한다. 그래도 부모가 허락하지 않을 경우 다른 여자와 결혼하지 말고 그대로 있으면 언젠가는 부모가 뜻을 굽힐 수밖에 없을 것이라고 전망한다.[3]

윤백남의 조언처럼 완고한 부모를 설득하려면 무작정 결혼하지 않고 버티는 수밖에 없었지만, 그런다고 부모가 뜻을 굽히리라는 보장은 없었다. 윤백남의 조언은 북청 일 독자가 기대했던 시원한 해결책은 아니었다. 사실 이런 문제에 있어 시원한 해결책은 존재하지 않았다. 윤백남이 이혼녀와 총각의 결혼을 긍정적으로 보는 한 극단에 있었다면, 다음에 소개할 T생의 답변은 반대쪽 극단에 있었다.

애타는 두 사람은 23세 남성과 31세 여성이다. 두 사람은 전부터 친구이자 동지로 알아 오다가 그해 봄부터 우연한 기회에 "취소치 못할 관계"를 맺는다. 이제는 끊으려 해도 끊을 수 없으며 헤어져 옛날의 깨끗한 친구로 돌아가려 해도 그럴 수 없을 만큼 굳은 사랑에 붙잡혔다.

그래서 "대담하게도 결혼까지 이루어 보려 하나" 여기에는 현실에 배치되는 어려운 문제가 가로놓여 있다.

그것은 여자가 전에 출가하였다가 이혼하고 돌아와 독신 생활을 하는, 다시 말해 이미 "정조의 파멸을 당한 자"요, 남자보다 나이가 아홉 살이나 더 먹었으며 남자는 엄격한 부모의 감시와 지도를 받지 않으면 안 될 처지에 있는 미혼 청년인 까닭이다. 그들은 남자 편 부모의 허락을 받을 수 없어 오늘까지 비밀을 지켜 왔다. 그런데 당사자인 남자는 처녀가 아니고 나이 차이도 심한 그녀를 조금도 싫어하지 않고 기왕 이와 같이 되었으니 새삼스럽게 다른 곳에 구혼할 것 없이 서로 사랑하고 이념이 같은 그들이 손을 맞잡고 살아 보자고 한다.

그들은 남자가 미혼자인 만큼 그의 부모가 반대할 것이요, 세상이 조롱할 것이니 이 일을 어찌하면 순조롭게 해결할 수 있을지 물었다. 아울러 "이와 같이 연령 차이가 있는 사람으로서 이러한 경우에 처한 사람이 있는지", "미혼자가 헌 마누라를 데리고 산 사람도 있는지", "사랑만 있으면 살아갈 가능성이 있는지" 등을 궁금해 했다. 이를 해결할 방법이 없다면 그들은 함께 자살할 것까지 생각했다. 남자의 부모는 속도 모르고 결혼하기를 재촉하나 남자는 도저히 다른 여자와 결혼할 수 없는 처지라며 해결 방법을 물었다.[4]

애타는 두 사람의 사연은 매우 상세하고 구체적이어서 그들이 처한 상황을 어렵지 않게 추측할 수 있다. 예전부터 "친구이자 동지"로 알고 지냈고, "서로 사랑하고 이념이 같은 우리"라고 표현한 것으로 보아, 두 사람은 사회주의 같은 진보적 이념을 공유하고 있는 듯하다. 그런 그들조차 이혼녀를 "정조를 파멸 당한 자"로 기술할 만큼 이혼녀에 대한 편견은 사회에 깊이 뿌리내리고 있었다.

1930년대 가정 위기는 흔히 남성의 중혼, 축첩, 폭력, 가부장적 권위주의 등으로 야기되었다. 자신의 과오보다는 가부장적 가족 문화 탓에 부득이 이혼이라는 멍에를 짊어지게 된 여성이 훨씬 많았던 것이다. 가부장적 가족 문화에 억압당하거나 저항하다가 이혼당한 여성은 이혼 후에도 사회적 편견 속에서 살아가야 했다.

애타는 두 사람은 여자 쪽이 이혼녀라는 문제뿐 아니라 아홉 살 연상이라는 문제까지 안고 있었다. 전통적인 사회에서 아내가 남편보다 나이가 많은 것은 큰 문제가 아니었다. 조혼이 일반화된 시대에 바로 아이를 낳을 수 있는 여성을 며느릿감으로 고르다 보면 아내가 남편보다 몇 살씩 많을 수밖에 없었다.

연상녀와 연하남의 결혼을 기피하는 관습은 근대적 일부일처제가 확립된 후에야 등장했다. 이후 그것이 근대 과학의 부정적 파생물인 우생학과 결합하면서 민간에서도 급속히 자리를 잡았다. 연상녀와 연하남의 결혼은 우생학적으로 바람직하지 않으며 그러한 결혼에서 태어난 자손은 문제가 생길 가능성이 크다는, 과학을 가장한 근거 없는 미신이 아들을 낳아 가문의 계승하는 것을 자손의 의무로 생각하는 유교적 윤리관과 결합해서 빠르게 뿌리내린 것이다.

이혼녀에 대한 편견에 연상녀와 연하남의 결혼에 대한 기피까지 더해진 탓인지 애타는 두 사람의 사연에 답변한 T생은 조언이라고는 볼 수 없는 조롱과 악담으로 일관했다.

남녀의 사랑에는 이념이 같아서 친하게 지다가 맺어지는 수도 있고, 세간에서 떠들어 주는 유명한 사람이거나 돈이 많다고 덮어놓고 사랑을 거는 천박한 여자도 있으며, 변태심리를 가진 소년이 얼토당토않을 만큼 나이를 많이 먹은 여자와 사는 수도 있고, 아들 같은 사나이를 남편으로 모시는 주책없는 여자도 있습니다. 하지만 당신 두 분은 그렇듯이 사랑이 깊으시니 행복하시겠습니다.

그러나 당신 두 분은 이념이 같아서 친하셨고 그런 까닭에 사랑이 굳어지셨다하니 그 이념이라는 게 대체 어떠한 이념입니까? 연애지상주의입니까, 박애주의입니까? 이렇게 말씀드리면 불쾌하시겠지만 우리로서는 당신들의 이념을 알 수가 없습니다. 물론 조선 사람으로서 어떠한 이념이든지 가져야 하겠지만 당신들은 퇴폐주의자가 아닌지 모르겠습니다. 이런 것을 묻지 않으셨으면 이런 말씀을 아니 하는 것이겠지만, 당신들은 사랑 외에 아무것도 모르시는, 시쳇말로 팔자 좋으신 분입니다.

여기서 이브 되시는 분의 나이가 근 10년이 많으시고 아담 되시는 분이 10년이 적으시다 하니 이브 되시는 분은 우스운 말씀이오나 생명의 과실로 아담에게 사랑을 강요하시지나 않으셨는지 의문입니다. 그것은 남자가 23세라면 어느 사람은 세상 풍파를 많이 겪어 의지가 강하겠지만, 아직 이상이 서지 못한 이도 많은 까닭입니다.

그리고 사랑도 사랑이려니와 그 사나이는 당신보다도 장래가 길고 조선에서는 여자도 그렇지만 사나이가 사회의 일꾼으로서 한 사람이라도 긴요하니까 애욕지옥(愛慾地獄)에서 방황하다가 시들어 버린다면 아깝지 않습니까? 사랑도 너무 깊어지면 아편중독자와 같아집니다. 무서운 것입니다. 사랑에 대해서는 부모나 친척이나 친구나 결단코 간섭할 수 없는 것입니다. 그러나 당신들의 두 분의 장래가 위태하니 제삼자로서 방관만 할 수 없습니다.

당신들의 그 중대 문제의 해결책은 당신 두 분 외에 사회라는 널따란 세계가 있는 것을 깨달은 이후에야 실마리를 찾을 수 있게 되는 것입니다. 그 위대한 사랑이라는 것은 당신 두 분의 합한 힘으로 하여서 이 사회가 구원되는 데에 있습니다. 그렇지 않으면 한 푼의 가치도 없을 것입니다. 당신들은 다른 나라 사람이 아니고 우리들의 형제자매라서 말씀 드리는 것입니다. 꿈에서 벗어나십시오. 다른 해결책이란 당신 두 사람에게 있는 것이요, 해결 못하면 죽는다는 그러한 약한 말씀은 혼자라도 속삭이지 마십시오.[5] (T생)

T생의 답변에서 애타는 두 사람의 처지에 대한 공감이나 동정은 조금도 찾아볼 수 없다. 그는 두 사람의 사랑을 퇴폐적이고 저속한 것이라 비난하는 데 그치지 않고, 그들에 대한 인신공격도 서슴지 않는다. 우선 그는 "천박한 여자" 운운하며 세상에 이름난 사람이나 돈 많은 사람이면 무턱대고 사랑을 거는 여자도 있다고 여성을 싸잡아 비하한다.

물론 명성이나 돈에 이끌려 연애하는 여성이 있을 수 있다. 하지만 반대의 경우가 없으리라는 보장도 없다. 일부 여성이 왜곡된 애정관을 가지고 있다고 해서 "천박한 여자"라는 거친 표현까지 써 가며, 부당하게 여성을 비하하는 것은 지식인으로서 바람직한 태도가 아니다. 더욱이 T생은 연하의 남성과 결혼한 여성을 아들 같은 사내를 남편으로 모시는 "주책없는 여자"라고 모욕하기까지 한다.

T생의 막말은 여기서 그치지 않는다. T생은 연상 여성을 사랑하거나 연상 여성과 결혼한 남성을 "변태심리"의 소유자라고 매도한다. 대부분의 남성이 연하의 여성을 좋아하는 것은 사실이지만, 연상의 여성을 사랑한다고 그 남성이 변태심리를 가진 것은 아니다. T생이 애타는 두 사람의 사랑을 변태심리로 매도하는 그 순간에도 봉건적 인습에 사로잡힌 기성세대는 하루빨리 자손을 보겠다는 욕심에 코흘리개 아이까지 대여섯 살 연상의 여성과 억지로 결혼시켰다. T생의 비난대로라면 조혼을 강요한 부모는 아들에게 변태심리를 가지라고 강요한 것이 된다.

지금이라면 술자리 농담으로라도 해서는 안 될 폭언을, T생은 버젓이 신문지면에, 그것도 고민을 상담하려고 사연을 보낸 독자를 향해 퍼부었다. 그러고도 이후에 정정보도나 사과 기사가 실리지 않은 것을 보면, 1930년대 한국 사회에서 이 정도의 인식은 용인될 만한 수준이었던 것 같다.

"당신 두 분은 그렇듯 사랑이 깊으시니 행복하시겠습니다."라며 애타는 두 사람의 사랑을 한껏 비꼰 T생은 그들이 전부터 동지이자 친구로 알고 지내다 사랑하게 되었다고 한 것을 곡해해, 이념이 같아서 친해졌다고 하는데 도대체 당신들의 이념이 무엇이냐고 따져 묻는다. T생의 눈에 애타는 두 사람이 제대로 된 이념을 가졌을 리 없고, 굳이 이념을 가졌다면 연애지상주의, 박애주의, 퇴폐주의에 지나지 않을 것이라고 비난한다. 물론 그가 말하는 박애주의란 인류를 모두 사랑한다는 의미의 박애주의가 아니라 아무나 사랑한다는 의미의 박애주의다.

인생에 있어서 사랑은 먹고사는 문제나 사회문제만큼이나 중요하다. 하지만 T생은 애타는 두 사람이 사랑만 찾는다며 "팔자 좋으신 분"이라고 조롱한다. 그는 사랑의 열병을 앓는 수많은 연인들과 사랑으로 가득 찬 가정을 꾸려가던 수많은 부부들을 모독한 것이다. 1930년대에는 자유연애를 주제로 한 문학작품이 적지 않았고, 모던 보이와 모던 걸의 연애가 자주 화제에 오르다 보니, 당대 사적 영역에서 사랑이 의식주 문제, 사회문제만큼 중요한 문제로 취급되었을 것이라고 오해할 수도 있다. 그러나 T생의 답변을 보면 그 시대에도 전근대에서와 마찬가지로 사랑을 대수롭지 않은 것, 하찮은 것, 팔자 좋은 사람들이 하는 것 정도로 취급하는 지식인이 적지 않았음을 알 수 있다.

이해관계로 사랑을 추구하는 여성, 연상의 여성을 사랑하는 남성, 연하의 남성과 결혼한 여성, 그리고 사랑에 빠진 모든 사람들을 차례로 욕보인 T생은 애타는 두 사람의 사연으로 돌아가 아홉 살 연하의 청년과 결혼하겠다는 이혼 여성을 겨냥해 왜 순진한 남성을 꾀느냐고 나무

란다. 스물세 살이라면 세상 풍파를 많이 겪어 의지가 강한 청년도 있지만, 이상이 서지 못한 순진하고 어리석은 남성도 있다면서 그런 순진하고 어리석은 남성을 쩐 그녀를 비난한 것이다. T생의 답변 중 유일하게 의미 있는 조언은 두 사람의 사랑을 사회에서 인정받지 못한다면 죽어버리겠다는 말은 혼자라도 속삭이지 말라는 충고 정도였다. 어떤 문제건 자살이 해결책이 될 수는 없다.

남성들은 이혼녀, 과부 등 사회적 편견의 대상이 되는 여성들과의 결혼을 정략적으로 이용하기도 했다. 다음에 소개하는 평양 일 독자도 그중 하나다. 평양 일 독자는 일찍이 아버지를 여의고 홀어머니 슬하에서 성장한 23세 남성이다. 집안이 형편없이 가난해 숙부의 도움으로 겨우 보통학교를 졸업했다. 이제부터는 한 달에 몇 푼씩이라도 벌어서 늙은 어머니를 봉양해야 할 처지였다. 그러나 취직이 쉽지 않았다. 최근에는 할 수 없이 순사 시험이라도 보아야겠다고 결심했다. 그런데 마침 돌아가신 아버지의 친구 한 분이 자기 딸과 결혼을 하고 자기가 경영하는 N양조장에 취직하라고 제안했다. 그 분의 딸은 중등학교까지 마치고 시집을 갔다가 얼마 전 남편이 죽어 과부가 된 여성이었다. 평양 일독자는 생활 관계로 과부와 결혼해도 괜찮은지, 미혼인 그가 과부 장가를 드는 것이 부끄러운 일이 아닌지 물었다.[6]

평양 일 독자는 무능한 남성이었다. 일찍 아버지를 여의고 어머니와 둘이서 생계를 꾸렸으니 집안이 가난한 것은 당연했다. 그 시대의 평균적인 학력 수준을 고려할 때 가난한 집안에서 성장한 그가 숙부의 도움으로 보통학교까지 졸업했다면 공부도 할 만큼 한 셈이었다. 그럼에도 그는 스물세 살이 되어서야 한 달에 몇 푼씩이라도 벌어야겠다고 생각했다. 스물셋은 당시로서는 결코 적지 않은 나이였다. 공부하느라 늦어진 것도 아닌데, 홀어머니를 모시고 살면서 그제서야 취직을 생각한 것은 지나치게 무책임한 행동이었다. 취직이 쉽지 않다면서 순사 시험이라도 봐야겠다고 말하는 것을 보면, 학력이나 능력에 비해 직업에 대한 기대치가 꽤 높았음을 알 수 있다.

가난하고, 못 배우고, 무책임하면서 눈만 높은 그가 남편과 사별해 과부가 된 딸과 결혼해 주면 자신이 경영하는 양조장에 취직시켜 주겠다는 제안에 솔깃해진 것은 당연한 일이었다. 결혼해서 양조장에 들어가면 단순한 피고용인이 아니라 경영자의 사위로서 가난과 홀어머니 부양 문제를 한꺼번에 해결할 수 있었다. 과부 장가간다는 손가락질만 빼면 그로서는 마다할 이유가 없는 혼처였다.

평양 일 독자는 미혼인 그가 과부 장가를 드는 것이 부끄러운 일인지 물었을 뿐이었지만, 더 중요한 문제는 조건만 보고 정략적으로 결혼을 결정하는 것이 정당한가 하는 것이었다. 답변을 맡은 기자도 지면의 대부분을 정략적 결혼 결정을 경계하라는 내용에 할애했다.

기자는 우선 과부에게 장가드는 것이 처녀와 결혼하는 것보다 좋을 것은 없으나 그렇다고 부끄러운 일은 아니라고 지적했다. 그 여자가 배우자로서 적당한지 그렇지 않은지가 문제이지, 과부냐 처녀냐는 그다지 중요한 문제가 아니다. 설령 그 여자가 처녀라고 하더라도 그의 배우자로서 적당치 않다면 단지 취직만을 위해서 그녀와 결혼하는 것은 옳지 않다. 기자는 늙은 어머니를 부양하면서 눈앞의 생활을 돌보는 것도 시급하지만, 일생의 배우자를 잘못 골라서는 그 가정에 오랫동안 불행이나 화근이 미칠 것이라고 경고했다. 결론적으로 그는 오직 과부인 것만이 흠이지 나머지는 모두 좋다면 결혼해도 무방하다고 조언했다.[7]

근대 이후 한국에서 연애와 결혼의 대부분은 남자가 여자보다 연상인 미혼 남녀 사이에서 이루어졌다. 이혼녀-총각 커플, 연상녀-연하남 커플, 과부-총각 커플 등은 연애와 결혼의 영역에서 철저한 소수자였다. 일부 전향적이고 진보적인 지식인들은 소수자 커플을 격려하는 모습을 보이기도 했지만, 대부분의 사람들은 연령의 노소, 지식의 다소와 상관없이 그들을 비정상적인 커플로 인식하는 경향이 강했다.

다수자와 소수자가 완전히 같을 수는 없다. 뭔가 다르니까 그렇게 나뉜 것이리라. 하지만 다르다는 것이 비정상적이라는 것을 의미하지는 않는다. 다수자 커플과 소수자 커플은 단지 서로 다른 것일 뿐, 어느 한쪽이 더 옳다거나 정상적이라고 평가할 수는 없는 일이다. 그러나 오늘날 가장 진보적이고 개방적인 국가에서조차 소수자의 권리가 완벽히 보호된다고 보기는 어렵다. 소수자와 다수자 간의 차별을 없애려면, 법적·제도적 장치가 도입되어야 하고, 차이를 존중하는 문화가 뿌리내릴 수 있도록 충분한 시간과 교육이 투입되어야 한다.

2 사랑과 우정 사이

📭 우정을 위하여 연정을 버릴까 (시내 L생)

저는 시골 사람으로서 모 전문학교에 다니느라 지금 서울 와서 지냅니다. 저에게는 동향 친구 한 사람이 있어 비록 학교는 다르나 서로 이해가 있고 정도 깊어져서 친형제와 다를 것이 없습니다. 그런데 근자에 이르러 제가 중학교를 졸업한 한 여성을 알게 되어 자주 만났지요. 그도 미혼자고 저도 미혼자라 친해지고 나니 약혼까지 하게 되었어요.

그래서 빨리 그 친구를 찾아 가지고 저는 모라는 여성과 약혼을 하였노라고 알려 주지 않았겠습니까? 당연히 반가워해야 하고 농담도 해야 할 그가 어쩐 일인지 마지못해 하는 인사로 몇 마디 할 뿐 고개를 숙이고 있습니다. 사람의 관계란 복잡도 하다지만 그 누가 알겠습니까? 그 친구가 저의 약혼자를 연모해 될 수 있으면 그와 결혼하기를 바랐던 모양이올시다. 그러니 자, 저는 어떻게 해야 합니까? 우정의 보전을 위해 연정을 버려야 합니까?

📋 두 분 중 한 분은 그렇게 하시오

우정을 위하여 연정을 버린다는 그 말이야 물론 좋습니다만 그 실행이 쉬울지는 적지 않은 의문입니다. 하여튼 당신이 우정을 위하여 연정을 버리지 못한다면 당신의 친구라도 우정을 위하여 연정을 버려야 할 것입니다. 두 분 중 어느 한 분은 꼭 그렇게 하셔야 합니다. 그러나 이미 약혼까지 한 당신으로서는 좀 곤란치 않습니까? 또 당신이 파혼을 한다고 반드시 당신의 친구와 결혼하게 되리라는 것도 미지수의 일이 아닙니까?

나는 당신보다도 오히려 당신의 친구에게 연정을 버리라고 권하고 싶습니다. 그분의 성격 또는 평소의 소양이 어떤지는 모르지만 그가 그렇게 해 주는 것이 모든 문제의 간단한 해결 방법입니다. 물론 세상에는 여성에 대한 문제로 우정을 상하는 예가 적지 않으나 그중의 대부분은 서로 양보하고 양해할 수 있는 일이라고 생각됩니다. 더구나 당신과 같은 경우에는 당신에게 아무 고의적 죄과가 없는 일이라 웬만하면 당신의 친구가 양해할 수 있지 않을까 합니다.

—「어찌하리까」 1935. 1. 16.

삼각관계 혹은 삼각연애는 금지된 사랑의 가장 일반적인 형태다. 하지만 시내 L생의 삼각관계는 관계된 세 사람 중 누가 잘못했다고 말하기 어렵다. 시내 L생은 최근 한 여성과 가까이 지내다 약혼했는데, 친형제처럼 지내던 그의 동향 친구 역시 그녀를 사랑하고 있었을 따름이다.

삼각관계는 자유연애가 인정되는 사회라면 어디에나 존재한다. 살다 보면 누구나 한 번쯤 경험해 보았을 정도로 빈도도 잦다. 그 이유는 연애 자체의 속성에서 기인한다. 이성과의 교제는 제한된 인간관계 내에서 이루어지는 경우가 많다. 자신의 활동 영역과 전혀 다른 곳에서 만난 이성과 교제하는 경우가 아니라면, 한 사람이 흠모하는 이성을 그 사람의 친구도 알게 되기 쉽다. 매력적인 이성에 대한 판단은 대체로 비슷해서 어떤 사람이 매력적이라고 생각하는 이성은 그의 친구도 매력적이라고 생각할 가능성이 크다. 그 때문에 미혼의 젊은이들은 매력적인 이성을 놓고 진부한 애정 갈등을 겪게 되는 것이다.

일부일처제 사회에서 한 사람이 둘 이상의 상대를 배우자로 삼을 수 없다. 연애의 경우도 마찬가지다. 따라서 삼각관계는 한 명의 이성과 사랑에 빠진 두 사람 중 어느 한 명이 포기해야 해소될 수 있다. 대부분의 경우 사랑의 무게 추가 한쪽으로 기울면 선택받지 못한 사람이 포기해 삼각관계는 자연스럽게 해소된다. 한 이성을 놓고 애정을 다투던 두 사람이 친구 사이였다면 이 과정에서 우정에 금이 갈 수도 있다. 그러나 한쪽이 친구의 애인에게 악의적으로 접근한 경우가 아니라면 대개는 큰 문제없이 원만하게 해결되기 마련이다.

답변을 맡은 기자는 우정을 위해 연정을 버릴 수도 있지만, 그러기가 쉽지는 않을 것이라고 본다. 두 사람 중 한 사람이 포기해야 한다면 그녀와 이미 약혼한 시내 L생보다는 그의 친구가 포기하는 것이 옳다는 것이다. 그가 우정을 위해 연정을 포기한다고 약혼자가 그의 친구를 선택한다는 보장이 없기 때문이다. 사랑이란 쌍방향적인 정서여서 누군가가 양보하고 말고 할 성질의 문제가 아니다.

삼각관계의 여러 유형 중 시내 L생이 경험한 삼각관계는 연인 사이에 한쪽의 친구가 끼어들어 친구의 애인을 짝사랑하는 비교적 단순한 형태다. 이런 경우 사랑의 무게 추는 이미 기울어져 있기 때문에, 기자의 조언처럼 짝사랑하는 쪽이 포기하면 문제는 간단히 해결된다. 마음이 여리고 착한 시내 L생이 친구에게 죄책감을 느끼고 있지만, 사실은 친구가 그의 약혼자를 남몰래 흠모한 것으로, 잘못은 오히려 친구 쪽에 있었다.

시내 L생의 사연처럼 모든 삼각관계가 그렇게 단순하지만은 않다. 연인 관계가 한 쌍으로 고정되어 있다면 뒤늦게 뛰어들어 관계를 흔들어 놓은 사람이 포기하면 되지만, 동시에 만난 세 사람이 사랑에 빠져 두 쌍의 연인이 형성되면, 문제가 어떻게 해소되든 세 사람 모두 상처받고, 모든 관계가 파국에 이를 가능성도 생긴다. 다음의 도쿄 일 여성의 사연도 그런 경우다.

도쿄 일 여성은 2년 전 도쿄로 유학 와서 언니와 함께 공부를 하고 있는 23세의 처녀다. 언니는 26세로 아직 미혼이다. 언니와 함께 사는 하숙에는 M대학에 다니는 동향의 남학생이 가끔 놀러 왔다. 먼 이역 땅에서 동향 사람을 만나고 보니 반가운 데다가 그가 동생 같이 친절히 대해 주며 여러 가지로 돌봐 주니 그녀는 그가 퍽이나 고맙게 생각된다. 그러다 보니 그녀도 모르게 그에게 우정 이상의 무언가를 느끼게 되었다. 그러던 어느 날 그가 그녀에게 보내 준 백합꽃 속에는 "영원한 사랑의 고백서"가 끼어 있었다. 그 후부터 두 사람은 언니의 눈을 피해 "신만이 아는 참으로 고결한 사랑"을 주고받았다.

그러던 어느 날, 그녀는 우연히 언니의 일기장을 보다가 봐서는 안 될 사실을 발견했다. 거기에는 동향의 남학생이 동생을 더 사랑한다는 사실에 대한 무서운 질투와 저주의 문구가 가득 차 있었다. 그날 이후 그녀는 언니와의 의리냐, 그와의 사랑이냐는 두 가지 길에서 하나를 선택하지 못해 번민과 고통에 시달렸다. 도쿄 일 여성은 "그가 저와 언니

두 사람을 사랑했던 것일지", 그렇지 않으면 언니가 "올드미스가 갖기 쉬운 어리석은 질투심에서 그러는 것일지" 물었다.[8]

일제강점기 도쿄 조선인 유학생 사회는 자유연애의 해방구였다. 소설가 이광수와 여의사 허영숙, 시인 최승구와 화가 나혜석, 극작가 김우진과 성악가 윤심덕 등 뜨겁고 열정적인 연애담도 여럿 탄생했다. 공교롭게도 세 쌍의 연인 모두 기혼 남성과 미혼 여성 사이에서 이루어진 사랑이었다. 행동이 조심스러울 수밖에 없었던 조선에서와는 달리 기성세대의 눈치에서 자유로웠던 도쿄에서는 남녀 모두 자유로운 분위기에서 학업과 연애를 병행할 수 있었다.

동향의 남학생이 어떤 의도에서 도쿄 일 여성 자매에게 접근했는지 정확히 알 수는 없다. 언니와 고향 오빠가 어떤 관계였는지도 오직 두 사람만이 알 것이다. 그 관계에 대해서도 언니가 생각하는 것과 고향 오빠가 생각하는 것이 다를 수 있다. 원래 남녀 관계란 당사자조차 한 가지 행동을 두고 서로 다른 의미를 부여하게 마련이다. 가령 함께 영화 관람을 갔을 때, 남자는 데이트를 한 것으로, 여자는 아는 오빠와 영화 한 편 본 것으로 해석할 수도 있다. 따라서 언니와 고향 오빠 둘 중 한 사람에게 그들의 관계를 묻는다고 진실을 알 수 있는 것은 아니다.

그러나 그 시대 도쿄 조선인 유학생 사회의 분위기를 고려할 때, 언니와 고향 오빠가 완전한 연인 관계는 아니라 해도 함께 영화를 보러 간다거나 공원에 산보를 다니는 등, 한쪽에서 오해할 만한 일을 함께했을 가능성은 충분하다. 어쩌면 더 깊은 관계를 맺었을 수도 있다. 일 기자의 답변 역시 그러한 유학생 사회의 분위기를 알아야만 이해할 수 있다. 그의 답변은 다음과 같았다.

봐서는 안 될 것을 본 것이 아니라 당신은 마땅히 봐야 할 것을 일찍이 잘 보았습니다. 친형제 간에 사랑의 갈등이 생긴다는 것은 너무나 짓궂은 운명입니다. 그러나 지금은 주저하고 있을 때가 아니라 속히 마음을 정하고 태도를 명확히 가져야 할 줄 압니다.

당신의 언니가 일기에 그렇게까지 썼다면 당신이 알지 못하는 동안 그들 사이에 어떠한 약속이 있지 않았을까요? 남자들 가운데는 엉뚱하고 맹랑한 사람도 없잖아 있는 것이니 그도 또한 모를 것입니다.

내 생각 같아선 당신이 마음을 굳게 먹고 그 남자를 단념하고 나이가 많은 언니에게 양보함으로써 언니의 문제를 해결해 준 후 당신은 또 앞으로 기회를 다시 얻도록 하는 것이 여러 면으로 보아 좋을 것 같습니다.[9]

불확실한 언니와 고향 오빠의 관계를 위해 확실한 도쿄 일 여성과 고향 오빠의 관계를 청산하는 것은 어리석은 일이다. 그러나 일 기자는 더 큰 분란이 야기되기 전에 도쿄 일 여성이 포기하라고 조언한다. 도쿄 조선인 유학생 사회의 분위기를 모를 리 없는 일 기자는 언니가 일기장에 그렇게까지 썼다면 두 사람이 그녀 몰래 연애나 연애에 준하는 관계를 맺었음이 확실하다고 보았다.

아무리 파렴치한 인간이라도 설마 한 하숙에서 지내는 언니와 동생에게 한꺼번에 수작을 걸었겠냐고 의문을 품을 만도 하다. 하지만 다음 재령 일 여성의 사연을 보면, 일 기자의 해석이 그리 지나친 것은 아님을 알 수 있다.

재령 일 여성은 중학 4학년에 재학 중인 미혼 여성이다. 그녀는 남녀 간의 사랑을 모르고 지내다가 그해 처음으로 한 남자에게 사랑을 받게 되었다. 그녀는 첫사랑인 까닭에 그를 무척 사랑하게 되었고, 급기야 몸까지 허락했다. 그 후 그녀는 그가 그녀의 언니와 먼저 사랑하고 있었음을 알게 되었다. 재령 일 여성은 그럼에도 불구하고 "그 남자의

사랑을 잊을 수가 없는데" 어찌하면 좋을지, 그녀의 사랑이 도덕적으로 용납될 수 있는지 물었다.[10]

재령 일 여성의 첫사랑은 언니와 동생을 차례로 사랑하고, 동생에게는 몸까지 뺏는다. 그녀는 그에게 사랑을 받았다고 믿고 있지만, 정조를 유린당했다고 표현하는 것이 더 적절할지도 모른다. 사연에 명시되어 있지는 않지만, 그가 동생을 유린한 과정을 보면 언니라고 다르지는 않았으리라. 언니와 동생을 차례로 유린한 그 몹쓸 남성에 대해 정작 그녀는 일말의 원망도 표현하지 않는다.

답변을 맡은 일 기자는 먼저 "사춘기에 있는 청춘 남녀가 사랑을 속삭이는 것은 어느 정도까지 용서할 점"이 있지만, "몸까지 허락해 결혼 전에 처녀성을 깨는 일"은 도저히 용서할 수 없는 일이라고 꾸짖는다. 그러고는 "색마"라는 극단적인 표현까지 써 가며 자매를 차례로 유린한 그 남자를 비난한다. 그녀가 그 남자와 언니의 관계를 몰랐을 수는 있지만, 그 남자는 그녀가 언니의 동생인 것을 몰랐을 리 없다며, 그가 의도적으로 그녀에게 접근한 것임을 시사한다.

일 기자는 사랑에 눈먼 재령 일 여성이 망각한 사실, 즉 그 남자는 못 잊어 애태울 대상이 아니라 "꽃을 따르는 나비같이 이곳저곳을 찾아다니"며 순진한 여성을 꾀어 유린하는 "더러운 남성"이라는 사실을 일깨워 준다. 지금이라면 그처럼 파렴치한 남성에게 법적 책임을 물을 수 있겠지만, 그 시대에는 그런 "색마", "더러운 남성" 등 격한 표현으로 상대를 질타하는 방법밖에는 없었다. 일 기자는 재령 일 여성이 첫사랑이었던 그를 못 잊는 것은 당연한 이치지만, "그런 남자와 결혼하는 날엔 장차 행복한 가정을 못 이룰 것"이니 그만 포기하라고 조언한다.[11]

또 다른 유형의 삼각관계는 애인이 있음에도 불구하고 다른 사람을 좋아하는 상황에서 형성된다. 1930년대 남성에게 이 유형의 삼각관계는 아주 흔했다. 심지어 유부남조차 마음에 드는 여성이 생기면 아내와 이혼하고 새장가를 들까, 첩으로 삼을까, 그냥 연애나 할까 하며 다양한 선택지를 두고 고민했다. 남성에게 흔한 유형이었지만 공평동 일 여성처럼 여성들도 가끔은 이런 유형의 삼각관계를 경험했다.

공평동 일 여성은 작년 봄부터 A라는 사람과 알게 된 21세의 미혼 여성이다. 그가 미혼 청년이요, 모든 것을 서로 합의한 만큼 그들은 결혼을 전제로 사귀기 시작했다. 근 1년 동안 지내 보아도 그날이 그날 같아 조금도 변함이 없었다. 그들의 관계는 부모에게까지 알려져서 내년 봄쯤은 결혼하려고 했었는데 요즘 그들 사이에는 뜻밖의 "이상한 일"이 일어났다.

A는 그녀를 약혼자라고 생각했음인지 자기의 동무들에게 그녀를 소개하고 같이 논 적이 있었다. A와 동급생이요, 친밀한 사이인 K도 그중 한 사람이었다. K는 A가 없어도 허물없이 그녀를 찾아왔고, 그녀도 그와 기탄없이 지냈다. 그러는 사이 수개월 전부터 K와 그녀는 "이상한 사이"가 되고 말았다. 말하자면 K가 친구를 배신하고 그녀를 가로채려 한 것이었다. K는 A와 그녀가 결혼하지 못하게 훼방을 놓았다. A도 요즘 몹시 우울해 하고 번민하는 것이 그 기미를 알아챈 것 같았다. 공평동 일 여성은 A와 K 두 남자 사이에 끼인 그녀가 취할 방도가 무엇인지 물었다.[12]

친구에게 애인을 소개하지 말라는 말이 있다. 평소에 관심 없던 이성이라도 친구의 애인이 되어 나타나면 갑자기 호감이 생기는 경우가 적지 않기 때문이다. 르네 지라르는 이러한 인간의 본성을 욕망의 삼각형 이론으로 설명했다. 욕망의 주체와 대상 사이에는 항상 중개자가 존재하며 이 중개자에 의해 욕망은 모방되고 증폭된다.[13] 르네 지라르에 따르면 서로가 욕망의 주체이자 중개자가 되는 삼각관계는 가장 안정적인 사랑의 구조인 셈이다. 삼각관계에 빠진 남성은 흔히 사랑과 우정 사이에서 갈등한다고 생각하지만, 사실은 그 우정 때문에 친구 애인과의 금지된 사랑이 훨씬 강렬해진다.

공평동 일 여성이 K에게 아무 감정도 없었다면, K가 친구의 결혼을 방해할 이유도 없었고, A가 우울해 하고 번민할 이유도 없었을 것이다. 그녀는 "사이에 끼인" 처지라며, 마치 자신은 죄 없이 고통받고 있는 것처럼 변명하지만 사실 그녀는 A와 K 사이에서 애매한 행동으로 두 친구의 우정마저 위험에 빠뜨렸다.

답변을 맡은 일 기자는 삼각관계가 생긴 가장 큰 책임은 약혼자를 친구들에게 보여 준 A에게 있다고 본다. 대체로 인간이란 절대 신임할 것이 못 되는데 A는 순진하게도 친구를 믿었다는 것이다. 그러나 우정을 배신한 K만큼, 공평동 일 여성의 경솔한 태도도 문제라고 지적한다. A가 그녀를 믿었다면 그녀도 A의 믿음을 배신하지 말았어야 했다. 일 기자는 그녀가 K와의 관계를 깨끗이 정리하고, 결혼을 약속한 A에게 돌아가는 것이 옳으며, 그녀의 "무정견아(無定見兒) 같은 태도" 때문에 금이 간 A와 K 사이의 우정도 다시 회복시켜야 한다고 조언한다.[14]

한편 이 시기에는 가난이나 이향(離鄕)과 같은 사회적 조건이 만든 삼각관계도 존재했다. 대구 일 독자의 사연이 바로 그런 경우였다. 여기서는 순수한 열정에서 비롯된 삼각관계가 아닌 탐욕과 거래가 낳은 삼각관계가 그려진다.

대구 일 독자에게는 "지극히 사랑하는" 두 벗, 갑과 을이 있다. 갑과 을은 서로 모르는 사이다. 갑은 2년 전 병과 결혼했지만, 혼인신고는 하지 않았다. 병에게는 한때 "가난에 쫓겨 잠시 화류계에 종사"한 과거가 있다. 그때 병은 을을 열정적으로 사랑했다. 을은 병과의 사랑을 이루기 위해 큰 뜻을 품고 고향을 떠나 2년이 지난 오늘에야 돌아왔다. 병은 학대와 기근 탓에 마지못해 화류계에 투신했지만, 그곳을 죽도록 싫어했다. 화류계 생활에서 벗어나기 위해 그녀는 부득이 오빠의 절친한 친구인 갑과 동거하여 오늘날까지 지내 왔던 것이다.

고향에 돌아온 을은 병을 찾았다. 병도 옛사랑과 재회한 기쁨에 "생사를 가리지 않고 사랑의 보금자리를 건설키 위하여" 노력했다. 을은 친한 친구인 대구 일 독자에게 모든 사정을 털어놓았다. 그는 갑과 을을 모두 사랑해서 을에게 어찌하라고 충고할 수 없는 처지였다. 대구 일 독자는 비밀을 품고 있다는 것 때문에 죄를 저지른 것 같은 죄책감에 시달렸다. 아무것도 모르는 갑은 여전히 병을 사랑했다. 하지만 을과 병은 머지않아 멀리 만주로 갈 계획을 세웠다. 대구 일 독자는 어찌해야 갑과 을 두 벗을 모두 구하고 의리를 배반치 않는 떳떳한 벗이 될지 물었다.[15]

갑, 을, 병 세 남녀가 삼각관계에 빠진 근본 원인은 병의 집안이 몹시 가난해 화류계에 투신하지 않으면 안 될 처지였기 때문이다. 그녀가 화류계에 발을 들이지 않았다면, 적어도 을을 만나지는 못했을 것이다. 을이 그녀와의 사랑을 이루기 위해 2년 동안 고향을 떠난 것을 보면 을의 가정 형편 또한 그리 좋지 않았던 것 같다. 갑이 친구의 누이인 병과 동거하면서도 정작 혼인신고를 하지 않은 것은 갑이 병을 첩 이상으로 생각하지 않았기 때문이리라. 병이 화류계에 종사하기 싫어 갑과 동거한 것을 보면, 갑에게는 그녀를 화류계에서 빼내 줄 정도의 재산은 있었던 것 같다. 말하자면 갑과 병은 돈으로 맺어진 관계이고, 을과 병은 화류계에서 만나 사랑으로 발전한 관계였다. 어느 쪽도 순수하거나 건전한 관계는 아니었다.

답변을 맡은 C 기자는 대구 일 독자에게는 아무런 죄가 없으며, 갑과 을이 친구를 위해 고민하는 그의 마음을 안다면 오히려 고마워할 것이라고 지적했다. 문제의 해법으로는 을에게 병을 포기하도록 충고하라고 조언했다. 병이 아무리 을을 사랑한다고 하더라도 을이 그녀를 위해 고향을 비운 사이 조그만 곤란을 참지 못하고 갑과 같이 살게 되었다면, 그녀는 믿지 못할 여성이라는 주장이다. 따라서 을이 병을 데리고 만주로 떠난다 하더라도, 그 보금자리가 오래가지는 못할 것이라는 추측이다. C 기자는 을이 병을 포기하고 믿을 수 있는 다른 여성을 구해 행복한 가정을 이루면, 모든 문제가 해결될 것이라고 보았다.[16]

이처럼 삼각관계에는 다양한 유형이 존재하지만, 두 사람이 한 명의 이성을 두고 사랑을 쟁취하기 위해 갈등한다는 점에서는 공통된다. 경우에 따라 삼각관계는 의도적으로 형성되기도 하는데, 한 사람이 두 이성을 동시에 사랑하는 경우가 그렇다. 양다리, 어장 관리 등으로 일컬어지는 이중 연애도 넓게 보면 삼각관계의 일종이다. 하지만 이중 연애는 두 이성에게 사랑 받는 사람에게 나쁜 의도가 없는, 좁은 의미의 삼각관계보다 훨씬 속되고 계산적이다.

3 이중 연애, 누구와 살아야 할까요?

🖳 어떤 이와 결혼하는 것이 좋을까요 (북청 K생)

저는 18세의 처녀로 지금 모 중학 4년에 재학 중입니다. 지금으로부터 4년 전, 제가 보통학교에 다니던 때에 부모님께서 동창인 모 씨와 약혼을 시켰습니다. 그 학생은 저와 함께 보통학교를 졸업하고 지금은 도쿄로 가서 모 중학교 3학년에 재학 중이오며 지금까지도 서로 사랑할 뿐 아니라 편지도 자주 있습니다.

그런데 지금부터 8개월 전에 제가 모 회사에 근무하는 김 모라는 사람의 집으로 하숙을 옮기게 되어 그 사람과 피차에 알게 되었고, 가끔 산보도 해 오던 것이 부지불식간에 서로 사랑하는 사이가 되어 마침내 저는 정조까지도 바치고 말았습니다. 지금 와서 김 모씨는 자기 본처는 따로 정부(情夫)가 있다고 하여 이혼하고 저와 다시 정식으로 결혼하려고 합니다. 부모님이 약혼시켜 준 도쿄에 있는 학생과 결혼하여야 할까요, 또는 지금의 김 모씨와 결혼하여야 할까요? 어떻게 하면 좋겠습니까?

답 결혼은 천천히, 하숙부터 옮겨라 (일 기자)

당신은 어쩌자고 그리 경솔한 행동을 하였습니까? 지금까지도 어떠한 사람과 결혼하여야겠다는 자신의 확고한 신념도 없이……. 기자는 당신에게 결혼 문제는 좀 더 천천히 생각하라 권하고 싶습니다. 어서 학업에나 힘쓰고 학교를 마친 다음 과연 결혼이란 어떤 것인가, 그것을 조금이라도 인식할 수 있게 된 다음 결혼 문제를 생각하십시오.

당신은 지금 김 모라는 회사원에게 유혹을 당하지 않았는가 우려됩니다. 그것은 김 모라는 사람이 당신과 소위 연애 관계를 맺고 자기 아내에게 정부가 있다는 이유로 이혼을 하겠다고 하니 마치 속담에 까마귀 날자 배 떨어진다는 격으로, 물론 그럴 수는 있는 것이나, 하여튼 당신의 말은 너무나 간단하여 진상을 짐작할 수 없으니 그만큼 이것이 속단에 가까운 일이 아닐지는 알 수가 없으나 김 모의 행동은 아무리 생각하여도 그리 향기롭지는 못한 행동인 듯합니다.

도쿄에 있는 그 학생에게 당신의 지나친 행동을 고백하여 만일 그가 당신을 너그럽게 용서해 준다면 그 편을 취하는 것이 좋을 듯합니다. 그리고 당신은 나중에 누구와 결혼하든지 속히 김 모의 집에서 나오십시오.

이것을 단행하지 못한다면 당신의 장래는 매우 우려될 것이외다.

—「어찌하리까」 1934. 6. 14.

중등학교 4학년에 재학 중인 18세 여학생 북청 K생은 이미 4년 전에 약혼한 몸이다. 어린 나이에 부모의 주선으로 약혼했지만, 보통학교 동창인 약혼자와는 서로 사랑하는 사이였다. 하지만 그녀는 하숙집 주인이자 회사원인 김 모와 "부지불식간에" 사랑하는 사이가 돼 버렸다. 더욱이 북청 K생은 김 모에게 본처가 있는 줄 뻔히 알면서도 그와 육체적 관계까지 맺는다. 사실 관계를 확인할 수는 없지만, 김 모는 자신의 본처에게도 정부가 있다고 한다. 김 모를 중심으로 본처와 애인에게 각각 정부와 약혼자가 있으니 여간 복잡한 관계가 아니었다. 북청 K생은 사랑하는 두 남자, 약혼자와 김 모 중 어느 쪽과 결혼해야 하는지 고민한다. 부모가 점지해 준 약혼자와 파혼하는 것도, 육체적 관계까지 맺은 김 모와 헤어지는 것도 간단한 문제가 아니었다.

답변을 맡은 일 기자도 쉽사리 해답을 알려 주지 못한다. 하숙집 주인 김 모는 본처에게 정부가 있다는 것을 빌미로 이혼하겠다고 하지만, 북청 K생의 사연에 나타난 김 모의 행실을 보면 본처에게 정부가 있다는 말도, 본처와 이혼하겠다는 말도 그녀를 유혹할 구실에 지나지 않았을 가능성이 크다. 더욱이 김 모의 지난 행실을 미루어 보건대, 그와 결혼한다고 사랑과 행복이 넘치는 가정을 꾸리기는 어려울 듯하다.

그렇다고 약혼자에게 돌아가기가 쉽지도 않았다. 일 기자는 북청 K생이 도쿄에 있는 약혼자에게 지난 과오를 고백할 것을 권한다. 그가 너그럽게 용서해 준다면 그와 결혼하는 게 좋겠다는 조언이다. 하지만 혼전 순결에 대한 그 시대 남성들의 일반적인 태도에 비춰 볼 때 그럴 가능성은 거의 없었다. 당시 남성들은 외도와 축첩을 서슴없이 저지르면서도, 아내의 부정한 과거가 드러날 경우 이혼을 요구하기 일쑤였다. 약혼자가 엉뚱한 남자와 부정한 관계를 맺었다고 고백하는데 용서하고 결혼해 줄 남성은 많지 않았다. 더욱이 북청 K생과 약혼자는 연정적인 자유연애로 맺어진 관계가 아니라 부모의 권유로 시작된 관계였다. 회사원 김 모와 불의의 관계를 맺는 순간, 북청 K생은 어느 남자와도 행복한 가정을 꾸릴 수 없는 딱한 처지로 내몰린 것이다.

이중 연애는 여성보다 남성이 훨씬 심했다. 하지만 당시 남성에게는 중혼이나 축첩조차 문제 되지 않을 만큼 차별적인 성 윤리가 만연해 있었기에 남성이 이중 연애로 양심의 가책을 느끼는 경우는 거의 없었다. 따라서 다음에 소개하는 사연의 주인공 평양 망난인은 부도덕한 이중 연애를 저질렀으나 자신의 잘못을 시인했다는 점에서 최소한의 양심은 있는 남성이라 하겠다.

선생님, 이런 딱한 일을 어찌하리까. 저는 30세의 총각입니다. 지금으로부터 5년 전 옆집에 사는 처녀와 사귀게 되어 그 처녀와 저는 5년이고 10년이고 무엇을 성공한 후에 결혼하기로 굳게 언약을 하고 지금에 이르러서는 거의 생활 안정도 되어서 금년쯤은 부모의 승낙을 얻어 결혼을 하려 하였으나 그 처녀는 저를 꼭 남편이 되리라고 생각하고 있는지가 의문이어서 금년 봄에 우연히 어떤 여고보를 나온 처녀와 서로 알게 되어 지금에 이르러서는 떨어지지 못할 만한 일을 저질러 놓았습니다.

그러나 5년 전부터 약속하여 오던 처녀와는 참으로 정신적이며 그 어떤 관계는 없습니다. 선생님 한 처녀는 정신적으로 5년 동안에 공을 쌓아 왔고, 한 처녀는 일을 저질러 놓았으니 지금 와서 어떤 처녀와 결혼을 해야만 옳은 길입니까.[17]

평양 망난인의 고민과 북청 K생의 고민은 거의 차이가 없다. 다만 과오를 저지른 주체가 여성인지 남성인지 차이가 있을 뿐이다. 평양 망난인의 고민 자체는 단순하다. 5년 동안 순결하고 정신적인 사랑을 나눠 온 옆집 처녀와 결혼해야 하느냐, 몇 달 전 우연히 만나 육체적 관계를 맺은 여성과 결혼해야 하느냐는 것이다.

평양 망난인 때문에 한 여성은 5년이라는 시간과 순정을 잃었고, 다른 여성은 순결을 잃었다. 그가 어느 쪽을 택하건 선택받지 못한 여성은 평생 치명적인 과거를 안고 살아갈 수밖에 없었다. 그 시대에 그러한 과거를 안은 여성은 결혼하기도 어려웠고, 설령 결혼하더라도 행복한 가정을 꾸리기는 더 어려웠다.

답변을 맡은 여성 교육가 이숙종은 결혼은 예식이라는 형식보다 두 사람의 믿음이 중요한 만큼 평양 망난인은 한 번에 두 여성과 결혼한 셈이라며 그의 신중하지 못한 태도를 책망한다. 그런 무책임한 행동 탓에 세 사람 모두 불행해질 수밖에 없다는 것이다.

이숙종은 결국 육체적 관계를 맺은 여성과 결혼할 수밖에 없다고 조언한다. 정조 자체가 소중하기 때문이 아니라 다른 여성과 육체적 관계를 맺은 순간, 5년 동안 굳게 맹세하고 지켜 왔던 옆집 처녀와의 사랑은 격을 잃었기 때문이다. 이숙종은 옆집 처녀와 헤어지되 반드시 그녀에게 속죄하고 관계를 완전히 끊을 것을 주문한다.[18]

이중 연애는 당사자가 한 명의 이성을 선택한다고 끝나는 문제가 아니었다. 대구 오○순처럼 애인이 과거에 이중 연애했던 사실을 알게 될 경우 상대에 대한 신뢰를 잃어 설령 결혼하게 되더라도 행복한 가정을 꾸리기 어려웠다.

대구 오○순은 23세의 청년이다. 3년 전 우연한 기회에 한 여성과 교제를 시작했다. 날이 갈수록 애정은 깊어져 서로 모든 정신을 다 바쳐 사랑하게 되었다. 그렇게 1년을 사귀다가 그는 학교 관계로 고향을 떠나게 되었다. 그 후에도 일주일에 한두 번씩 편지를 교환했고, 10개월 동안은 아무 일 없이 지나갔다. 그러나 그 뒤부터는 편지 오는 횟수가 점차 줄어들었다. 그는 그다지 이상하게 생각하지 않았지만, 타향에서 편지 받는 것을 위로로 삼고 있었기 때문에 쓸쓸한 날을 보냈다. 그러던 중 1개월 만에 뜻밖의 내용을 담은 편지를 받았다. 내용은 이러했다.

자기를 지금 열렬히 사랑해 주는 순직(順直)하고 참된 남성이 있다. 자기 로서는 도저히 이 남자의 열렬한 애정을 거절할 수가 없어 당신에게는 미안한 줄 알면서도 할 수 없이 늘 만난다. 자기는 지금 십자로에서 어느 쪽 남자를 구할까 고민 중이니 당신도 제삼자의 처지에서 이 문제를 해 결해 달라.

편지를 읽고 난 그는 너무나 큰 모욕을 느껴 분노를 참을 수가 없었다. 하지만 냉정하게 마음을 고쳐먹고, 모든 것을 다 버리고 잊으려고 결심 했다. 하지만 며칠 후 그녀에게서 또 편지가 왔는데, 자기의 경솔한 행 동을 깊이 후회하니 용서해 달라는 참회록이었다. 그녀가 아직 그를 사 모하고 있는 것은 분명했지만, 그녀의 마음이 한 번 변했던 것은 사실이 고, 다른 남자에 대한 사랑이 남아 있을 수도 있었다. 더구나 그녀의 다 른 남자는 그의 친구였다.

그는 만일 그 여자와 결혼한다면, "불쾌한 추억"이 한평생 그의 가 슴을 아프게 할 것 같아 괴로워했다. 하지만 만약 그가 그녀를 배척한 다면 그녀의 전도가 어떻게 될는지 알 수 없었다. 한때는 사랑했던 여 인이었던 만큼, 그녀의 앞길을 걱정하지 않을 수 없었다. 그녀의 다른 남자는 그보다 학식도 풍부하고 재산도 많았다. 그는 그녀와 결혼해서 일생을 불쾌하게 보내기도 싫고, 마음을 돌려 사랑을 애원하는 그녀를 배척하기도 어려운 처지였다. 대구 오○순은 그의 모친도 이 일을 알았는지 그녀와의 결혼을 반대하는 편지를 보냈다며, 어찌해야 좋을지 물었다.[19]

대구 오○순의 애인이 의도적으로 이중 연애를 한 것 같지는 않다. 애인이 타향으로 공부하러 떠난 후, 애인의 친구에게서 구애를 받아 뜻하지 않게 두 남자와 교제하게 된 것이리라. 그에게 보낸 편지도 이별을 통보하기 위한 것이 아니라, 두 남자 사이에서 고민하다가 당사자에게 도움을 요청하기 위한 것이었다. 굳이 이런 편지를 보내지 않았다면, 대구 오○순은 그가 고향을 비운 사이 그녀에게 일어난 일을 모르고 넘어갔을 수도 있었다. 그녀는 너무 순수한 나머지 애인에게 공연히 이중 연애를 털어놓은 셈이었다.

이유야 어찌되었건 애인이 자신의 친구와 교제를 한 사실을 알았다면, 대구 오○순으로서는 두고두고 "불쾌한 추억"을 곱씹을 만했다. 더구나 그 사실을 그의 모친까지 알게 되었다면, 설령 그가 그녀를 용서한다 하더라도 순조롭게 결혼에 이를 것이라고 장담할 수 없었다. 처음 편지를 받았을 때 결심했던 것처럼 그녀를 냉정히 잊으면 그만이었지만, 그마저 쉬운 일은 아니었다. 그가 그녀의 장래를 걱정한다는 것은 애인에게 미련이 남았음을 의미한다. 대구 오○순은 애인과 헤어져도 미련 때문에 불행하고, 애인을 용서해도 "불쾌한 추억" 때문에 불행해지는 딱한 처지였다.

답변을 맡은 S생은 "그러한 일은 퍽 흔한 일"이라며 대구 오○순을 위로한다. 남녀 관계가 개방되어 가는 시대인 만큼 멀리 떨어져 지내다 보면 미칠 듯이 사모하는 마음이 생길 때도 있지만, 사랑의 기억은 점차 흐려지고 더 좋은 인물에게 마음이 가는 수가 있다고 지적한다. S생

       6장 금지된 사랑

은 "깨어진 그릇을 때운다 해도 그것은 완전치 못한 것"이므로 옛날의 정열을 다시 회복하기는 어려울 것으로 본다. 둘이서 한번 만나 산보를 하면서 이야기를 나눠 보면, 쌓였던 오해가 풀리고 새로운 사랑이 싹틀 수도 있지만, 대구 오○순에게 그런 사랑이 자신과 사회를 위해 무슨 의미가 있겠느냐고 반문한다.[20]

사랑은 신뢰를 바탕으로 형성되는 것이다. 따라서 남녀 어느 쪽이든 이중 연애를 하게 되면 그들의 관계는 예전으로 돌이킬 수 없다. 애인이 있는 상태에서 다른 이성과 사랑에 빠질 경우 처음 애인과 헤어지는 것이 그나마 윤리적인 선택이다. 그러나 실제로는 단지 사랑 때문에 이중 연애에 빠지는 경우는 많지 않다. 이중 연애에는 대체로 이해관계가 얽혀 있게 마련이다. 이성의 조건을 이리저리 재다 보면 두 사람, 세 사람 교제하는 사람이 늘어 가는 것이다. 이런 이중 연애는 사랑도 신뢰도 없는 공허한 관계다.

때로는 시내 일 여성처럼 자신을 배반했지만 여전히 사랑하는 남자와 자신을 진정으로 아끼고 사랑해 주는 남자 사이에서 고민하는 여성도 있었다. 시내 일 여성은 집안이 풍족하지 못해 15세부터 회사에서 일하고 있는 21세 여성이다. 17세 되던 해 봄, 어머니를 여의고 비탄에 빠져 있던 그녀는 네 살 연상의 T라는 청년과 사랑을 속삭이게 되었다. T가 쓸쓸한 그녀를 살뜰히 돌보아 주었기에 시내 일 여성은 점점 그에게 빠져들었고, 결국 "넘지 못할 선"까지 넘게 되었다. 그러나 T는 다른 여자와 교제하여 그녀를 "헌신짝같이 버리고" 말았다. 그녀는 한때 죽음도 결심해 보았지만, 아버지와 어린 동생들을 생각하고 "재생의 길"을 찾았다.

그때 마침 K라는 청년이 나타나서 그녀의 사정을 이해해 주며 돌보아 주고 위로해 주었다. K는 그때부터 지금까지 3년 동안 매달 15원씩을 대 주며 그녀의 집을 보살펴 왔다. 그녀의 동생들도 K를 친형처럼 따랐다. 그러다 보니 은인인 K가 고백하는 사랑을 받지 않을 수 없었고 결국 그에게도 "몸을 허락하게" 되었다. K의 부모가 그녀와의 결혼을 허락하지 않아, K는 그녀를 위해 집까지 떠났다.

그런데 최근에 T는 그녀를 찾아와 용서를 구하며 다시 사귀자고 청했다. 새로 사귄 여자와는 이미 헤어졌다고 한다. 그녀는 남자다운 T를 잊을 수가 없어 그의 과오를 용서하고 같이 지내고 싶었다. 시내 일 여성은 T를 선택할 경우 은인인 K를 어찌하면 좋을지 물었다.[21]

답변을 맡은 일 기자는 먼저 그녀의 "불분명한 태도와 그릇된 정조관에 대해서 이 기회에 깊이 반성해야" 한다고 꾸짖는다. K에게 장래를 맹세하는 것처럼 몸까지 허락해 놓고, 지금 T가 다시 머리를 숙인다고 해서 그에게 마음이 끌린다는 것은 무책임한 행동이라는 것이다. 이 기회에 그녀의 행동에 대해 깊이 반성하지 않는다면, 앞으로도 이와 같은 문제로 계속 괴로워하게 될 것이라고 경고한다.

일 기자는 아무리 생각해도 K를 사랑할 수는 없고 T와 일생을 같이하고 싶다면 하루라도 빨리 K에게 사실을 고백해야 할 것이라고 권유한다. 하지만 일찍이 그녀를 배반했던 T가 과연 그녀에게 얼마나 성의를 가져 줄 것인지는 큰 의문이라며, T를 잘 검토해 본 후에 결정하라고 조언한다.[22]

사랑은 이성이나 논리가 아니라 감정에서 비롯된다. 한 사람이 동시에 두 명 이상의 상대와 교제하는 것이 윤리적으로 정당하지 않다는 것은 누구나 알고 있지만, 감정의 문제는 이성과 논리로 통제하기 어렵다. 그러나 동시에 여러 사람에게 호감을 가지게 되는 것과 여러 사람과 교제하는 것은 다르다. 연애를 하는 과정에서 다른 사람에게 호감이 생긴다면, 그들과 동시에 교제하는 것보다는 현재 애인과의 관계를 정리한 후 다른 사람과 교제하는 것이 그나마 바람직한 일이다. 그러나 인간은 이기적이어서 상대방의 상처보다는 자신의 욕망을 먼저 생각하기 쉽다. 이중 연애가 바람직하지 않다는 것은 누구나 알고 있지만, 그것이 끊임없이 반복되는 것은 그 때문이다.

대체로 사랑의 감정은 우발적으로 싹튼다. 더러 의도적으로 사랑을 조작할 수 있다고 믿는 사람도 있지만, 인간의 가장 내밀하고 복잡한 정서인 사랑은 계획대로 되지 않는 법이다. 사랑은 너무나 숭고하고 아름다운 감정이지만 어느 사회, 어느 문화에서나 금지된 사랑은 존재한다.

조선 시대 사대부 집안에서는 결혼하지 않은 남녀의 사랑이라는 감정 자체가 금지돼 있었다. 1930년대 한국의 청춘 남녀는 자신의 의지로 사랑을 선택할 수 있었지만 거기에는 적지 않은 제한이 따랐다. 또 자유연애가 도입된 지 채 한 세대도 지나지 않은 시기였기에 어떤 사랑은 허용되고, 어떤 사랑은 허용될 수 없는지 사회적 차원의 준거가 마련되지 않은 상태였다. 그런 만큼 지금은 상상조차 하기 힘든 방종이 사랑이라는 이름으로 자행되는 경우도 허다했다. 과거 세대가 현재 세대보다 애정 문제에 대해 훨씬 보수적이었을 것이라는 믿음은 젊은 시절 기억을 망각한 기성세대가 만들어 낸 신화에 지나지 않는다.

"전남편의 정충이
화학작용을 일으켜……"

조혼이 성행했던 조선 시대에는 부인이 남편보다 나이가 많은 가정이 많았고, 연상 여성과의 결혼에 관한 금기 또한 존재하지 않았다. 연상녀 연하남 커플에 대한 부정적 인식은 근대 이후에 형성된 것이었다. 그러한 편견과 금기의 형성에 앞장선 계층은 역설적이게도 젊은 지식인들이었다. 근대 지식인들은 조혼의 폐지를 위해 연상녀와의 결혼이 억제되어야 한다고 생각했고, 그것이 우생학과 생리학이라는 과학의 이름으로 증명된 사실이라고 믿었다. 다음에 소개하는 시내 일 독자의 사연에 답변을 맡은 기자 역시 그런 지식인 가운데 한 사람이었다.

시내 일 독자는 20세 남성과 친남매같이 정답게 지내는 24세 미혼 여성이다. 그녀는 그의 씩씩한 거동이 퍽도 귀엽고 한없이 사랑스러웠다. 그 청년도 그녀를 따랐다. 그런데 두 사람의 사이를 눈치챈 친구들이 그들을 시샘하는 것 같았다. 다른 이들의 시샘을 느낄수록 그들 사이는 한층 더 깊어졌다. 하지만 그녀는 점점 그에게서 남매간의 정과는 다른 느낌을 받았다. 그녀는 이미 혼기도 늦었고 그와 결혼하더라도 무관하리라고 생각했다. 다만 남자 편의 나이가 적은 것이 큰 고민이었다. 그녀는 나이 적은 남자와 결혼해도 좋을지, 그녀의 나이가 많다고 그가 결혼을 꺼리지 않을지 물었다.[23]

답변을 맡은 기자는 조선에서는 관습상 흔히 아들보다 나이 많은 며느리를 데려왔지만, "생리학적으로는 도리어 아내보다 남편의 나이가 더 많아야" 한다고 단정했다. 최근에는 결혼 관습이 변하고, 새로운 학리(學理)를 좇아 남편이 아내보다 나이가 많아졌는데, 이러한 관습의 교정은 바람직한 일이라는 것이다. 그러나 남자가 나이가 많고 여자가 적어야 한다는 것은 일반적으로 하는 말이고, 경우에 따라서는, 즉 "부부 두 사람의 체질을 따라서는" 여자가 남자보다 나이가 많아도 무방하다고 보았다.

만일 생리상으로 이상적인 결혼을 하자면 남녀 쌍방의 체질을 잘 검사한 후에 결혼해야 하지만, 사람의 체질도 자꾸 바뀌는 만큼 결혼 당시의 검정을 일생의 표준으로 볼 수도 없다고 지적했다. 대체로 남편이 아내보다 나이가 많아야 한다는 것이지 무조건 그런 것은 아니라는 말이다. 기자는 그녀의 나이가 상대 청년보다 많은 것은 적은 것보다는 못하지만, 네 살쯤 많다고 결혼을 못하리라고는 생각되지 않는다고 조언했다.[24]

배우자의 연령이 많은 게 좋은지, 적은 게 좋은지 체질을 검사하면 알 수 있다는 기자의 답변은 과학적으로 근거가 없다. 그가 말한 생리학이 현대 과학의 생리학을 말하는 것 같지는 않고, 체질 또한 한의학의 사상의학에서 말하는 체질 같지도 않다. 그러나 기자가 신문 지면에서 결혼할 때 남자보다 여자의 나이가 많은 것보다 적은 것이 낫다고 단정할 만큼, 1930년대에는 그것이 과학적으로 증명된 사실이라는 근거 없는 믿음이 만연해 있었다. 현대 의학에서 배우자의 연령과 관련해 증명된 단 한 가지 사실은, 여성은 35세 이후부터 가임 능력이 떨어지기 시작한다는 것뿐이다. 부부의 연령 차이는 아무런 상관이 없다.

3년 연하의 남성에게 청혼을 받은 C촌 일 여성의 사연에 답변한 일 기자는 여기서 한발 더 나아가 위생상 좋지 않으니 단념하라고 조언한다. C촌 일 여성은 지방 모처에서 교편을 잡고 있는 24세 미혼 여성이다. 교직에 몸을 던진 지 벌써 5년이 지나다 보니 이제는 그만 싫증이

나서 그만두고 싶기도 하고, 다른 직업을 구해 보고 싶기도 했다. 그런 상황에서 최근 같이 교편을 잡고 있는 청년이 그녀에게 청혼을 했다. 그는 퍽 정답고 똑똑하며 명랑한 청년으로 전도가 꽤나 유망할 것 같았다. 그런데 한 가지 문제는 그가 그녀보다 세 살이나 어리다는 것이었다. 게다가 그는 무척 동안이어서 겉모습은 실제 나이보다 더 어려 보였다. 그의 어머니는 그녀가 나이 많은 노처녀라는 이유로 아들의 결혼을 강하게 반대했다. C촌 일 여성은 모든 점으로 보아서 그와 이상은 맞으나 이러한 연령상의 문제가 있는데 결혼해도 좋을지 물었다.[25]

답변을 맡은 일 기자는 물론 이상이 맞으면 결혼에서는 퍽 유리한 조건이지만, 나이가 3년이나 차이가 나므로 위생학상 좋지 못하다고 단정했다. 지금은 비록 좋다고 하더라도 나중에는 재미가 적을 것이며, 세상에는 다섯 살이나 어린 남편을 데리고 사는 사람도 없잖아 있지만, 극히 부자연스럽다는 것이었다. 직업의 권태기가 왔으면 다른 곳으로 자리를 옮기는 것도 좋고, 나이가 그만큼 됐으니 가정을 이루는 것도 좋지만 결코 조급하게 굴지는 말라고 충고했다. 서두르다 보면 실수하기 쉽다는 것이었다.

일 기자는 결론적으로 그 남자는 그만 단념하는 게 좋겠다고 조언했다. 집에서도 반대를 한다니 원만함을 기대할 수 없고, 나중에 나이 어린 사람에게 구박이라도 듣게 되면 어찌하겠느냐는 것이었다. 적어도 남자는 아내보다 너덧 살 더 먹어야 하므로 천천히 골라서 다른 사람을 택하라고 충고했다.[26]

오늘날의 관점에서 24세 여성은 노처녀라고 볼 수 없다. 가임 능력도 떨어지지 않으니 위생상 좋지 않다고 본 것도 과학적인 진단은 아니었다. 관습과 문화가 변하려면 오랜 시간이 필요한데, 연상녀와 연하남의 결혼만큼은 우생학, 생리학, 위생학 등 과학을 빙자한 또 다른 미신

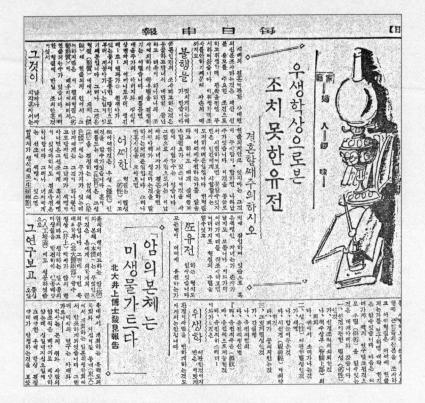

「우생학상으로 본 좋지 못한 유전」, 《매일신보》(1930년 11월 18일).

배우자를 선택할 때 혈우병, 간질, 백치, 색맹, 알코올중독 등
열성 유전인자가 있지 않은지 따져 보아야 한다는 기사. 우생학은
인간을 유전적으로 개량하기 위한 과학을 표방했지만, 간질, 백치,
알코올중독 등이 유전에서 비롯된다는 비과학적 진단이 적지 않았다.

에 근거해 급속히 뿌리내릴 수 있었다.

이처럼 근대 이후 과학을 빙자한 또 다른 미신이 근거 없는 편견을 합리화하는 근거로 이용되기도 했다. 때로 과학은 과부 개가에 대한 편견을 합리화하는 논거로 이용되기도 했는데 다음에 소개하는 사연이 바로 그런 경우다.

사연의 주인공은 한차례 결혼에 실패한 경험이 있는 29세 이혼남이었다. 배우자가 초혼이 아니라는 것이 문제라면, 배우자와 이혼한 그가 배우자의 사망으로 부득이 과부가 된 그의 재취보다 나을 것이 없었다. 그럼에도 불구하고 그는 재취와 결혼해 아이까지 낳은 후에도 "이미 정조를 파괴한 과부"와 같이 사는 것을 "항상 더럽게" 생각했다. 전형적인 남성중심의 이중 잣대였다.

아내의 과거에 대한 그의 불만을 증폭시킨 계기는 얼마 전《조선일보》학예면에 게재된 "남녀가 한 번 상관하면 그 남자의 정충이 화학작용을 일으켜 오랫동안 영향을 끼친다."라는 허무맹랑한 기사였다. 현대 의학에서 정자의 생존 기간은 72시간 내외라고 보고 있다. 이미 사망한 전남편의 정자가 재혼 후까지 살아서 영향을 끼친다는 것은 어불성설이었다. 그의 아내에게는 아무런 흠결도 없었고, 자식들도 어머니를 잘 따랐다. 문제는 단 하나, 몇 년의 시간이 흐른 뒤에도 그가 과부와 재혼한 데 대한 자괴감을 떨쳐버리지 못한다는 것뿐이었다.[27]

답변을 맡은 기자는 부득이 과부가 되었던 여성을 아내로 삼는다고 불만과 고통이 생길 이유가 없다고 지적하며, "당신도 한 번 장가들었던 남자인데, 과부가 되었던 부인만을 흠으로 잡느냐."라며 시대착오적인 남성중심주의적 관념에서 벗어나라고 충고했다. 그리고 그 허무맹랑한 기사가 게재된 배경에 대해서는 서양 학자 중에 남자의 정충이 화학작용을 일으키고, 그 화학작용이 오래 보전되어 새 남편에게서 낳은 아들이 전남편의 모습을 닮는 수도 있다고 떠든 사람이 있었는데,《조선일보》에서는 그 말이 하도 재미있어서 그저 그런 학설도 있다고 소개한 데 지나지 않았다고 해명했다. 그 학설을 반대하는 학자가 더 많으니 그런지 아닌지도 확실치 않은 학자의 잠꼬대 같은 학설에 속아서 그의 가정을 불행하게 만들어서는 안 된다고 조언했다.[28]

　　전근대 사회의 미신과 편견은 근대 이후 이성과 합리성, 과학으로 대체된다. 하지만 그 어떤 사회도 완벽히 근대적일 수 없듯, 그 어떤 인간도 온전히 이성적이고 합리적일 수는 없다. 근대적 제도와 가치가 도입된 지 얼마 되지 않은 1930년대 한국 사회에서 미신과 편견이 뿌리 깊게 남아 있는 것은 너무나 당연한 일이었다. 과학을 빙자한 또 다른 미신이 특정한 계층과 집단에 대한 편견을 합리화하는 논거로 이용되었다는 것은 미신이 과학으로 대체되어 가는 과도기 한국 사회의 흥미로운 현상이었다.

동방예의지국이라는 신화

나쁜 문화는 있다

문화상대주의에 따르면, 특정한 문화를 선과 악, 옳고 그름과 같이 이분법적으로 판단하는 것은 바람직하지 못하다. 문화에는 다름과 차이만이 있을 뿐, 절대적으로 선한 문화도 절대적으로 악한 문화도 존재할 수 없다는 것이다. 특정한 사회의 윤리적 관점에서 다른 사회가 사악하고 야만스럽게 보인다면, 상대편 사회에서도 자신들을 비난한 사회가 그렇게 보일 것이다. 가령 19세기 말 조선 유림의 눈에 삼강오륜을 모르는 서양인들이 '날짐승, 들짐승, 개, 양'[禽獸犬羊]과 다를 바 없어 보였다면, 서양인들 눈에 조선의 유림은 개인의 자유와 인권에 대한 초보적인 인식조차 없는 미개인으로 보였을 수 있다.

어떤 문화에서든지 그 문화가 형성된 사회의 내적 논리에 주목하면 그 나름의 합리적인 이유를 찾을 수 있다. 남태평양의 식인 문화가 죽은 자를 추모하는 나름의 방편이었고, 전근대 사회에서 여성의 사회 참여를 억제한 것은 여성을 보호하기 위한 방편이었음은 이미 잘 알려진 사실이다. 따라서 문화상대주의에서는 특정한 문화가 절대적으로 옳다는 오만한 믿음이야말로 문화적 충돌과 갈등만 키우는 위험한 태도라고 경계한다.

과연 그럴까? 세상에는 좋은 문화도 나쁜 문화도 없고, 오직 다른 문화만 존재할까? 물론 다른 문화를 존중하고 배려하는 태도는 건전한 세계 시민으로서 반드시 갖추어야 할 덕목임이 틀림없다. 한국에서 대중교통을 이용하려면 노약자에게 자리를 양보해야 하고, 싱가포르에서는 껌을 씹으며 거리를 활보해서는 안 되며, 인도에서는 왼손으로 물건을 건네서는 안 된다.

하지만 다름을 존중하는 것과 나쁨을 묵인하는 것은 다른 문제다. 일부 이슬람 사회에서는 정조를 잃거나 간통한 여성을 집안의 명예를 더럽혔다는 이유로 살해하는 명예 살인 관습이 남아 있고, 일부 아프리카 국가에서는 남성들의 성적 만족감을 높이기 위해 어린 여성의 생식기의 일부를 도려내는 여성 할례가 자행되고 있다. 이렇듯 문화적 차이를 인정한다 해도 결코 묵과할 수 없는 나쁜 문화가 세상에는 엄연히 존재한다.

나쁜 문화는 특정 문화와 다르기 때문에 나쁜 것이 아니라 인류가 공통으로 지향하는 가치에 반하기 때문에 나쁘다. 하지만 나쁜 문화가 존재한다고 해서 절대적으로 선한 문화도 존재하는 것은 아니다. 만일 그런 문화가 있다면, 더 나아질 것 없이 완벽한 그 문화는 현재의 상태로 고착돼 영원히 지속되어야 할 것이다. 하지만 현존하는 모든 문화들에는 개선되어야 할 크고 작은 결함들이 존재한다. 개선이란 나쁜 상태에서 좋은 상태로의 긍정적인 변화를 의미한다. 이때 선과 악, 옳고 그름을 가르는 기준은 현존하는 특정한 문화가 아니라 인류가 공통으로 지향하는 가치가 된다. 즉 모든 문화는 인류 공통의 가치에 부합하는 방향으로 끊임없이 개선되어 왔고, 또 지속적으로 개선되어야 한다.

인류 공통의 가치가 있느냐 없느냐 하는 문제 역시 논쟁의 여지는 있다. 지금까지 보편 윤리나 글로벌 스탠더드라는 이름으로 강제되어 온 가치는 인류의 합의에 의해 도출된 것이라기보다 특정한 사회, 곧 서구 사회의 가치였던 것이 사실이다. 따라서 보편 윤리나 글로벌 스탠더드 등은 서구 사회가 비서구 사회에 그들의 가치와 문화, 윤리를 강제하기 위한 논리에 지나지 않는다는 비판은 어느 정도 타당하다. 그러나 현재의 보편 윤리가 서구 사회의 윤리이고, 글로벌 스탠더드는 아메리칸 스탠더드일 따름이라는 비판을 받아들인다고 하더라도, 그것이 인류 공통의 가치를 부정하는 논리의 근거가 될 수는 없다.

인권, 자유, 평등, 사회적 약자에 대한 배려 등은 그것이 어떤 문화에서 출발했건 인류가 함께 지향해야 할 가치임에 분명하다. 예컨대 인권 개념이 근대 서구에서 출발했다 하더라도, 인권의 실체와 범위를 밝히고, 그것을 실질적으로 보장할 방법을 모색하는 일에는 인류 모두가 함께 지혜를 모아야 한다. 결국 인류 공통의 가치는 완성된 상태로 타문화에 제시되거나 강요되는 것이 아니라 여러 문화가 서로 소통하면서 끊임없이 재발견하고 확대해야 하는 잠정적인 것이다. 현존하는 모든 문화는 어느 정도는 나쁜 문화이며 인류 공통의 가치에 부합되도록 끊임없이 개선되어야 한다.

옛날보다 지금이 더 윤리적이다

한국인들은 대개 과거가 현재보다 훨씬 더 윤리적이었고, 근대 이후 윤리는 타락을 거듭해 왔다고 생각한다. 이 책에서 다루어진 가족

맺음말

윤리와 성 윤리 역시 마찬가지다. 예의범절을 강조하는 유교의 영향으로 조선 시대에는 아름다운 가정 윤리와 성 윤리가 자리 잡고 있었지만, 자본과 물질이 지배하는 근대 이후 고귀했던 과거의 윤리는 타락했다고 믿는 한국인들이 많다.

이러한 믿음은 부분적으로 타당하다. 아마도 지금보다는 조선 시대 자녀들이 부모를 더 공경했을 것이고, 여성들도 성적으로 더 절제된 생활을 했을 것이다. 실상이 어떠했는지는 알 수 없지만, 윤리적 이상만 놓고 보자면 그렇다. 하지만 이렇듯 부분적인 사실만 가지고 조선 시대의 가족 윤리와 성 윤리가 지금보다 더 아름답고 고귀했다고 할 수 있을까?

남존여비 관념이 확고하던 조선 시대 여성들이 과연 지금보다 행복했을까. 축첩이 제도적으로 인정되었던 사회의 성 윤리가 지금보다 절제되어 있었다고 볼 수도 없다. 조선 시대에는 유교 윤리 자체가 국가의 통치 이념으로 엄격히 강조되었을 뿐, 그 윤리적 규범이 지금보다 합리적이었던 것은 아니다. 오히려 자유와 인권 등 인류 보편 윤리가 확립된 시기는 조선 시대가 아니라 바로 지금이다.

가족 윤리와 성 윤리는 과거에서 현재로 올수록 인류 보편의 가치에 맞게 개선되어 왔다. 오늘날 대부분의 사람들은 가부장의 권위보다는 가족 구성원의 행복이 중시되어야 하며, 성적 자기 결정권이나 부부 간 정조의 의무가 남녀 모두에게 똑같이 적용되어야 한다는 데 동의한다. 그리고 부모 세대보다는 우리 세대가, 우리 세대보다는 다음 세대가 인류 보편의 가치에 부합되는 윤리적 규범에서 살아갈 것이다.

과거 세대가 현재 세대보다 더 윤리적이었을 것이라는 믿음은 동방예의지국의 신화와 젊은 시절에 대한 기성세대의 망각이라는 두 가지 이유에서 기인하는 것 같다. 우리나라가 동방예의지국이라는 생각은 오랜 기간 중국의 변방으로 살아온 한국인에게 문화적 자존심과도 같은 것이었다. 하지만 동방예의지국은 한국인 스스로 만든 관념이지, 중국인들이 직접 사용했던 표현은 아니다. 우리나라가 동방예의지국이라는 관념의 기원에 대해 흔히 언급되는 문헌은 『논어』의 「자한편(子罕篇)」과 『산해경(山海經)』의 「해외동경(海外東經)」이다.

『논어』「자한편」에서 공자는 자신의 도(道)가 실행되지 않는 것에 실망해 "뗏목을 타고 바다로 가서 구이(九夷)에 가서 살고 싶다."라고 말했다. 이에 어느 제자가 말하기를 "그곳이 누추하면 어떻게 합니까?" 하고 걱정했다. 그러자 공자는 "그곳에 군자가 살고 있는데 어찌 누추함이 있겠는가."라고 대답했다.

또한 고대 중국의 지리서 『산해경』「해외동경」에는 "군자국은 그 북쪽에 있다. 의관을 차려입고 칼을 차고 있으며, 짐승을 먹고 두 마리의 커다란 호랑이를 곁에 둔다. 그들의 사람됨은 양보를 좋아하고 다투지 않는다. 무궁화가 있는데, 아침에 피었다 저녁에 진다."라는 기록이 전해진다.

중국에서는 고대부터 동쪽에 이상향이 있다는 믿음이 널리 퍼져 있었다. 다양한 문헌에서 동방 어딘가에 군자국(君子國), 장수국(長壽國), 불사국(不死國)이 있다는 기록이 등장한다.[1] 『논어』와 『산해경』의 기록은 이러한 고대 중국인의 이상향을 막연히 일컬은 것이지, 동이족(東夷族)의 거주지인 한반도를 가리킨 것이 아니다. 설령 중국인의 이상향인 '동방의 군자국'이 고조선과 같은 동이족 국가를 지칭한 것이라 하더라도, 중국인이 그렇게 인정했다고 실제로 동이족 국가가 예의 바른 국가가 되는 것은 아니었다.

이처럼 동방예의지국의 실체는 불분명하지만, 우리 조상들이 반만년을 이어 온 한민족의 자긍심의 원천으로 예의를 내세웠고, 예의를 목숨보다도 소중하게 여긴 것은 사실이었다. 하지만 동방예의지국의 예의는 전통 사상과 유교 윤리를 결합해 만든 전근대적 예의일 뿐이었다. 게다가 예의의 내용에 해당하는 규범에는 권위주의, 남녀 차별 등 인류 보편의 가치에 비추어 개선되어야 할 비윤리적인 규범이 적지 않았다. 특정한 시대의 윤리적 규범을 충실히 실천했다는 면에서 동방예의지국으로서의 자부심은 존중되어야 하지만, 전근대 동방예의지국의 윤리가 근대 윤리보다 인류 보편의 가치에 더 가까웠던 것은 아니었다.

근대 윤리는 전근대 윤리의 비민주, 불평등, 반인권, 불합리, 몰개성적인 요소 등을 개선하는 방향으로 확립되어 왔다. 근대적 인권 개념을 탄생시킨 서양의 전근대 윤리에도 한국 전통 윤리에서 보이는 반여성적·비민주적 요소가 적지 않았다. 반여성적·비민주적 윤리 규범은 본질적으로 유교 윤리 탓이 아니라 전근대 윤리 탓이었던 셈이다.

어떠한 윤리도 시대적 한계를 뛰어넘을 수는 없다. 따라서 동방예의지국의 윤리라 할지라도 그것이 전근대의 윤리인 한, 인류 보편의 가치에 비추어 끊임없이 개선해 온 근대 윤리보다 더 '윤리적'일 수 없었다.

성 윤리가 타락해 보이는 것은 기성세대의 망각 탓이다

기혼 남성이 처녀와 연애하고, 처녀가 애인에게 처자식이 있는 줄 알면서 동거를 시작한다. 남편이 아내를 때리고, 성폭력 피해 여성은 간통녀로 취급된다. 남편과의 잠자리가 만족스럽지 않아 불륜을 저지르거나 다른 남자의 아이를 임신한 채 결혼한 여성도 있다. 온갖 감언이설로 애인에게 성관계를 요구하다가 목적을 이루고 나면 애인을 버리고 다른 여자를 찾아 나서는 남자들도 수두룩하다. 동시에 두 남자와 교제하다가 임신한 여성은 아기의 아버지가 누군지도 모른다. 다른 여성은 돈에 눈이 멀어 사랑하는 애인을 두고 부잣집 아들과 온천으로 여행을 떠난다. 1930년대 신문 독자문답란에 흔히 등장하는 사연이다. 지금 젊은 세대의 할아버지나 증조할아버지의 20대가 그러했다.

물론 신문에 소개된 몇 가지 특수한 사례들만 가지고 당시 젊은 세대 전체의 성 윤리를 비판 할 수는 없다. 그러나 이 책에 수록된 사연들이 성적으로 문란한 일부 젊은이들의 특수한 경험임을 인정한다 하더라도 그들이 보여 준 성적 방종은 현대 젊은이들의 그것을 훨씬 능가하는 수준이었다.

그렇다면 80년 전 젊은이들은 성적으로 타락했지만, 지금 젊은이들의 할아버지, 아버지 세대에서 잠시 정숙해졌다가, 현재의 젊은 세대에서 80년 전처럼 다시 타락하기 시작한 것일까? 우리 아버지 세대가 어땠는지는 확인해 보지 못했지만, 적어도 나는 지금 20대의 아버지 세대인 우리 세대가 20대였을 때, 지금 20대보다 성적으로 더 정숙했다고 단언할 만큼 안면이 두껍지는 않다.

우리 세대가 20대였던 1990년대 초반, 기성세대는 우리 세대를 '신세대' 혹은 '신인류'라고 불렀다. 압구정동 카페에서 마음에 드는 여성을 만나면 오렌지 주스를 주문해 주며 수작을 걸었다는 '오렌지족'과, 유흥가 주변으로 차를 몰고 가다가 마음에 드는 여자를 만나면 "야, 타!" 하고 외쳐 차에 태웠다는 '야타족'의 신화를 만든 것도 우리 세대였다.

성적으로 개방된 일부 젊은이들 이야기지만, 우리 세대도 강남과 이태원의 나이트클럽과 신촌의 락카페에서 즉석 만남을 즐기거나 그런 '능력자' 친구들을 부러워했다. 이제 20여 년의 시간이 흘러 40대에 들어선 우리 세대는 사춘기에서 접어든 자녀들의 부모가 되었다. 그리고 이성 교제와 성 문제로 고민하는 자녀들에게 이렇게 이야기한다.

"엄마, 아빠 젊었을 때는 그러지 않았다."

물론 그러지 않았을 수도 있다. 지금 20대를 포함해서 어느 세대나 성에 대해 개방적이라고 할 수 있는 젊은이들은 절반을 넘지 않는다. 평균인 한국인들은 서양인에 비해 성적으로 보수적이다. 하지만 세대론적인 관점에서 지금 40대가 20대보다 성적으로 보수적이고 정숙했다고 단언할 수 있을까? 그 많던 신세대, 신인류, '오렌지족', '야타족'은 부모가 되지 않고 여전히 압구정동 어딘가를 배회하고 있을까?

1930년대 신문 독자문답란을 통해 확인할 수 있는 것은 적어도 근대 이후 성적 개방 정도는 크게 변하지 않았으며, 허용되는 성과 허용될 수 없는 성을 규정하는 성 윤리는 오히려 확립되어 갔다는 것이다. 내가 아는 한, 지금 20대 남성은 80년 전 20대처럼 자신은 무절제한 성생활을 즐기면서 여성에게는 혼전 순결을 요구하는 이율배반적인 행동을 하지는 않는다. 또 성교육 등을 통해 얻은 지식으로 피임에 관심을 갖고 책임 있는 태도를 보이며, 혹시 여자 친구가 임신하게 되더라도 나 몰라라 하지 않는다.

그렇다면 지금의 젊은 세대가 과거 세대보다 성적으로 타락했다는 근거 없는 믿음은 어디에서 기인했을까? 20대를 지나온 기성세대로서 나는 그 믿음의 기원에 망각이 자리하고 있다고 생각한다. 테스토스테론과 에스트로겐의 분비가 왕성한 20대는 성 문제에 민감하지만, 배우자와 함께 중년에 접어든 기성세대는 상대적으로 거기에 둔감해질 수밖에 없다. 인간은 자기중심적으로 사고할 수밖에 없기 때문에 기성세대는 자신에게는 대수롭지 않은 성 문제에 집착하는 자녀 세대를 개탄하게 되는 것이다. 하지만 나는 지금 40대가 20대 때 한 일을 알고 있다. 지금 40대가 20대의 성 윤리가 타락했다고 개탄하는 것은 실제로 40대가 정숙한 20대를 보냈기 때문이 아니라 자신들의 젊은 시절을 기억하기에는 20여 년의 세월이 너무도 길었기 때문이다.

성, 사랑, 가족은 행복의 원천이면서 해결하기 어려운 본질적인 고민의 근원이기도 하다. 이 책에서는 80여 년 전 과거 세대의 고민을 다루었지만, 고민의 성격과 깊이가 조금 바뀌었을 뿐 현대인들도 비슷한 고민 속에 살아가고 있을 것이다. 이 책이 성과 사랑 그리고 가족 문제로 고민하는 독자들에게 조그마한 위안이라도 줄 수 있고, 과거 세대와 현재 세대, 미래 세대의 소통에 아주 작은 기여라도 할 수 있기를 희망한다.

주

머리말 어찌하리까?

1 「가정 문제, 남녀 문제, 어찌하리까」, 《조선일보》(1931년 9월 18일).

2 「해답은 고명한 분께 들어 내 드립니다」, 《조선일보》(1935년 8월 17일).

3 「독자에게 한 말씀」, 《조선일보》(1933년 9월 7일).

1장 조혼이라는 감옥

1 통계청, 「2011년 혼인·이혼 통계」.

2 이성환 외, 「조혼에 관한 좌담회」, 《조선농민》(1928년 9월), 28쪽.

3 같은 글, 33쪽.

4 "무식하니 이혼할까요", 「어찌하리까」, 《조선일보》(1931년 10월 15일).

5 "싫은 아내를 버리고 재혼할까요", 「어찌하리까」(1933년 1월 14일).

6 "무지한 아내와 살 수 없습니다", 「명암의 십자로」, 《조선중앙일보》(1934년 9월 9일).

7 "아내가 원수 같아 참말로 못 살겠소", 「어찌하리까」(1934년 12월 14일).

8 "현재 아내를 보내겠습니다", 「어찌하리까」(1933년 1월 16일).

9 김경일, 『근대의 가족, 근대의 결혼』(푸른역사, 2012), 130쪽.

10   같은 책, 125쪽.

11   같은 책, 133~134쪽.

12   김두헌의 조사에 의하면 1921년부터 1930년까지 10년간 전체 혼인 건수에 대한 조혼 건수의 비율은 남성이 7.1퍼센트, 여성이 6.2퍼센트였다. 김두헌, 「조선의 조혼 및 그 기원에 대한 일 고찰」, 《진단학보》 제2호(1935), 50쪽.

13   백남규, 「기혼자와 미혼자의 성적의 차이」, 《동아일보》(1922년 3월 20일).

14   임천 일 여성은 10년 전 부모의 명령으로 관립학교 학생과 혼인한 27세 구여성이다. 그녀의 남편은 뜻이 맞지 않는 아내와 아들 하나, 딸 둘을 낳았으나 이혼을 요구하며 폭력까지 행사해 아내가 자살을 고민할 지경에 이른다. "아이까지 낳았으나 소박받는 구여성", 「명암의 십자로」(1935년 4월 10일).

15   김경일, 앞의 책, 132쪽.

16   홍양희, 「조선총독부의 가족정책 연구」(한양대학교 박사학위 논문, 2004) 75~78쪽.

17   이인, 「이혼문제와 현대 법률」, 《삼천리》(1929년 9월).

18   "위자료 받고 헤어지시오", 「어찌하리까」(1931년 12월 1일).

19   「어찌하리까」(1932년 12월 9일).

20   김두헌, 앞의 글, 282~288쪽.

21   같은 글, 309~316쪽.

22   양윤식, 「현대 조선의 혼인법제」, 《삼천리》(1932년 9월).

23   이정로, 「조혼의 폐해」, 《가정잡지》(1922년 5월), 18~20쪽.

24   이성환 외, 앞의 글, 34~36쪽.

25   "첩 얻은 아버지 자식까지 안 돌봐", 「명암의 십자로」(1935년 5월 7일).

26   "따뜻한 정의 줄로 아버지를 감화시키시오", 「명암의 십자로」(1935년 5월 7일).

27   "아들은 절대로 자기 아내가 싫답니다", 「어찌하리까」(1939년 7월 22일).

28   연애라는 단어의 형성 과정에 대해서는 권보드래, 『연애의 시대』(현실문화연구, 2003), 12~16쪽 참고.

29   이숙종, "현조선의 통폐: 이해 있는 아버지 되라", 「어찌하리까」(1939년 7월 22일).

30   김경일, 앞의 책, 149~150쪽.

31   「철창 속으로 본 실사회」, 《동아일보》(1923년 2월 26일).

32   「법정에 반영된 조선 여성」, 《조선일보》(1932년 2월 19일).

33   「女囚는 대개 살인 방화, 원인은 조혼의 비극」, 《매일신보》(1936년 12월 20일).

34   김경일, 앞의 책, 150쪽.

35   「철창 속으로 본 실사회」, 《동아일보》(1923년 2월 26일).

36   「조혼의 폐해: 놀랠 만한 소녀 범죄자의 빈발」, 《동아일보》(1933년 12월 12일).

37   「소부의 수중 원혼: 조혼으로 생긴 비극」, 《동아일보》(1924년 5월 17일).

38   「少婦 음독 자살: 조혼 폐의 일단」, 《동아일보》(1927년 8월 2일).

39   「남편 어린 데 불만하여 자살: 조혼이 낳은 참극」, 《동아일보》(1933년 3월 15일).

40   「21세 신부 자살: 조혼이 낳은 참극의 실례」, 《동아일보》(1933년 6월 7일).

41   「낙제생의 투신자살」, 《동아일보》(1922년 5월 31일).

42   「조혼의 고민으로 자살」, 《동아일보》(1925년 11월 9일).

2장 제2부인의 탄생

1   「재취하고 싶어서 호적등본을 위조」, 《동아일보》(1926년 11월 16일).

2   삼청동인, 「여학교를 졸업하고 첩이 되어 가는 사람들」, 《신여성》(1923년 11월), 50쪽.

3   장병인, 「조선전기의 혼인제도와 여성의 지위」, 《역사비평》 제27호(1994), 89쪽.

4   전희복, 「제2부인 문제 검토」, 《신여성》(1933년 2월), 2~3쪽.

5   정지영, 「1920~30년대 신여성과 첩/제2부인: 식민지 근대 자유연애 결혼의 결렬과 신여성의 행위성」, 《한국여성학》 제22-4호(2006), 63쪽.

6   권승열, 「법률상으로 본 중혼죄와 민적관계」, 《삼천리》(1931년 11월).

7   이인, 「법률상으로 본 제2부인의 사회적 지위」, 《신여성》(1933년 2월).

8   김남석, 「은은히 지지 않는 별 석금성」, 『조선의 여배우들』(국학자료원, 2006), 135~189쪽 참조.

9 「이혼한 남자와 결혼할 경우 민적등본에 대한 신여성의 태도」, 《삼천리》 (1931년 11월).

10 "유처자에게 실연하였습니다", 「어찌하리까」(1931년 9월 26일).

11 "알고 보니 본처가 있습니다", 「명암의 십자로」(1935년 1월 19일).

12 "그를 선뜻 내놓지 못해", 「어찌하리까」(1931년 10월 8일).

13 "그 한 분이 각오하시오", 「어찌하리까」(1931년 10월 8일).

14 전희복, 앞의 글, 5쪽.

15 류광렬, 「동의 또는 동정한다」, 《신여성》(1933년 2월).

16 주요섭, 「제 난관을 초월하는 애정 문제」, 《신여성》(1933년 2월).

17 김활란, 「사이비의 연애 행동」, 《신여성》(1933년 2월).

18 이익상, 「칭호부터 불가당」, 《신여성》(1933년 2월).

19 정인익, 「여성의 투철한 각성에 의하여」, 《신여성》(1933년 2월).

20 삼청동인, 앞의 글, 48쪽.

21 같은 글, 49~55쪽.

22 「입학난, 취업난, 결혼난」, 《조선일보》(1934년 3월 3일).

23 성동생, 「결혼난과 신여성(2)」, 《동아일보》(1929년 2월 24일).

24 이인숙, 「이것이 참말입니까」, 《신여성》(1933년 10월), 51쪽.

25 "아내가 보기 싫소", 「어찌하리까」(1932년 12월 14일).

26 "마음을 돌리시오", 「어찌하리까」(1932년 12월 14일).

27 "질문자에게", 「어찌하리까」(1932년 12월 14일).

28 "이혼문제 토론", 「어찌하리까」(1932년 12월 15일).

29 "사랑 없는 아내를 가진 성동생께", 「어찌하리까」(1932년 12월 15일).

30 "이혼한 처와 다시 좋아합니다", 「명암의 십자로」(1934년 7월 19일).

31 "미리 덤비는 건 일을 그르칩니다", 「명암의 십자로」(1934년 7월 19일).

32 김윤식, 『이광수와 그의 시대 1』(한길사, 1986), 318쪽.

33 이광수, 「그의 자서전」, 『이광수 전집 6』(삼중당, 1971), 338~339쪽.

34 같은 책, 346~347쪽.

35 「세색(歲色)도 장모(長慕)! 미아리 공동묘지 풍경」, 《조광》(1937년 12월).

36 김윤식, 『이광수와 그의 시대 2』(한길사, 1986), 587쪽.

37 같은 책, 587~593쪽.

38 김우진과 윤심덕의 현해탄 정사에 관해서는 전봉관, 「윤심덕·김우진 현해탄 정사 미스터리」, 『경성 자살 클럽』(살림출판사, 2008) 참조.

39 최승구와 나혜석의 사랑에 관해서는 이상경, 『나는 인간으로 살고 싶다: 영원한 신여성 나혜석』(한길사, 2009), 87~124쪽 참조.

3장 바람난 가족

1 "사랑을 쫓아서 도망을 갈까요", 「어찌하리까」(1933년 8월 1일).

2 "그런 생각 말고 잘 처리하시오", 「어찌하리까」(1933년 8월 1일).

3 "그를 따라 나설까요, 아물었던 옛사랑이 다시 덧나", 「명암의 십자로」(1934년 9월 22일).

4 "그것은 안 될 말, 어지러운 꿈을 떨치시오", 「명암의 십자로」(1934년 9월 22일).

5 "그 참된 애인과 어쩌면 살까요", 「어찌하리까」(1931년 12월 13일).

6 "마음을 돌려 잊으십시오", 「어찌하리까」(1931년 12월 13일).

7 정긍식, 「우리나라 간통죄의 법제사적 고찰」, 『낙태죄 및 간통죄에 관한 연구』(형사정책연구원, 1991), 233쪽.

8 홍양희, 「조선총독부의 가족정책 연구」(한양대학교 박사학위 논문, 2004), 82쪽.

9 "어린애 있기 전에 이혼할까요", 「명암의 십자로」(1934년 9월 3일).

10 "이혼만 생각지 말고 남편 눈에 들 생각을", 「명암의 십자로」(1934년 9월 3일).

11 "사랑해서 결혼하니 지금 와서는 박대", 「명암의 십자로」(1935년 5월 31일).

12 "충분한 각오로서 끝까지 싸우시오", 「명암의 십자로」(1935년 5월 31일).

13 "남편 있는 여자 사랑할까요", 「어찌하리까」(1933년 2월 9일).

14 "사랑을 딴 데서 구하시오", 「어찌하리까」(1933년 2월 9일).

15 "집을 나간 누님을 어떻게 찾을까?", 「어찌하리까」(1934년 2월 9일).

16   "친지의 연줄을 찾으러", 「어찌하리까」(1934년 2월 9일).

17   "우연한 이 잘못, 수태할까 염려", 「어찌하리까」(1935년 1월 13일).

18   "과거를 뉘우치고 새 생활을 개척", 「어찌하리까」(1935년 1월 13일).

19   "그는 임이 있으니 이혼할까요", 「어찌하리까」(1934년 6월 19일).

20   "두 분이 점잖게 담판하시오", 「어찌하리까」(1934년 6월 19일).

21   정긍식, 앞의 글, 211쪽.

22   "남의 아내를 사랑하고 있습니다", 「어찌하리까」(1934년 5월 20일).

23   "불가능한 사랑은 속히 청산하시오", 「어찌하리까」(1934년 5월 20일).

24   "과거에 부정한 아내, 이혼할까요?", 「명암의 십자로」(1935년 6월 22일).

25   "남편의 허물 잰 자로 아내의 허물도 잴 것", 「명암의 십자로」(1935년 6월 22일).

26   "돈 없는 아버지 버린 어머니를 따를까?", 「명암의 십자로」(1935년 5월 9일).

27   "굶으나 먹으나 아버지에게 가시오", 「명암의 십자로」(1935년 5월 9일).

28   "가정을 버린 아내 미련은 없어야 하겠지요", 「어찌하리까」(1939년 7월 9일).

29   "이미 재취한 이상 그전 아내와는 헤어질 일", 「어찌하리까」(1939년 7월 9일).

30   "변심한 아내를 죽이고자 합니다", 「어찌하리까」(1934년 4월 26일).

31   "잘못된 생각이오", 「어찌하리까」(1934년 4월 26일).

32   "믿었던 아내 마음이 변해", 「어찌하리까」(1935년 1월 10일).

33   같은 글.

34   "이러한 여자와 같이 살까요", 「어찌하리까」(1933년 6월 21일).

35   "당신 마음을 결정하시오", 「어찌하리까」(1933년 6월 21일).

36   "나갔던 아내와 다시 살까요", 「명암의 십자로」(1935년 8월 6일).

37   "마음을 굳세게 먹고 동요되지 마십시오", 「명암의 십자로」(1935년 8월 6일).

38   나혜석, 「이혼 고백장」, 《삼천리》(1934년 8월).

39   같은 글.

40   나혜석, 「이혼 고백서 (속)」, 《삼천리》(1934년 9월).

4장 여성 수난사

1 "시가의 식구가 저를 박대합니다", 「어찌하리까」(1933년 9월 7일).

2 "먼저 당신이 반성하라", 「어찌하리까」(1933년 9월 7일).

3 『대대예기(大戴禮記)』「본명편(本命篇)」.

4 김선희, 「한국 문화와 고부 갈등의 문제」, 《철학과 현실》 제50집(2001), 162~165쪽.

5 "남편이 어머니 말만 듣습니다", 「명암의 십자로」(1934년 7월 18일).

6 "그런 때는 다른 일에 착심하시어", 「명암의 십자로」(1934년 7월 18일).

7 "부모와 뜻 안 맞는 아내를 어찌하오리까?", 「명암의 십자로」(1935년 7월 28일).

8 파주에서는 며느리가 다툼 끝에 시어머니를 몽둥이로 쳐서 살해한 사건이 발생했고(「시모 살해」, 《동아일보》(1930년 2월 25일)), 경북 영양에서는 며느리가 시어머니를 살해하고 삼배 끈으로 목을 매 자살한 것으로 위장한 사건이 발생하는(「시모 살해? 자살?」, 《동아일보》(1934년 1월 13일)) 등 고부 갈등이 원인이 된 사건·사고가 드물지 않았다.

9 "아내를 데리고 나와 딴살림 하는 수밖에", 「명암의 십자로」(1935년 7월 28일).

10 "시부모에게 반항하는 아내", 「어찌하리까」(1934년 11월 30일).

11 "잘 타일러 보시오", 「어찌하리까」(1934년 11월 30일).

12 "모친을 위해 이혼할까요?", 「어찌하리까」(1934년 6월 20일).

13 "웃고 보시고 곱게 타이르시오", 「어찌하리까」(1934년 6월 20일).

14 "남자 이름은 바람개비다", 「어찌하리까」(1931년 10월 11일).

15 "울지 말고 행령 속으로", 「어찌하리까」(1931년 10월 11일).

16 "14세에 결혼 남편이 무서워", 「어찌하리까」(1933년 7월 4일).

17 "마음을 돌리어 살아 보시오", 「어찌하리까」(1933년 7월 4일).

18 홍양희, 「조선총독부의 가족정책 연구」(한양대 박사학위 논문, 2004), 60쪽.

19 정지영, 「근대 일부일처제의 법제화와 첩의 문제」, 《여성과 역사》 제9집 (2008), 87쪽.

20 "아이 못 낳는 부인 이혼하오리까?", 「명암의 십자로」(1935년 8월 4일).

21 "좀 더 기다려 보시오", 「명암의 십자로」(1935년 8월 4일).

22 "아이를 못 낳으니 첩을 얻겠다고", 「명암의 십자로」(1935년 1월 21일).

23 "그런 핑곗거리 곧이듣지 마오", 「명암의 십자로」(1935년 1월 21일).

24 "아들을 못 낳으니 이혼해도 무관?", 「어찌하리까」(1933년 12월 20일).

25 "이혼 절대 불가, 생각을 고치시오", 「어찌하리까」(1933년 12월 20일).

26 같은 글.

27 한봉희, 「한국 양자법의 제 문제」, 《극동논총》 제1집(1973), 114~150쪽.

28 같은 글, 151쪽.

29 윤선자, 『한국근대사와 종교』(국학자료원, 2002), 47쪽.

30 "미신에 정신 뺏긴 아내와 이혼할까", 「어찌하리까」(1934년 2월 24일).

31 "교회를 따르리까 남편을 따르리까", 「어찌하리까」(1934년 5월 31일).

32 "여러 생각 마시고 남편을 따르시오", 「어찌하리까」(1934년 5월 31일).

33 "미신 많은 아내 별별 짓 다 하려고 해요", 「어찌하리까」(1939년 8월 3일).

34 "우선 간호로 소원을 들어줄 일", 「어찌하리까」(1939년 8월 3일).

5장 과도기의 성

1 "약혼한 남자가 정조 뺏고 파혼", 「어찌하리까」(1933년 8월 15일).

2 강희순, 「여대생의 데이트 성폭력 피해 경험 모형 구축」(전남대학교 박사학위 논문, 2009), 8쪽.

3 "어려서 정조를 깨트렸으니?", 「어찌하리까」(1934년 1월 9일).

4 "이해심 있는 남편을 구하시오", 「어찌하리까」(1934년 1월 9일).

5 같은 글.

6 "길로 다니면 희롱을 너무 하니 어쩌면 좋을까요", 「명암의 십자로」(1935년 5월 30일).

7 "그런 것은 괘념치 말고 몸가짐을 점잖게", 「명암의 십자로」(1935년 5월 30일).

8 "결혼 전 일기를 남편이 보았습니다", 「명암의 십자로」(1934년 8월 30일).

9   "남편을 위로하고 성심으로 섬기시오", 「명암의 십자로」(1934년 8월 30일).

10   "수심에 싸인 아내 알고 보니 이렇다", 「어찌하리까」(1935년 3월 6일).

11   "솔직한 고백은 인격자의 행동", 「어찌하리까」(1935년 3월 6일).

12   "사랑하는 그 여자는 다른 남자의 씨를 배어", 「명암의 십자로」(1935년 4월 15일).

13   "그 여자가 사과하면 용서할 수도 있지요", 「명암의 십자로」(1935년 4월 15일).

14   "결혼하고 나니 아내에게 성병이 있어", 「어찌하리까」(1933년 9월 1일).

15   "병 고쳐서 살게 하시오", 「어찌하리까」(1933년 9월 1일).

16   "결혼도 하기 전에 정조를 요구합니다", 「명암의 십자로」(1935년 4월 19일).

17   전유덕, 「남성이 가진 악마성을 주의하라」, 《별건곤》(1927년 12월).

18   권보드래, 『연애의 시대』(현실문화연구, 2003), 13~15쪽.

19   "약혼한 여성을 파혼할까요", 「어찌하리까」(1933년 6월 23일).

20   "그런 야수성을 버리십시오", 「어찌하리까」(1933년 6월 23일).

21   "약혼한 여성을 파혼하겠소", 「어찌하리까」(1933년 1월 28일).

22   "타협하는 것이 제일 조건이오", 「어찌하리까」(1933년 1월 28일).

23   "약혼 후 딸의 행동이 방종한 것은 신식인가", 「명암의 십자로」(1935년 3월 24일).

24   "아주 큰 잘못이니 몹시 단속하시오", 「명암의 십자로」(1935년 3월 24일).

25   "형의 남편과 관계하여 아이까지 배어", 「어찌하리까」(1933년 11월 26일).

26   "두 여자가 한 남자를 섬기는 것은 죄악이다", 「어찌하리까」(1933년 11월 26일).

27   "어머니를 속이고 사랑해왔소", 「명암의 십자로」(1934년 9월 21일).

28   "고백하고 어서 결혼하시오", 「명암의 십자로」(1934년 9월 21일).

29   「여류 명사의 동성연애기」, 《별건곤》(1930년 11월).

30   같은 글.

31   「동성연애」, 《조광》(1937년 3월).

32   같은 글.

6장 금지된 사랑

1 「2011년 혼인·이혼통계: 부록 최근 30년간 초혼자료 분석」(통계청, 2012).

2 "굳은 맹세 하고 나니 이혼한 후 첩 갔던 여자", 「어찌하리까」(1933년 8월 13일).

3 "백번 양해를 구하오", 「어찌하리까」(1933년 8월 13일).

4 "이 사랑은 정당합니까?", 「어찌하리까」(1931년 10월 17일).

5 "당신들의 불구의 사랑", 「어찌하리까」(1931년 10월 17일).

6 "나는 총각 그는 과부 결혼해도 괜찮을까?", 「어찌하리까」(1935년 1월 20일).

7 "상당한 배우자면 과부도 상관없소.", 「어찌하리까」(1935년 1월 20일).

8 "의리와 사랑 어떤 것을 따를까요", 「명암의 십자로」(1935년 4월 25일).

9 "언니에게 양보하시오", 「명암의 십자로」(1935년 4월 25일).

10 "언니의 애인과 사랑했습니다", 「어찌하리까」(1932년 12월 10일).

11 "인연을 끊으시오", 「어찌하리까」(1932년 12월 10일).

12 "애인의 친구와 가까워졌습니다", 「명암의 십자로」(1935년 6월 7일).

13 르네 지라르, 김윤식 역, 『소설의 이론』(삼영사, 1977), 11~17쪽.

14 "그것은 잘못이니 먼저의 사람과 잘 해보시오", 「명암의 십자로」(1935년 6월 7일).

15 "두 친구 의리를 끊지 않으렵니다", 「어찌하리까」(1933년 9월 12일).

16 "을과 병을 충고하라", 「어찌하리까」(1933년 9월 12일).

17 "사랑하는 애인이 있는데 딴 처녀와 관계했습니다", 「어찌하리까」(1939년 6월 13일).

18 "관계한 처녀와 결혼할 수밖에 없다", 「어찌하리까」(1939년 6월 13일).

19 "변했으나 다시 애원을 해", 「어찌하리까」(1931년 11월 1일).

20 "한번 만나 산보하시며", 「어찌하리까」(1931년 11월 1일).

21 "배반한 T가 좋은데, 은혜 진 K에게 미안", 「명암의 십자로」(1935년 8월 9일).

22 "T의 성의를 보살핀 후 신중히 처치하시오", 「명암의 십자로」(1935년 8월 9일).

23 "네 살 연하의 남성과 결혼해도 될까요", 「어찌하리까」(1934년 12월 7일).

24 "나이는 흠이나 결혼해도 무방", 「어찌하리까」(1934년 12월 7일).

25 "같은 교편 잡은 그는 나이가 어리지만, 결혼할까요?", 「명암의 십자로」(1935년 3월 17일).

26 "나이 적은 남편과는 파탄이 나기가 쉽다", 「명암의 십자로」(1935년 3월 17일).

27 "과부 장가를 드니 마음이 꺼림칙하다", 「어찌하리까」(1934년 12월 12일).

28 "조금도 문제없소. 좋게 지내시오", 「어찌하리까」(1932년 12월 12일).

맺음말 동방예의지국이라는 신화

1 양회석, 「군자국: 고대 한반도의 형상과 그 원형적 의미」, 《중국인문과학》 제43집(2009), 502쪽.

경성
고민상담소

독자 상담으로 본 근대의 성과 사랑

1판 1쇄 찍음 2014년 6월 13일
1판 1쇄 펴냄 2014년 6월 20일

지은이 전봉관
발행인 박근섭·박상준
편집인 장은수
펴낸곳 (주)민음사

출판등록 1966. 5. 19. 제16-490호
주소   (135-887) 서울시 강남구 도산대로1길 62(신사동)
         강남출판문화센터 5층
대표전화 515-2000 | 팩시밀리 515-2007
홈페이지 www.minumsa.com

ISBN 978-89-374-8922-8 (03910)

이 저서는 2009년 정부(교육부)의 재원으로 한국연구재단의
지원을 받아 수행된 연구임(NRF-2009-812-A00115).

원 과제명: 1930년대 신문 독자문답란에 나타난 근대 한국인의
일상문화 연구